KB203686

창세기에 대한 성경신학적 묵상

창조주 하나님의 방문

창세기에 대한 성경신학적 묵상

창조주 하나님의
방문

초판 1쇄 펴낸 날 2010년 9월 20일

초판 2쇄 펴낸 날 2017년 3월 10일

지은이 강규성

펴낸이 조석행

펴낸곳 예영B&P

등록번호 1998년 9월 24일(가제 17-217호)

주 소 02059 서울시 중랑구 용마산로 122길 12(망우동354-43) 2층
　　　　 Tel 02-2249-2506~7 　　 **Fax** 02)2249-2508

ISBN 978-89-90397-39-3 03230

값 10,000원

창세기에 대한 성경신학적 묵상

창조주 하나님의

방문

강규성 지음

예영 B&P

contents

창세기는 구약 성경의 첫 페이지를 여는 매우 중요한 책이다. 강규성 교수가 자신의 장점인 본문 분석의 세밀함을 통해 창세기에 담긴 풍성한 의미들을 우리에게 전달하는 책을 출간하게 됨을 기쁘게 생각한다.

「창조주 하나님의 방문」은 총 5부로 구성되어 있는데 강규성 교수는 핵심 내용을 알기 쉽게 요약하여 독자가 장들의 줄거리와 그것이 지닌 신학적인 의미들을 미리 한 눈에 볼 수 있도록 제시하는 특징을 보이고 있다. 또한 그는 각 장들을 탁월한 문학적인 분석을 통해 창세기의 신학적인 의미들을 성경신학적 관점으로 발전시키려는 노력의 흔적을 보이고 있다. 더 나아가 그는 창세기를 신학적으로 날카롭게 분석하는 것에 만족하지 않고 교회 공동체를 위한 목회적 적용을 시도하고 있다. 이것은 저자의 신학이 신학적 사변을 위한 것이 아니라 궁극적으로 교회 공동체의 세움을 지향하고 있음을 보여준다.

독자들은 이 책을 통해 과거 창세기 저자의 신학적 고민을 만날 뿐 아니라 현대의 크리스천으로서 어떻게 살아가야 하는가에 대한 저자의 진지한 삶의 성찰을 함께 접할 수 있을 것이다. 과거 아담, 노아, 아브라함, 이삭, 야곱을 친히 방문하고 그들의 삶에 개입했던 그 하나님이 이 책을 읽는 오늘의 크리스천들의 삶 속에 동일하게 방문하고 개입하여 그 분의 뜻을 이룰 것을 믿어 의심치 않는다. 따라서 이 책은 창세기를 해석하고 적용하는 법을 배우기 원하는 신학생들과 크리스천으로서 진지한 삶의 고민을 하는 자들과 성경공부 인도자들에게 추천하며 또한 창세기 강해를 준비하는 목회자들에게 추천하는 바이다.

2010년 8월 30일
전, 총신대학교 총장 김 의 원

한국 성서 대학교에서 구약을 가르치는 강규성 박사가 쓴 「창조주 하나님의 방문」은 기존의 창세기 관련 책들과는 분명히 다른 장점들을 지니고 있다.

우선 강 교수의 책은 단순히 학문적인 창세기 주석도 아니요, 설교를 대충 모아서 만든 창세기 강해도 아니다. 그렇다고 해서 학문적이지도 않고 대중적이지도 않다는 이야기가 아니다. 오히려 그와는 정반대이다. 강 교수의 「창조주 하나님의 방문」은 학문성과 대중성을 겸비한 좋은 저서이다. 다시 말해서 학문적인 건전한 주해의 기초 위에 대중들에게 쉽게 창세기의 메시지를 삶에 적용할 수 있도록 고민한 긴 신학적 고민과 사색의 산물이다.

이 같은 글이 가능한 것은 강 교수가 지적으로 성실하게 자기 내면을 지속적으로 성찰했을 뿐 아니라 교회와 주님에 대한 사랑의 끈을 놓지 않았기 때문이다.

강 교수의 책은 창세기 50장을 문맥의 흐름이 끊어지지 않도록 단락으로 구분한 다음, 본문의 핵심 메시지를 잘 요약하고, 이를 현대의 그리스도인의 삶에 적용할 수 있도록 잘 분석해 놓았다. 이 과정에서 본문의 핵심 메시지에 대한 학문적 근거를 각주에 달아 학문적으로 창세기 본문에 접근하려는 이들이 더 공부할 수 있는 길을 보여주었을 뿐 아니라 글을 읽는 이들에게 학문적 신뢰감을 더해주고 있다.

성경 본문에 대한 신학적 사색은 자칫하면 현학적으로 빠져서 독자들이 읽기가 부담스러울 수 있는데 반해, 강 교수의 글은 스토리 형식을 취하고 있어 독자들이 이해하는데 어려움이 없다.

이런 점에서 강 교수의 「창조주 하나님의 방문」은 창세기를 설교하는 목회자들이나 신학생, 그리고 성경에 흥미가 있는 평신도들이 읽으면 큰 도움이 되리라고 보아 추천하는 바이다.

2010년 8월 27일
분당 서재에서
총신대학 신학대학원 구약학 교수 김 지 찬

「신학을 하는 이유가 무엇인가」 이 질문은 필자가 신학수업을 막 시작하는 학생들에게 던지는 질문이다. 매 학기 이 질문을 던지며 필자 또한 신학 하는 목적을 거듭 확인한다. 이 질문에 대한 필자의 답은 두 가지이다. 첫째, 나 자신을 개혁하기 위함이다. 필자가 신학을 하는 근본 이유는 목회자로 또는 교수로서 남을 잘 가르치고 말씀을 잘 전하기 위해서가 아니다. 필자가 신학 하는 이유는 살아있는 하나님의 말씀으로 부패한 나 자신을 개혁하기 위해서이다. 필자 스스로 생명의 말씀 성경을 상세히 연구함으로 내 속 사람을 새롭게 하여 그리스도안에서 온전하게 되고자 함이다. 그것은 하나님의 말씀을 통한 나 자신의 개혁 없이 교회를 겸손히 섬길 수 없고 말씀을 통한 나 자신의 변화 없이 세상의 변혁은 가능하지 않다고 믿기 때문이다.

둘째, 필자는 '우리가 신학 하는 이유는 교회를 위해서이다' 라고 말한다. 필자는 신학이 목회자와 선교사가 되기 위한 하나의 과정이나 도구가 되어서는 안 된다고 생각한다. 나는 신학의 존재 이유가 우리 주 예수 그리스도께서 피 흘려 값 주고 사신 교회에 있다고 생각한다. 필자는 '우리가 주님의 몸인 교회를 열심으로 섬기기 위해서 좀더 열심으로 성경을 연구하고 신학을 연마해야 한다' 고 말한다.

필자는 전문 신학서적보다 성도들이 성경 본문을 쉽게 이해할 수 있고 생각할 수 있는 책을 쓰고 싶었다. 그래서 필자가 극동방송에서 〈성서의 시간〉이라는 프로를 담당하면서 강해했던 자료를 보완하여 오경 시리즈를 출판하려고 한다. 필자는 오경의 첫 번째 책인 창세기를 강해 하면서 두 초점을 두고자 했다. 하나는 창세기 주제가 성경 전체와 어떤 조화를 이루는지에 대한 성경신학적 조망을 가지려 했다. 다른 하나는 창세기의 메시지로 필자를 포함한 현대 그리스도인들의 삶에 이의를 제기하고 도전하려고 했다.

필자가 오경시리즈를 출판하려고 하는 이유는 두 가지이다. 하나는 너무 부족하지만 필자가 가진 지식으로 교회를 섬기고자 함이다. 그것이 필자에게 부여한 사명이라고 생각하기 때문이다. 또 다른 하나는 좀더 실질적인 이유이다. 그것은 지금까지 필자에게 베푼 하나님의 은혜에 보답하고자 하는 마음이다. 필자가 한국성서대학교에 입학하여 총신대학교에서 박사 학위를 마치기까지 잊을 수 없는 은혜를 베푼 후원자들이 있다. 필자는 그들의 은혜를 잊을 수 없다. 하나님께서 그들을 통해 베푼 은혜로 인해 필자는 지금 목사요 신학자가 되어 주의 일꾼들을 양성 중에 있다. 이제 필자는 그들에게 진 사랑의 빚을 조금이나마 갚으려고 한다. 그래서 필자는 이 책과 앞으로 출판될 오경 시리즈를 통해 사랑하는 제자들을 위한 장학기금을 마련하려고 한다. 따라서 이 책과 앞으로 출판될 오경 시리즈의 모든 수익금은 나의 후배들을 위한 장학금으로 사용될 것이다. 이것이 바로 필자가 책을 출판하려고 하는 실질적 이유이다. 바로 이것이 마땅히 필자가 갚아야 할 사랑의 빚이라고 생각했기 때문이다.

창세기를 읽으면서 필자는 두 신학적 주제에 마음이 사로잡혔다. 하나는 〈하나님의 통치〉이다. 하나님의 통치는 우주의 질서와 조화를 가져 왔을 뿐 아니라 진정한 안식으로 인도했다. 하나님의 통치 도구는 말씀이다. 이 말씀은 삶과 죽음을 결정짓는 놀라운 힘을 소유하고 있을 뿐 아니라 이 말씀에 대한 순종은 우리 삶을 질서와 조화가 있는 평강으로 인도한다. 다른 하나는 〈언약〉이다. 필자는 창조주께서 타락한 인간을 방문하여 언약을 맺는 모습을 대하면서 놀라운 충격과 더불어 한 없는 하나님의 사랑을 느꼈다. 인간과 언약을 맺으실 하등의 이유가 없는 하나님이 우리와 언약을 맺었다는 그 사실만으로도 필자는 너무 감격스럽고 행복했다. 그래서 책 제목을 〈창조주 하나님의 방문〉로 결정했다. 이 책을 대하는 독자들 또한 이 놀라운 하나님의 은혜와 사랑을 느낄 수 있기를 간절히 원한다. 마지막으로 바쁘신 일정가운데도 제자가 책을 출판하는 것을 축하하며 기쁨으로 추천서를 써주신 필자의 스승 김의원 박사님과 김지찬 박사님께 감사 드린다. 또한 이 책을 자세히 읽고 교정에 도움을 준 최규명, 김혜정 전도사에게 감사드린다.

* 이 책에서 필자는 책명, 강조, 인물 모두 「 」로 표기하였다. 독자들의 이해를 바란다.

2010년 8월 13일
한국성서대학교 복음관 연구실에서
주님의 몸 된 교회와 사랑하는 제자들을 생각하며
강 규 성

프롤로그

- 창 1:1~2:3에 대한 성경신학적 묵상 -

בְּרֵאשִׁית בָּרָא אֱלֹהִים אֵת הַשָּׁמַיִם וְאֵת הָאָרֶץ׃

하나님은 우주만물의 창조주다. 그는 말씀으로 질서와 조화 있는 세계를 창조하고 안식했다.

모든 인류는 창조주의 말씀에 순종하여 그의 통치를 받을 때 질서와 조화 있는 삶을 살 수 있다.

하나님은 예수 그리스도 안에서 우리를 새로운 피조물로 만들어 진정한 안식을 주셨다.

우리가 예배하는 하나님 (창 1:1~2:3)

창세기에 대한 성경신학적 묵상을 다음과 같은 질문으로 시작하려고 한다: 당신이 예배하는 하나님은 누구인가? 당신은 이 질문에 어떻게 대답하겠는가? 당신의 뇌리에 잠재된 하나님은 성경이 선포하는 하나님인가? 아니면 당신의 경험에서 만들어진 하나님인가? 이 물음의 답은 당신의 삶의 태도와 방향을 결정하기 때문에 매우 중요하다. 이 질문은 출애굽 한 이스라엘 백성에게도 중요했다. 그들은 많은 신을 믿고 있는 다신론의 세계 즉 이집트에서 노예로 살다가 구원을 경험했다. 아마 그들은 이런 질문을 했을 것이다. 「우리를 구원한 하나님은 누구인가」[1] 「우리와 언약을 맺은 하나님은 누구인가」 「그는 많은 신들 중 하나인가 아니면 그들과 구별되는 다른 신인가」 창세기는 이 질문에 대한 분명한 답을 제공하며 시작한다.

> 태초에 하나님이 천지를 창조하시니라.[2]

이 간결한 문장은 심오한 진리를 함축하고 있다. 우선 이 문장은 하나님은 우주 만물의 창조주라고 선포한다. 또한 이 문장은 우주 만물의 「시작」을 선포

---

1) J. H. Sailhamer, 「서술로서의 모세오경(상)」 김동진, 정충하 역(서울: 크리스챤서적, 1992), 34~35.

2) 이 구절을 포함한 창세기 1장에 대한 신학적 논쟁에 대한 문제는 다음 책들을 참고하라. 강규성, "창세기 1장에 대한 에드워드 J. 영(Young)의 해석과 신학에 대한 고찰" 「교회와 문화」 제23호(2009), 51~76; B. K. Waltke, "창세기 1장 1~3절에 나타난 창조기사" 「구약신학 논문집」 윤영탁 역편(서울: 성광문화사, 1988); 김의원, 「하늘과 땅, 그리고 족장들의 톨레돗: 문예접근법에 따른 창세기 연구」 (서울: 총신대학교 출판부, 2004), 43~78, 유재원, 「우주는 하나님의 창조의 미학」 (서울: ELC media, 2007).

하며 독자들에게 「종말」을 바라보게 한다. 또한 이 문장은 「태초에」라는 말을 통해 「시간」을, 「천지³⁾」라는 말을 통해 「공간」을 상기시키며 시공간의 주인이 하나님임을 선포한다. 이것은 하나님이 「시작」과 「끝」 곧 역사의 주권자이며 우주 만물의 통치자로 선포한다.

하나님은 어떻게 우주만물을 창조했는가? 우리는 창조 이야기의 서술패턴을 주목해야 한다. 하나님의 창조 이야기는 약간의 차이는 있지만 일반적으로 다음과 같은 패턴을 가진다: 「명령(~있으라)」으로 시작하고 「성취(그대로 되니라)」로 마감하고 그 후에 피조물들에게 「이름을 부여」하고 「평가(보시기에 좋았더라)」가 뒤 따르고 「연대기(~날이니라)」로 마감한다.⁴⁾ 이 서술패턴은 우주 만물의 생성이 하나님의 명령(말씀)의 결과임을 증거한다. 시편 기자는 「하나님이 말씀하시매 그대로 되었고 명령하시매 견고히 섰도다(시 33:9)」고 말한다. 하나님은 말씀으로 우주 만물을 창조했다. 따라서 히브리서 기자가 「하나님의 말씀은 운동력이 있어 (4:12)」라는 표현은 매우 적절하다. 또한 이 서술 패턴은 하나님이 「말씀」으로 우주만물을 통치하고 있음을 보고한다. 하나님의 명령에 존재하지 않던 만물이 드러나 그 위치와 역할을 갖는 것은 하나님의 말씀의 위력과 권위를 보여준다. 따라서 히브리서 기자가 「그의 능력의 말씀으로 만물을 붙드시며 (히 1:3)」라고 고백한 것은 매우 분명한 깨달음이다.

우리는 하나님의 능력의 말씀이 우주 만물의 질서와 조화를 가져왔음을 기억해야 한다. 창세기 1:2~31의 창조 이야기는 그 사실을 매우 분명하게 전달한다. 하나님의 첫 삼 일의 창조는 흑암과 혼돈의 세계에 우주의 골격을 세움

---

3) B. K. Waltke, *Genesis*, (Grand Rapids: Zondervan, 2001), 59. 천지는 문학기법상 메리즘(Merism)으로 우주를 표현하는 용어이다.

4) Ibid, 56.

으로 우주의 질서를 가져옴을 선포한다. 하나님은 깊은 흑암의 세계에서 「빛이 있으라」고 명령했다. 그 결과 빛이 존재했다. 그리고 하나님은 빛과 어두움을 구분하여 낮과 밤이라 했다. 하나님은 「물 가운데 궁창이 있으라」고 명령했다. 그 결과 궁창이 생겼고 하나님은 그것을 하늘이라 불렀다. 하나님은 「물은 한 곳으로 모이고 뭍은 드러나라」고 명령했다. 그 결과 물은 한 곳으로 모이고 마른 땅이 드러남으로 바다와 땅이 생겼다. 하나님은 흑암에서 빛을, 형태 없는 혼돈에서 하늘과 땅과 바다를 만들었다. 하늘과 땅과 바다 이것은 우주의 골격이다. 따라서 하나님은 우주를 혼돈에서 질서 있게 했다. 하나님은 공허한 세계를 채움으로 조화롭게 했다. 후 삼일 창조는 이것을 말한다. 빛을 창조한 하나님은 해와 달과 별을 만들어 낮과 밤을 주관하게 했다. 하나님은 하늘에 새들이 날게 했다. 하나님은 바다를 물고기로 채웠다. 하나님은 땅에 생물과 짐승을 만들고 사람으로 그것을 다스리게 했다. 후 삼 일 창조는 전 삼일 동안 창조된 공간을 그 주인공을 채우는 사역이었다. 우주의 골격을 세운 전 삼일 동안 창조와 그 공간에 채우는 후 삼일 동안 창조는 서로 조화를 이루어 하나님 보시기에 좋은 세상을 만들었다. 이것은 우주의 질서와 조화 그것은 하나님의 창조 사역의 결과임을 선포한다.[5]

창조 이야기는 혼돈과 공허 속에 사는 현대인들에게 희망의 메시지이다. 성경은 사람들이 고통의 그늘에 있는 상황을 흑암이라 했고 황폐된 세계를 혼돈이라 말한다. 세계는 지금 전쟁과 테러, 질병과 기근, 억압과 착취로 혼란하다. 우리는 사회 정치 문제로 갈피를 못 잡고 있다. 우리가 혼돈에서 질서로 나갈 수 있는 길은 무엇인가? 그것은 하나님의 통치를 받는 것이다. 선지자 이사야

---

5) T. W. Mann, 「구약오경이야기」 김은규 역(서울: 맑은울림, 2004), 41.

는 여호와의 산으로 모이는 많은 백성들에 관한 이상을 본다. 그들은 한결 같이 말한다: 「우리가 여호와의 산에 오르며 하나님의 전에 이르자. 그가 우리를 가르칠 것이다. 우리가 그 길로 행하리라」. 많은 백성이 하나님의 다스림을 갈망한다. 더 나아가 이사야 2장 4절에서 그들은 하나님이 민족들을 판단하고 백성을 판결 할 때 칼이 보습으로, 창이 낫으로 변할 것을 말한다. 이것은 하나님의 통치가 대립과 갈등에서 질서와 평화를 가져온다는 것을 상기시킨다. 하나님의 말씀은 살아 움직이는 생명체이다(히 4:2). 하나님의 말씀은 혼과 영과 관절과 골수를 쪼개며 또한 마음과 생각과 뜻을 살핀다. 하나님의 말씀은 부패한 우리 삶의 체질을 변화시켜 새로운 삶의 질서를 부여 하실 것이다.

현재 우리들의 삶이 공허하지 않는가? 많은 것을 소유하고 많이 이룬 것 같으나 왠지 텅 비어 있지 않는가? 변화무쌍한 현실에서 허덕이며 땀 흘렸지만 남은 것이 없어 허탈하지는 않는가? 사람들은 공허한 삶을 채우고 삶의 안정을 보장받기 원한다. 그래서 많은 신을 찾는다. 모세 당시 이집트인들은 해와 달과 별을 신으로 섬겼고 그 신들이 공허한 삶을 풍족하게 한다고 믿었다. 어떤 이는 짐승을 신으로 삼아 복을 빌고 어떤 이는 바다의 신에게 복을 빌었다. 피조물은 섬김의 대상이 아니라 다스릴 대상이다(창 1:26~28).

우리의 풍요롭고 조화로운 삶은 어디에서 오는가? 창조주 하나님에게서 온다. 하나님의 통치를 수용할 때 질서와 조화가 온다. 말씀은 하나님의 통치 도구이다. 하나님의 말씀에 대한 복종이 하나님의 통치를 수용하는 것이다. 성경은 일관되게 하나님의 말씀 즉 하나님의 법도와 규례를 따를 것을 강조한다. 하나님은 시내 산에서 언약의 말씀(토라)을 수여하고 그 말씀에 순종할 것을 요구하며 말씀에 대한 순종이 곧 생명의 길(신 4:1)임을 강조한다. 이스라엘의 왕들은 율법 책(토라)을 옆에 두고 평생 동안 읽어 여호와를 경외하고 그 말씀을 지켜 행해야 했다(신 17:19~20). 다윗은 솔로몬에게 여호와의 율법(토라)를 지켜 행하라고 유언했다(왕상 2:3). 이스라엘과 유다 왕들의 평가 기준은 무엇인가? 그것은 그들이 여호와의 율법을 지켰는가에 달려 있다. 시편은 「율법을 주야로 묵상하는 것이 복되다(시 1:2)」고 선포함으로 시작한다. 전도서는 「사람의 본분이 여호와를 경외하고 그의 명령을 지켜 행하는 것(전 12:13)」이라고 말한다. 선지자들은 그 시대를 여호와의 말씀 즉 율법을 토대로 진단 평가했고 언약적 저주에 근거해 멸망을 선포했다. 그렇다, 하나님의 말씀이 우주의 질서와 조화를 가져왔듯이 하나님의 말씀에 대한 절대적 복종이 우리 삶의 질서와 조화 그리고 안전과 평화를 가져온다. 레위기 26장 3절에서 6절은 우리가 통치자 하나님의 말씀에 순종할 때 땅의 열매와 안전과 평화를 약속한다. 우리가 하나님의 말씀에 복종하면 그가 공허하고 텅 빈 우리 삶을 채우고 우리 삶의 세밀한 부분까지 다스림으로 조화롭게 하실 것이다.

하나님은 말씀으로 우주 만물을 질서 있고 조화롭게 하신 후 무엇을 했는가? 그는 일곱째 날을 거룩하고 복되게 하고 안식했다. 창조의 완성 즉 질서와 조화로운 세계는 「안식」으로 귀결된다. 「안식」 그것은 이집트 사회 계층으로 최 하위 집단 노예로 살던 이스라엘 자손이 갈망했던 것이다. 「안식」 그것이 어찌 이스라엘 자손들만의 갈망이겠는가? 현재 우리가 다스릴 물질세계에 지배되어 마치 물질의 노예가 되어 사는 현대인들이 갈구하는 것이 아닌가? 그렇다면 타락한 인간의 진정한 안식은 어디에서 시작되는가? 그것은 하나님의 새 창조 즉 구속에서 시작된다. 바울은 그리스도 안에 있으면 새로운 피조물(고후 5:17)이라고 선포한다. 새로운 피조물 그것은 새로운 창조를 가리킨다. 이 새로운 창조는 우리에게 본질적 의미에서 안식을 준다.

우리가 예배하는 하나님은 누구인가? 하나님은 우리의 생각과 경험 속에 간힌 분이 아니다. 하나님은 우리의 필요 때문에 존재하는 분도 아니다. 그는 우리의 경험과 이해를 초월한 우주의 통치자이다. 그는 혼돈과 공허의 세계에서 질서와 조화로운 우주를 만든 만물의 주권자이다. 지금 우리는 어디서 삶의 질서와 조화를 찾으려고 애쓰고 있는가? 그리고 어디서 안식 얻기를 원하는가? 하나님의 말씀의 통치를 받으라. 그러면 우리 삶의 질서와 조화 그리고 안식이 찾아 올 것이다.

제 I 부
아담에서 노아에게로
- 창 2:4~6:8에 대한 성경신학적 묵상 -

인간은 하나님의 형상으로 창조주의 뜻과 목적이 담긴 존재이며
상호의존적으로 살도록 창조된 존재이다.

우주의 통치자 하나님의 명령에 복종하는 것이 생명의 길임에도 불구하고
인간은 반역하여 죽음에 이르렀다.

인간의 반역은 아담 이후 가인과 라멕에 이르고 또한 노아시대에 이르러 죄악이
땅에 관영 하게 되었다.

하나님은 반역한 인간을 심판하고 그가 선택한 자를 방문하여 은혜를 베풀었다.

제1장
인간이란 무엇인가? (창 1:26~28, 2:4~25)

몇 년 동안 머리에 맴도는 질문이 하나 있다. 그것은 「사람은 도대체 무엇인가」이다. 사람들이 돈 앞에 초라해지며 비굴해 진다. 사람들이 화려한 물질 문명 속에서 신음과 탄식과 한숨 소리를 낸다. 경제 위기로 무너지는 가정을 부둥켜 안고 온 힘을 다하여 일어서려는 사람을 본다. 이런 현상을 보고 들으며 나는 끊임없이 질문한다. 「사람은 무엇인가?」「우리는 도대체 누구인가?」

성경은 사람이 존귀하다고 말한다. 사람의 존귀성은 하나님의 창조에서 드러난다. 다른 피조물은 「명령으로」 이루어지지만 사람은 「우리가…만들자」라는 하나님의 「인격적 논의」가 있었다. 다른 피조물은 「종류대로」 만들어졌지만 사람은 「하나님의 형상으로」 창조되었다. 하나님은 모든 생물들에게 「생육하고 번성하여 충만하라」는 복을 주었지만 사람에게는 그것과 더불어 그들을 다스리라고 했다. 이처럼 사람은 다른 피조물과 구별되는 독특한 존재이며 동시에 아주 소중한 존재이다.

특별히 성경은 「남자와 여자」가 하나님의 형상이라고 말한다. 이 선언은 출애굽한 이스라엘에게 아주 충격적 선언이었다. 당시 사람들은 왕만이 「신의 형상」이라고 생각했다. 고대 이집트 사회는 「피라미드식」 계급 구조였고 이스라엘은 맨 하층 계급을 이루는 노예였다. 특히 여성에게 사회적 위치는 없는 것이나 마찬가지이다.[6] 그런데 성경은 「남자와 여자」 즉 모든 사람이 동등한

---

6) 강규성, "고대 근동의 문맥에서 바라 본 인간 창조 기사의 의미에 관한 연구 : 창세기 1:26~28, 2:7, 2:18~25의 신학적 기능" 「구약논집」 제3집(2007), 231~277.

「하나님의 형상」이라고 말한다. 그 어떤 존재도 사람 위에 군림 할 수 없다. 그것은 모든 사람이 「하나님의 형상」으로 동등하며 존귀하기 때문이다. 사람의 존귀성은 창세기 2장 7절에서 더욱 분명해 진다. 하나님은 흙으로 사람을 지었다. 이것만 주목하면 사람은 흙덩어리 물질적 존재에 불과하다. 그러나 성경은 하나님이 사람의 코에 생명의 입김을 불어 넣었다고 말한다. 그래서 인간은 흙덩어리가 아니라 하나님과 교제할 수 있는 산 존재 즉 전인격적인 존재가 되었다고 말한다. 인간은 하나님의 그 무언가가 머물러 있는 아주 존귀한 존재이다.

현대 사회의 비극은 인간의 존귀성을 무시하는 것이다. 현 시대는 「하나님의 형상」인 사람을 「기능인」으로 전락시켰다. 물질이 사람 위에 있고 사람은 하나의 상품이 되었다. 사람은 물질의 노예가 되어 황량한 삶에서 헤맨다. 이것은 타락한 이 세대가 사람에게서 「하나님의 형상」이라는 개념을 제거했기 때문이다. 오늘날 교회의 존재 목적은 무엇인가? 그것은 그리스도의 복음으로 자신을 잃어버린 자들에게 사람이 하나님의 형상이라는 본질을 되찾아 주는 것이다. 그래서 서로 귀하게 여기며 존중하는 삶의 문화를 만드는 것이다. 적어도 교회 안에서 만은 계층과 계급의 장벽이 무너져야만 한다. 만약 교회에서조차 이 일을 할 수 없다면 이 세상은 소망이 없다.

사람은 하나님의 뜻과 목적이 담긴 존재이다. 창세기 2장 7절은 「하나님이 사람을 지으셨다」고 말한다. 이때 「지으셨다」는 동사 「야찰」은 토기장이가 예술 작품을 빚는 것을 표현하는 단어이다.[7] 이사야 64장 7절은 이렇게 고백한다: 「우리는 진흙입니다. 당신은 우리를 빚었습니다. 우리 모두는 당신의 손으

---

7) 손석태, 「창세기 강의」 (서울: 성경읽기사, 1993), 37.

로 만든 작품입니다(사역)」 토기장이 하나님은 자신의 의도와 계획과 목적과 뜻을 담아 우리를 만들었다. 따라서 우리가 아직도 호흡하고 있다면 우리 안에 하나님의 뜻과 목적이 여전히 남아 있는 것이다.

사람 안에 담긴 하나님의 계획은 무엇인가? 창세기 1장 26절과 28절을 보면 그것은 사람이 땅에 충만하고 땅을 정복하고 만물을 다스리는 것이다. 이것은 하나님이 사람으로 창조세계를 돌보아 하나님의 영화로운 문화를 세우도록 한 것이다. 우리는 이것을 문화 명령이라 부른다. 이 계획은 창세기 2장 8절과 15절에서 좀더 구체적이다. 하나님은 에덴에 풍족한 동산을 창설하고 사람을 그곳에 두었다. 그 목적은 사람이 그곳을 「다스리며 지키게 하시기」 위함이다. 여기서 「다스린다」는 히브리어 동사는 「아바드」이다. 이것은 「일한다」 「섬긴다」, 「예배한다」 는 의미이다. 일하는 것과 섬기는 것과 예배하는 것이 하나의 개념이다. 하나님의 계획은 사람이 창조세계를 경작하고 돌보는 일을 통해서 사람을 섬기고 하나님을 예배하도록 한 것이다. 이것이 사람 안에 담긴 하나님의 뜻과 목적이다.

타락한 현대 사회는 인간 안에 담긴 「하나님의 계획」을 배제하기 때문에 「일」에 대한 가치를 변질시켰다. 일 즉 우리 직업이 하나님을 섬기고 예배하는 방편이라는 사실을 망각하게 했다. 그래서 직장 일은 생계수단을 위한 도구나 출세의 방편 혹은 자아실현의 통로 정도로만 인식했다. 심지어 많은 기독자들도 직업은 세상 일로 교회 사역은 하나님 일로 구분하여 직장 일 속에서 하나님의 뜻을 추구하지 않는다. 이것은 불행이다.

우리가 아직 숨을 쉬고 있는가? 그렇다면 우리에게 하나님의 계획과 목적이 남아 있다. 그러므로 우리는 모든 일을 통해 창조주의 뜻이 실현되도록 해야 한다. 바울은 「무엇을 하든지 주께 하듯 하고(골 3:22~23)」 「먹든지 마시든지 주의 영광을 위하여 하라(고전 10:31)」고 했다. 비록 사소하게 여겨지는 일이라 할 찌라도 그 일을 통해 하나님을 섬길 수 있다.

사람은 상호의존적 존재이다. 창세기 2장 18절은 「사람이 홀로 있는 것은 좋지 않다」고 강조한다. 사람이 들짐승과 새들의 이름을 짓는 통치력이 있다 할지라도 사람이 홀로는 좋지 않다는 것이다. 그래서 여호와는 돕는 배필 여자를 지었다. 우리는 「돕는 배필」이란 말 때문에 남성과 여성 더 나아가 사람과 사람 사이의 본질적 우월성과 열등성을 주장하는 어리석음을 피해야 한다. 배필이란 히브리어는 「~앞에, 정면에, 맞은 편에」라는 의미이다.[8] 이것은 남자와 여자가 서로 마주 바라보고 서 있는 모습이다. 어떤 이는 이렇게 말한다: 「인간이 된다는 것은 인간이 동료 인간을 향하여 서 있다는 것을 말한다[9]」. 창조주는 인간이 서로 마주보고 서 있도록 창조했다. 그 이유는 무엇인가? 그것은 서로 돕도록 한 것이다. 「돕는」이란 히브리어는 구약에서 열 아홉 번 사용되었는데 그 중 열 여섯 번은 여호와 하나님에게 사용되었다. 즉 하나님이 우리를 도우시듯이 여성은 남성을 도와 온전하도록 한 것이다. 또한 남성은 여성의 필요와 궁핍을 채워 돕도록 한 것이다. 우리가 서로 마주 바라보고 있는 이유는 서로의 필요를 채워 돕도록 하기 위함이다. 사람은 홀로 온전할 수 없다.

현대 과학과 인터넷은 우리에게 편리성을 주었다. 그러나 이 편리성의 배후에 인간의 고립화가 도사리고 있다. 불행하게도 사람이 사람들을 기피하고 두려워하는 자들이 늘고 있다. 가정 공동체가 분리되고 혼자 고독하게 지내는

---

8) John H. SailHamer, *Genesis-Leviticus, The Expositor's bible commentary*, vol. 1(Grand Rapids: Zondervan, 2008), 81.

9) 안토니 A. 후크마, 「개혁주의 인간론」 류호준 역(서울: 기독교문서선교회, 2004), 136. 그는 인간이 삼중적 관계 즉 하나님을 향하여, 인간을 향하여 그리고 만물을 지배하는 관계에 놓여 있다고 말한다.

자들이 늘고 있다. 따라서 교회는 이점을 주목하고 사람들 속에 담긴 창조원리를 회복하기 위해 노력해야 할 때가 되었다. 교회와 기독자들은 현 사회 문제에 책임의식을 가지고 깨어진 관계를 회복하기 위해 총력을 기울여야 한다.

하나님은 결혼을 통해 사람이 한 몸을 이루도록 창조했다. 하나님은 아담을 위해 돕는 배필로 여자를 지으시고 다음과 같은 명령을 했다: 「남자가 부모를 떠나 아내와 연합하여 한 몸을 이룰 지로다(창 2:24)」. 하나님은 떠남과 연합을 통해 한 몸을 이루는 것으로 결혼을 정의 한다. 결혼은 예속이 아니라 떠남이며 분리가 아닌 연합이다. 연합의 궁극적 목적은 한 몸을 이루는 것이다. 한 가지 주목할 것은 연합의 대상이 「여자」가 아니라 「아내」라는 사실이다. 오늘날의 문제는 연합을 남자와 여자로 인식하는 점이다. 성적 연합의 대상이 남자와 여자이기 때문에 심각한 성적인 문제를 일으킨다. 그러나 창조주는 성적연합을 「여자」가 아닌 「아내」 즉 결혼이라는 법적인 범위 안에서 성적 연합을 지시한다는 점을 반드시 기억해야 한다. 또 한 가지는 결혼은 둘이 한 집에서 사는 것이 아니라 둘이 한 몸을 이루는 것이라는 점을 주목해야 한다. 결혼의 목적은 함께 사는 것이 아니라 한 몸을 이루는 것이다. 이것은 평생의 과업이며 동시에 서로에 대한 철저한 헌신을 필요로 한다. 이때 비로서 사람들은 행복의 극치를 맛 볼 수 있다.

현대 사회의 문제는 사람의 문제이다. 다른 말로 표현하면 「인간론」의 문제이다. 사람에 대한 진화론적 이해의 최종성은 물질적 존재 그 이상을 넘어 설 수 없다. 그러나 성경은 우리에게 그렇게 가르치지 않는다. 사람이란 무엇인가? 이 질문에 대해 사람은 존귀하며 창조주의 뜻과 목적이 담긴 존재라고 말한다. 또한 사람은 서로 돕는 상호의존적 존재라고 말한다. 뿐만 아니라 사람은 결혼을 통해 남자와 아내가 한 몸을 이루는 거룩한 사명을 부여 받은 존재임을 말한다. 더 나아가 사람은 「일」을 통해 타인을 섬기고 하나님을 예배하는 거룩한 만물의 청지기라는 것을 가르친다. 이것이 우리의 본래 모습이다. 바로 이 본래 모습으로 돌아갈 때 우리는 참된 기쁨을 얻을 수 있다.

제2장

하나님의 심판과 은혜 (창 3:1~24)

우리는 늘 삶의 위협 속에서 산다. 가장 큰 위협은 죄이다. 죄는 하나님과의 교제를 단절하고 관계를 파괴한다. 또한 죄는 범죄자 내면을 괴롭히고 타인과의 관계를 붕괴시킨다. 특별히 하나님은 죄인을 심판하기 때문에 큰 두려움이다. 그렇다면 과연 죄란 무엇인가? 이 질문에 많은 대답이 있을 것이다. 그러나 인류의 대표자 아담의 죄는 하나님의 명령에 대한 반역이다. 창세기 2장 16절과 17절에서 하나님은 사람에게 명령한다.

> 너는 동산 모든 나무의 실과는 마음대로 먹어라.
> 선악을 알게 하는 나무의 실과는 먹지 말라.
> 네가 그것을 먹는 날에는 반드시 죽을 것이다(사역).

고대 왕정 사회에서 왕의 명령은 생사를 결정한다. 하나님이 우주의 통치자라는 사실을 염두에 두면 이 명령은 삶과 죽음을 결정하는 엄중한 명령임을 알 수 있다. 따라서 아담과 하와가 그 나무 실과를 「보고……취하여……먹었다

(창 3:6)」는 사실은 하나님의 통치에 대한 거부이고 이것은 반역이다. 죄는 하나님의 다스림을 거부하는 것이며 하나님 없는 자율적 존재로 살겠다는 반역적 선언이다.[10] 어떻게 아담과 하와가 이런 죄를 짓게 되었는가?

그것은 사단의 유혹이다. 사단의 상징인 뱀(계12:9)이 하나님의 명령에 강한 의문을 제기한다:「정말 하나님이 동산 모든 나무의 실과를 먹지 말라고 했느냐」. 이에 하와의 대답은「너희는 마음대로 먹어라」는 명령을「우리가 먹을 수 있다」는 말로 최소화하고「먹지 말라」는 명령에「만지지 말라」는 금지를 추가하고「반드시 죽을 것이다」는 명령을「죽을까 하노라」로 약화시킨다. 이에 뱀은「너희는 결코 죽지 않는다」는 말로 하나님의 명령을 정면 거부하게 한다. 또한「너희가 하나님과 같이 된다」는 흥미롭고 새로운 사실을 부각시킨다. 이 유혹에 빠져 아담과 하와는 선악과를「보고…취하여…먹었다」. 결과적으로 그들은 사단의 유혹에 빠져 하나님의 통치를 거부하고 사단의 통치를 받는 죄를 지었다.

이것은 우리 또한 사단의 유혹으로 범죄 할 수 있음을 상기시킨다. 사단은 예수님도 유혹했다. 이때도 마귀는 아담과 하와를 유혹할 때와 같이 하나님의 말씀을 이용했다. 베드로는「마귀가 우는 사자처럼 삼킬 자를 찾는다(벧전 5:8)」고 경고한다. 사단은 지금도 그리스도인들이 하나님의 통치를 거부하고 자신의 종이 되기를 갈망한다. 그는 물질과 명예로 혹은 육체의 정욕 혹은 표적과 거짓 기적으로도 유혹한다. 그는 우리가 범죄하도록 최선을 다한다. 우리는 유혹에 빠져 범죄치 않기 위해 하나님의 말씀에 견고히 서야 한다. 그럼

---

10) Thomas, L. Brodie, *Genesis as Dialogue* (New York: Oxford University, 2001), 151. 불순종은 '하나님의 소리'를 듣지 않는 것이고 순종은 '하나님의 소리'를 듣는 것을 의미한다. 따라서 하나님의 소리를 거부한 것은 우주의 통치자 하나님을 거부하는 것으로 반역이라 해야 한다.

에도 불구하고 우리는 유혹을 받아 범죄 할 수 있다. 그때 우리는 어떻게 해야 하는가?

우리는 하나님 앞에 죄를 자복해야 하다. 하나님은 죄인 아담을 찾아 오셔서 그를 부른다: 「네가 어디 있느냐」. 이 부름에 아담은 죄의 고백으로 응답해야 했다. 그러나 불행하게도 아담은 「내가 하나님의 소리를 듣고 벗었으므로 두려워 숨었나이다」고 반응한다. 그는 죄의 본질을 망각하고 자신의 현상에만 집착하고 있다. 이것이 죄인들의 공통점이다. 하나님이 다시 질문한다: 「내가 너에게 먹지 말라고 명령한 그 나무 열매를 너는 왜 먹었느냐」. 이 질문에 아담은 「하나님이 나와 함께 하도록 주신 그 여자가……주어 먹었나이다」고 대답한다. 오히려 그는 죄를 자복하기 보다 여자와 더 나아가 하나님에게 책임을 전가한다. 하나님이 여인에게 질문한다. 「네가 어찌하여 이렇게 하였느냐」. 여인은 「뱀이 나를 꾀므로 내가 먹었나이다」라고 고백한다.

우리는 때로 잘못을 하거나 죄를 지었을 때 우리 안에 죄의 실체가 들어날까 두려워 그 사실을 숨기려 한다. 오히려 그 일에 책임을 지려고 하지 않는다. 더 나아가 그 책임을 다른 사람에게 전가하거나 사회적 구조 때문이라고 항변한다. 심지어 우리는 그 책임을 하나님에게 돌리려고 한다. 이런 현상을 보면서 우리 안에 있는 아담과 하와를 보아야 한다. 우리는 수치가 드러날까 두려워 죄를 숨겨서는 안 된다. 우리는 죄의 책임이 무서워 책임을 전가하려는 어리석음을 피해야 한다. 우리는 죄인을 부르는 하나님 앞에 자복해야 하다. 하나님은 아무도 멸망치 않고 다 회개하기에 이르기를 원하신다. 우리가 회개하면 하나님은 용서하신다. 아직 우리에게 기회가 있다. 지금 우리에게 주신 기회에 회개치 않으면 어떻게 되는가?

하나님이 심판한다. 하나님은 뱀에게 「종신토록 배로 다니고 흙을 먹을 것」

과 「내가 너로 여자와 원수가 되게 하고 너의 후손과 여인의 후손이 원수가 되게 하리니 여자의 후손이 네 머리를 상하게 할 것이요 너는 그의 발꿈치를 상하게 할 것이다(창 3:15)」[11]고 선언한다. 여자는 잉태의 고통과 더불어 남편을 사모하지만 남편이 그를 다스리는 심판을 선언한다. 아담에게는 종신토록 수고해야 그 소산을 먹을 수 있는 심판을 선언한다. 또한 결국 사람은 하나님의 약속대로 죽음에 직면할 것을 선언한다.

우리는 이 선언에서 사단과의 영적 전쟁과 사람들이 서로 지배하고자 하는 욕망으로 고통스러워 할 것을 발견할 수 있다. 더 나아가 바울이 말하는 것처럼 피조물이 탄식하며 고통에 직면할 것을 바라본다. 창조주는 심판자이다. 성경은 창조주 하나님이 이 세상의 종말을 가져 올 것이며 또한 그를 대적하는 자들을 영원한 멸망에 이르도록 할 것을 선언한다. 누가 하나님의 심판에서 벗어 날 수 있겠는가? 아무도 없다.

그러나 우리에게 한 가지 유일한 희망이 있다. 그것은 죄인들에게 긍휼을 베푸는 하나님의 은혜이다. 하나님이 사람들에게 베푼 가장 놀라운 은혜는 예수 그리스도이다. 하나님은 타락한 인간을 심판하며 종말에 사단의 머리를 박살내고 인류를 구원할 「여자의 후손」을 약속했다. 바울은 갈라디아서 4장 4절에서 「때가 차매 하나님이 그 아들을 보내사 여자에게서 나게 하시고 율법 아래에 나게 하신 것은」이라고 선포한다. 그 여자의 후손은 바로 예수 그리스도이다. 예수 그리스도는 십자가의 죽음과 부활을 통해서 사단을 정복하시고 만유의 주가 되었다. 이 놀라운 사건을 통해 예수는 죄와 사망의 지배 아래 있는

---

11) B. K Waltke, *Genesis*, 93~94. 그는 창세기 3:15을 근거로 인류의 두 공동체 즉 하나님을 사랑하는 선택된 자와 하나님을 대항하는 자들의 출발점으로 해석한다.

우리를 구원했다. 이 놀라운 구원은 우리가 더 이상 하나님의 저주 아래 있지 않고 하나님의 은혜 아래 살도록 했다. 우리는 이제 죄와 사망의 법에서 해방되어 생명의 성령의 법으로 말미암아 하늘의 능력으로 세상을 산다.

하나님은 죄인 아담과 하와에게 가죽 옷을 지어 입혔다. 아담과 하와는 매일 매일 그 옷을 보며 하나님의 보호와 은혜를 기억했을 것이다. 이 놀라운 은혜를 베푼 하나님은 그리스도의 보혈로 우리를 구속하고 성령으로 우리를 보호하며 인도한다. 우리는 언제나 죄 가운데 노출되어 있다. 우리는 사단의 유혹으로 죄를 지을 수 있다. 그러나 우리는 하나님 앞에 고백함으로 용서 받고 기쁨으로 살아야 한다.

제3장
가인이 걸어간 길 (창 4:1~16)

아담과 하와는 통치자 하나님의 명령을 거부하여 반역함으로 에덴의 동산에서 쫓겨 났다. 에덴에서 추방된 그들의 삶이 궁금하지 않은가? 본문은 아담과 하와의 아들 가인이 걸어 간 길에 대해 말한다. 창세기 3장 23절에 근거하면 아담과 하와는 에덴동산에서 추방된 후 밭을 일구며 고통스럽게 살았을 것이다. 그런데 4장은 새로운 기대를 가지게 한다. 그것은 가인과 아벨의 출생이다. 오늘날도 결혼한 가정에 새 생명이 태어났을 때 새로운 기대와 희망이 솟는 것처럼 그들의 출생은 아담과 하와의 삶에 새로운 전환점으로 다가왔을 것이다. 특히 본문은 가인의 출생에 초점을 맞추고 있다. 하와는 가인을 낳고

「내가 여호와로 말미암아 득남하였다」라고 외친다. 가인의 출생에 아담과 하와의 기대도 있지만 독자들의 기대도 있다. 그것은 창세기 1장 28절에 하나님이 「생육하고 번성하여 땅에 충만하라」고 명령 했기 때문이다. 이런 의미에서 가인은 창조 명령의 첫 결과로서 주목을 받는다. 가인 그는 새로운 관심이었고 새로운 희망이었다.[12]

그러나 그 기대와 희망은 아픔과 고통으로 다가왔다. 그것은 통치자 하나님이 가인을 거부했기 때문이다. 가인과 아벨은 하나님께 제물을 드렸다. 여기서 「제물」은 히브리어로 「민하」이다. 이 뜻은 「선물」 혹은 「공물」이란 의미로 레위기에서 「소제」로 번역되었다.[13] 가인과 아벨은 그들의 소산물로 하나님께 예물을 드렸다. 그런데 문제는 하나님의 반응이다. 하나님은 「아벨과 그 제물」은 열납 했지만 「가인과 그 제물」은 열납하지 않았다. 「열납했다」는 히브리어는 「주목하다, 바라보다」는 의미이다.[14] 하나님은 아벨과 그 제물은 주목하고 바라보았지만 가인과 그 제물에는 관심조차 없었고 주목하지도 않았다.

그 이유는 무엇인가? 어떤 사람은 제물의 문제로 보았다. 아벨은 양으로 제물을 드렸지만 가인은 곡식으로 제물을 드렸기 때문이라고 말한다. 어떤 사람은 아벨은 초태생으로 드렸지만 가인은 그렇지 않았다고 말한다. 그러나 레위기는 곡식의 제사 소제를 말하고 제물에도 초태생보다 「흠 없는 것」을 강조하기 때문에 이런 주장은 다소 설득력이 부족하다.[15] 제물과 제물을 드리는 자는

---

12) Allen P. Ross, *Creation & Blessing, A guide to the study and exposition of Genesis* (Grand Rapids: Baker Books, 1996), 156. 그는 qayin과 qaniti의 유사음을 통한 문학장치를 주목한다. 그는 이 하와의 진술이 소망과 믿음으로 가득 차 있다고 본다.

13) BDB, 585.

14) TWOT, 2429.0 שָׁעָה 이 단어의 기본적 의미는 「관심을 가지고 바라보는 것」이다.

15) V. P. Hamilton, *The Book of Genesis chapters 1 17*, NICOT (Grand Rapids: Eerdmans, 1990), 224.

구별 될 수 없다. 제물은 곧 제물 드리는 자를 의미한다. 특별히 우리는 본문의 표현을 주목해야 한다. 본문은 하나님이 가인의 제물을 열납하지 않았다고 말하지 않고 「가인과 그 제물」을 열납하지 않았다고 말한다. 여기서 가인과 그 제물은 동격으로 나타난다. 하나님은 가인의 제물을 열납하지 않은 것이 아니라 가인 자체를 거부한 것이다. 이것은 가인의 삶에 심각한 문제가 있음을 추론하게 한다.

이것은 우리에게 충격으로 다가온다. 사람들은 예배할 때 정성을 다해야 한다고 말한다. 또 어떤 이는 헌금에 관심을 둔다. 또 어떤 이는 최선을 강조한다. 예배의 성공을 말한다. 모두 중요하다. 그러나 한 가지 기억할 것은 우리가 아무리 정성을 다하고 많은 헌금을 하고 최선의 예배를 준비한다고 할지라도 하나님은 예배자 우리를 거부하실 수 있다는 것이다. 우리의 문제는 예배 그 자체에 관심을 많이 갖지만 예배 드리는 자신에 대해서는 큰 관심이 없다는 것이다. 우리의 삶이 하나님과 무관하다면 우리가 예배한다고 하더라도 하나님은 거부하실 것이다. 하나님은 주전 8세기 이스라엘 사람들에게 이렇게 선포한다. 「너희가 아침마다 희생을, 삼일 마다 십일조를 드리며 수은제와 낙헌제를 드린다 해도 그것은 나와 무관한 너희가 기뻐하는 예배이다(암 4:5)」고 말한다. 「너희가 번제나 소제를 드릴 찌라도 내가 돌아보지 아니할 것이다」고 선언한다. 우리의 예배가 하나님이 주목하는 예배가 되기 위해서는 우리 삶이 정결해야 한다. 그러나 우리 삶은 죄와 허물로 얼룩져 있다. 그렇기 때문에 우리는 예수 그리스도의 공로를 의지할 수 밖에 없다.

하나님은 「가인과 그 제물」을 바라보지 않았다. 하나님으로부터의 거부, 이처럼 큰 비극은 없다. 거절당한 가인은 심한 분노로 가득 찼다. 이때 하나님은 그 분노를 아시고 가인에게 말한다: 「왜 너는 분노하느냐」, 「왜 너는 네 얼굴을 들지 못하느냐」 「네가 선을 행하면 어찌 낯을 들지 못하겠느냐 선을 행치 아니하면 죄가 문에 엎드리느니라. 죄의 소원은 네게 있으나 너는 죄를 다스릴 찌니라」 하나님은 가인을 책망하며 그가 선을 행하지 않으면 죄의 노예가 될 것을 경고한다.

하나님의 책망과 경고는 가인에게 새로운 출발을 할 수 있는 기회였다. 그가 하나님의 책망과 경고를 받고 회개하여 삶을 새롭게 할 수 있는 기회였다. 그러나 타락한 가인의 마음은 그 분노를 동생 아벨에게 풀었다. 가인은 들에 있는 아벨을 계획적으로 살해 했다. 이것은 참으로 비극이다. 하나님의 명령을 거부했던 아담의 죄는 이제 가인에게도 전가되어 형제 살해라는 더 비참한 죄악으로 발전하고 있음을 보여준다.

하나님은 가인에게 질문을 한다: 「네 아우 아벨이 어디 있느냐」. 이것은 하나님께서 범죄한 아담에게 「네가 어디 있느냐」고 한 질문과 유사하다. 이 질문에 가인은 그의 행실을 자백하고 용서를 구했어야 했다. 그러나 그는 아담보다 더 강하게 자신의 행실을 부정할 뿐 아니라 하나님에 대하여 강하게 항변한다: 「내가 알지 못합니다」. 「내가 내 형제를 지키는 자입니까」. 하나님은 다시 묻는다: 「네가 무엇을 행하였느냐」, 「네 아우의 핏 소리가 땅에서부터 내게 호소하느니라」.

가인은 내면의 분노와 행실을 숨길 수 있다고 착각했다. 그는 그의 죄를 인정하지 않았다. 이것이 바로 그의 어리석음이다. 그는 아버지 아담의 죄 길을 여전히 답습하여 더 견고히 하고 있다. 아직도 많은 사람들이 여전히 아담과 가인이 걸어간 길을 걷고 있다. 사람들의 마음이 분노로 가득 찼다. 그 분노를 가족과 이웃에게 퍼붓는다. 만약 우리 안에 분노로 가득 차고 우리의 악한 행실을 숨기고자 하는 마음이 있다면 그 어떤 인간도 전지전능한 하나님 앞에 속

마음과 행실을 숨길 수 없음을 기억해야 한다.

하나님은 가인에게 두 가지 심판을 선언한다. 하나는 가인이 땅에서 받을 저주이다. 창세기 4장 11절과 12절은 땅이 아벨의 피를 받았기 때문에 네가 밭을 갈아도 땅이 효력을 네게 주지 않을 것이라고 말한다. 창세기 3장에서 하나님은 아담에게 땀을 흘려야 식물을 먹을 수 있다고 했다. 그런데 이제 가인에게는 땀을 흘려도 그 효력이 없을 것이라고 말한다. 이것은 하나님의 형벌이 아담보다 가인에게 더 중하게 내려지고 있음을 볼 수 있다. 레위기는 피가 땅을 더럽히며 땅이 더럽혀지면 거주민을 토하여 낼 것을 선언한다. 이런 측면에서 가인은 하나님의 땅을 더럽혔다.

다른 하나는 가인이 유리할 것이다라는 선언이다. 아담은 에덴에서 추방되었다. 그러나 가인은 「여호와 앞을 떠나」 에덴 동편 놋 땅에 거하였다. 그리고 그곳에 성을 쌓고 에녹이라 했다. 성은 도시의 시작을 의미한다. 가인은 자기를 보호하기 위하여 성을 쌓는다. 그러나 우리는 성이 세워 진 땅 「놋」의 의미를 살필 필요가 있다. 히브리어 「놋」은 「방황」이라는 의미[16]이다. 성경은 가인이 받은 형벌인 유리하는 삶과 「놋」이라는 어휘를 연결하고 있다. 가인은 유리하는 삶을 청산하고 견고한 성을 쌓아 자신의 삶을 보호하고 유지하려고 했다. 그러나 아무리 견고한 성이라 할지라도 여호와를 떠난 삶은 유리 방황하는 삶이라는 것을 알려준다. 하나님의 거절만큼 큰 고통은 없다. 가인은 하나님으로부터 거절당했다. 그는 분노하며 사람을 죽였다. 결국 그는 유리하며 방황했다. 예수는 유리하는 자들의 삶을 청산하기 위해 대속의 제물로 오셨다. 따라서 예수 안에 있는 우리는 가인의 길이 아닌 예수의 길을 걸어야 한다.

---

16) Ibid., 224.

제4장
우리는 어떻게 살 것인가 (창 4:17~26)

진정한 성도는 세상 사람들과 생각이 다르고 삶의 방식이 다르다. 따라서 그들은 늘 이런 고민을 한다. 타락한 문화에서 어떻게 살 것인가? 이 질문은 세상에 사는 그리스도인이 삶에 대해 던지는 진지한 고민이다. 과연 우리는 어떻게 살아야 하는가?

그리스도인은 하나님을 의지하고 살아야 한다. 하나님을 의지하는 것은 그에 대한 철저한 신뢰를 필요로 한다. 하나님은 범죄한 가인을 보호하기 위해 표를 주었다. 그러나 가인은 하나님의 약속을 신뢰하지 않고 성을 쌓았다. 그 행동은 가인이 스스로 자신을 보호하겠다는 표시이다. 이런 행동은 하나님에 대한 불순종이다. 가인은 하나님의 보호 약속을 신뢰하지 못했다.

본문은 「가인이 성을 쌓고 있었다」라고 표현한다. 이것은 가인의 성 쌓기가 하나의 과거 사건으로 멈추지 않고 과거로부터 현재까지 진행되고 있음을 가리킨다. 사실 오늘날도 많은 사람들이 자신의 성을 쌓고 있다. 변화무쌍한 이 세계에서 자신을 보호하기 위해 물질로 성을 쌓는다. 그것은 오직 물질만이 자신을 지킬 수 있는 유일한 안전 장치로 생각하기 때문이다. 어떤 이는 명예와 권력으로 성을 건축한다. 이 또한 자신의 힘으로 자신을 보호하겠다는 욕망의 표현이다. 이것이 하나님을 떠난 사람들의 특징이다. 과연 우리는 자신의 힘으로 자신을 보호 할 수 있다고 생각하는가? 성경은 네 명철을 의지하지 말고 인생을 의지하지 말라(잠 3:5; 사 2:22)고 권고한다. 더 나아가 성경은 자기를 의뢰하지 말고 하나님만 의뢰하라 말한다.

하나님을 떠난 사람들은 자신의 힘을 의지하지만 그리스도인은 하나님을 의지한다. 창세기 4장 26절은 가인과 다른 방식으로 사는 사람들을 소개한다. 그들은 셋과 그의 후손이다. 셋은 하나님께서 주신 약속의 씨[17]이다. 그는 아들을 낳고 「에노스」라 불렀다. 성경의 용례 속에 「에노스」는 인생의 연약성과 한계성을 드러낸다[18]: 「이 때에 사람들이 여호와의 이름을 부르기 시작했다.」 가인은 자신의 힘을 의지하고 살았다. 그러나 셋의 후손들은 그들의 연약함을 인정하고 하나님을 전적으로 의지했다. 그들은 하나님의 도우심을 간구하며 살았다.

「여호와의 이름을 불렀다」는 말은 창세기 12장에 다시 나타난다. 아브라함은 약속의 땅 가나안에서 여호와께 단을 쌓고 여호와의 이름을 불렀다. 그가 의지할 이는 그를 부르신 여호와 하나님뿐이었다. 오늘날 셋의 후손과 아브라함과 같은 방식으로 사는 사람들이 누구인가? 그들은 바로 「주의 이름을 부르는」 그리스도인들이다. 우리는 세상 사람들과 동일한 방식으로 살지 않는다. 우리가 그들과 같이 물질의 성을 쌓고 명예와 권력의 성을 쌓아 의지하면 되겠는가? 여호와는 우리의 힘과 방패(시 28:7)이다. 그는 우리의 산성이요 환난 중에 만날 큰 도움이다(시 46:1). 우리가 범사에 그를 인정하고 의지하면 그가 우리를 인도하신다(잠 3:6). 우리는 하나님을 의지하고 살아야 한다.

하나님을 떠난 사람들은 자신의 쾌락과 영광을 위해 산다. 그러나 우리는 하나님의 영광을 위해 산다. 가인의 후손은 문화를 발전시켰다. 문화 발전 그

---

17) L. A. Turner, *Genesis* (England: Sheffield, 2000), 40~41. 그는 '씨' 라는 히브리어 단어를 흥미있게 주목한다. 그는 하와가 가인을 낳았을 때 '남자(man)' 라고 표현했는데 여기서는 '씨' 라고 표현한 것을 보면서 창세기 3:15의 여인의 씨와 연결한다.

18) Martin Kessler & Karel Deurloo, *Genesis*(New York: Paulist Press, 2004), 68.

자체가 부정적이거나 문제가 있는 것이 아니다. 오히려 문화 발전은 적극적인 의미에서 하나님의 선하신 뜻이다. 그러나 가인 후손의 문화 발전은 두 가지 면에서 문제가 있다. 하나는 결혼에 대한 창조 질서를 무시했다. 라멕은 아다와 씰라를 아내로 취했다. 성경에서 처음으로 중혼한 인물이다. 성경에 두 아내를 취한 족장들이 있다. 아브라함과 야곱이 그렇다. 성경은 이들의 결혼에 대해서 공개적으로 비난하거나 책망하지 않는다. 그러나 성경은 이 가족들이 얼마나 시기와 질투와 투쟁으로 고통 당했는지 잘 말해준다. 창조질서는 한 남자가 한 여자를 아내로 맞아 한 몸(창 2:24)을 이루는 것이다.

  가인 후손의 문화 발전의 다른 문제점은 하나님의 영광이 배제되고 자신의 쾌락과 영광만을 추구한다는 점이다. 야발은 목축업, 유발은 음악, 두발가인은 금속 세공업을 발전시켜 그 문화의 조상이 되었다.[19] 그러나 이 문화 발전은 라멕의 살인 예찬으로 귀결된다. 그들은 문화를 발전시켰지만 그 속에 하나님의 영광을 담지 않고 자신들의 욕망과 이기적 가치들을 담았다. 그들의 문화는 창조질서를 무너뜨리고 자신들의 힘을 예찬하는 문화로 발달했다. 현대 사회의 핫 이슈가 바로 「문화」이다. 현 시대를 「문화 전쟁 시대」라고 말한다. 현 사회가 「문화」를 주목한 것은 아주 잘했다. 그런데 문제는 「이 문화 속에 하나님의 영광을 찾을 수 있는가」이다. 현대 문화는 라멕 시대와 같이 신성한 성과 결혼의 창조질서를 무너뜨리고 욕망과 쾌락을 앞 세우고 채운다. 오늘날은 성적 타락이 자연스럽고 성경의 교훈은 마치 동화처럼 취급되는 세대가 되었다. 자극적이고 감각적인 문화가 사람들을 더욱 자극한다. 우리는 거룩한 문화의 창달을 위해 구속 받았음을 기억해야 한다.

---

19) Allen P. Ross, 167.

우리는 세상의 빛과 소금으로 거룩한 문화를 만들어야 한다. 우리는 세상에 대한 책임을 느끼고 문화를 변혁하여 바른 문화를 창달해야 한다. 우리의 옳은 행위를 통해 많은 사람들이 하나님께 영광을 돌리도록 해야 한다. 바로 하나님은 그것을 원한다.

하나님 없는 사람들은 힘과 보복의 논리로 살지만 우리는 용서와 사랑으로 산다. 가인 후손의 문화의 초절정은 라멕의 폭력이다. 라멕은 이렇게 노래한다.

> 아다와 씰라여 내 소리를 들으라 라멕의 아내들이여 내 말을 들으라.
> 나의 창상을 인하여 내가 사람을 죽였고 나의 상함을 인하여 소년을 죽였도다.
> 가인을 위하여는 벌이 칠 배 일진대 라멕을 위하여는 벌이 칠십 칠 배이리로다.

여기서 「창상」과 「상함」은 찰과상 정도의 가벼운 상처이다. 그는 이 상처 때문에 소년을 죽였다. 하나님은 살인자 가인이 보복의 두려움으로 떨 때 표를 주어 보호했다. 그러나 라멕은 자신이 하나님을 대신하고 끝없이 보복할 것을 선언한다. 따라서 사람들은 이 노래를 「살인예찬」, 「보복의 노래」, 「칼의 노래」 라고 부른다.[20] 그 시대는 힘의 논리만이 통용되고 폭력이 정의를 대신하는 시대였다. 우리 시대 또한 폭력으로 고통 당하는 시대이다. 가정 폭력이 남편과 아내와 자녀들을 공포로 몰아넣고 삶을 파괴한다. 학교에서 이루어지는 폭력은 어린 영혼들을 힘들게 한다. 아름다운 성이 데이트 폭력으로 왜곡되고 심각한 상처를 남긴다. 스크린은 무절제하여 폭력을 미화한다. 인터넷은 악성 댓 글이 난무하다. 이 세대 사람들이 폭력 때문에 두려워한다. 상대방에게 폭

---

20) B. K. Waltke, 100. 그는 '가인은 하나님의 권위를 두려워 하는 반면에 라멕은 두려움 없이 그의 사적인 욕망을 위해 권위를 취한다' 고 말한다.

력을 행하고도 부끄럽지 않고 괴롭지 않은 세대이다. 오직 자신의 힘으로 남을 제압하려는 부끄러운 세대이다.

우리는 어떠한가? 우리는 폭력의 피해자인가? 폭력의 가해자인가? 우리가 그리스도인임에도 불구하고 힘의 논리, 보복의 논리, 폭력의 논리로 살지는 않는가? 우리는 어떻게 살아야 하는가? 우리는 용서와 사랑으로 살아야 한다. 예수님은 우리에게 보복 대신 용서를 가르쳤다. 라멕은 칠십 칠 배의 보복을 선언했지만 예수님은 일흔 번씩 일곱 번이라도 용서하라고 했다. 예수님은 원수를 사랑하고 핍박하는 자를 위해 기도하라고 했다. 혹시 우리는 이 말씀을 하나의 이상적 가치로만 여기고 있지 않은가? 이대로 살면 세상에서 바보가 되어 살수가 없다고 푸념하지는 않는가? 이것은 성경 속의 이야기이지 현실의 이야기가 아니라고 부정하지는 않는가? 예수님은 원수 된 우리를 위해 십자가에 죽었다. 그는 용서가 무엇인지 실제로 보여 주었다. 하나님 없는 사람들은 자신의 힘으로 세상을 정복하려고 하지만 그리스도인은 용서와 사랑으로 세상을 정복한다.

우리는 성도이다. 세상으로부터 구별된 자이다. 우리는 하나님 없는 자들과 생각이 다르고 사는 방법이 다르다. 세상 사람들은 자기의 힘을 의지하고 살지만 우리는 창조주 하나님을 의지하고 산다. 그들은 자신의 영광을 추구하지만 우리는 하나님의 영광을 추구한다. 그들은 욕망을 채우고 보복의 원리로 세상을 만들지만 우리는 용서와 사랑으로 세상을 만들어 간다.

제5장
아담의 족보에 담긴 메시지 (창 5:1~32)

아담의 족보는 「낳았고…낳은 후…낳았으며…향수하고 죽었다」라는 문장을 무려 아홉 번 반복한다. 이것은 무엇을 강조하는 것일까? 그것은 바로 죽음이다. 모세는 죽음을 강조함으로 사단의 말은 거짓이고 창조주의 말씀이 진리임을 선포한다. 사단은 「너희는 결코 죽지 않는다(창 3:4)고 했다. 그러나 본문은 아담과 그 후손의 죽음을 기록함으로 사단의 거짓을 드러낸다. 사단의 말은 거짓이다. 하나님은 창세기 2장 17절에서 「너희가 선악과를 먹는 날에는 반드시 죽을 것이다」고 분명히 경고했다. 따라서 아담과 그 후손들이 「죽었다」는 표현은 하나님의 말씀이 그 경고대로 성취되었음을 증거한다.

사람은 반드시 죽는다. 그것은 아담으로 인해 사망이 왕 노릇(롬 5:17)하기 때문이다. 각 사람들이 후손을 낳고 희망과 소망으로 산다. 그러나 야렛처럼 구백 육십 이세를 살고 므두셀라처럼 구백 육십 구세를 산다고 할 지라도 사람은 죽는다. 죄의 진노 아래 있는 인간은 죽음의 한계를 뛰어 넘을 수 없다. 따라서 타락한 인간에게 죽음은 큰 두려움이요 공포이다. 인간 그 어느 누구도 죽음을 피할 수 없다. 이 죽음의 확실성 앞에서 인간은 책임 있게 살아야 한다. 히브리서는 「한번 죽는 것은 사람에게 정하신 것이요 그 후에는 심판이 있으리라(히 9:27)고 말한다. 여기서 「정하신 것」이란 수동형으로 죽음이 자연적인 것이 아니라 누군가로부터 부여된 것임을 드러낸다. 특히 「심판」이란 헬라어는 단순한 판단이 아니라 법적 결정이다.[21] 죽음은 창조주의 결정이기 때문에 피할 수 없다. 동시에 삶에 대한 하나님의 법적 결정이 있다. 사람은 죽음의 한계선을 넘을 수 없고 하나님의 심판을 피할 수 없다.

그렇다면 우리가 죽음의 한계를 넘어 설 수 있는 길은 없는가? 또한 삶에 대한 하나님의 법적 결정 앞에서 어떻게 해야 하는가? 우리가 죽음의 한계를 넘어 설 수 있는 유일한 길은 예수이다. 그는 「나는 부활이요 생명이니 나를 믿는 자는 죽어도 살겠고 무릇 살아서 믿는 자는 영원히 죽지 아니하리라(요 11:25)」고 선포했다. 예수는 그의 죽음과 부활을 통해 사망의 저주 아래 있는 우리를 영원히 죽지 않는 생명으로 인도한다. 따라서 우리는 예수를 믿음으로 영원한 죽음을 극복하고 영원한 생명을 소유할 수 있다. 우리는 죽음이 우리 앞에 있음과 하나님의 심판을 기억해야 한다. 따라서 우리는 예수 안에 영원한 생명을 소유한 자로 단 한번의 삶을 소중히 여겨 책임 있게 살아야 한다.

아담의 족보는 하나님과 동행의 중요성을 알려준다. 본문은 아담과 그 후손의 죽음을 기록하며 에녹을 소개한다: 「에녹은 하나님과 동행하더니 하나님이 그를 데려가셨으므로 그가 세상에 있지 아니하였다(창 5:24)」. 본문의 직역은 「에녹은 하나님과 걸었다」이다. 특히 「걸었다」는 동사는 재귀형으로 자발적 의지를 강조한다. 에녹은 마지 못해 하나님과 동행한 것이 아니라 자발적으로 기쁘고 즐겁게 하나님과 걸었다.[22] 창세기 3장 8절은 「동산에 거니시는 여호와」를 보고한다. 여호와는 동산 에덴에서 걷고 계셨다. 이것은 여호와께서 아담과 함께 걸었음을 상상케 한다. 사람이 하나님과 함께 걷는 것은 창조주의 뜻이고 그것은 곧 인간 최대 기쁨이요 영광이다. 에녹이 하나님과 동행할 때

---

21) [LN]**κρίσις εως** f　(a) legal decision 56,20　(b) authority to judge 56,22　(c) court of justice 56,1　(d) verdict 56,24　(e) condemnation 56,30　(f) justice 56,25　(g) judgment 30,110　(h) basis for judgment 30,111　(i) punishment 38,1　(l) **ὑπὸ κρίσιν πίπτω** be condemned 56,32

22) Claus Westermann, *Genesis 1-11* (Minneapolis: Augsburg Pubishing House, 1974), 358. 베스터만은 하나님과 밀접한 관계로 인식한다.

그 마음은 세상이 줄 수 없는 평강과 기쁨의 극치를 누렸을 것이다. 히브리서는 이런 에녹을 가리켜 「하나님을 기쁘시게 하는 자(히 11:5)」라고 말한다

이 세상에서 하나님과 동행하는 사람은 참된 삶의 가치, 참된 기쁨의 가치를 발견한 사람이다. 그는 현실이 어렵고 힘들더라도 두려워하지 않으며 소득이 적을 지라도 풍족하게 하는 사람이다. 그는 세상이 요동할 지라도 흔들리지 않고 의연히 걸으며 하나님 임재를 늘 의식하며 사는 사람이다. 지금 우리는 삶의 여정을 누구와 무엇과 동행하고 있는가? 혹시 썩어 없어질 물질과 동행하고 있지는 않는가? 지금 걷는 길이 그리스도인으로 가서는 안될 길을 걷고 있지는 않는가? 현재 우리가 가는 길이 힘들고 어렵지는 않는가? 그렇다면 우리를 위해 목숨을 내어 놓으신 예수와 동행하기 바란다. 주님은 「내가 세상 끝날까지 항상 너희와 함께 있을 것이다(마 28:20)」고 약속했다. 이 약속을 붙잡고 주님의 말씀과 뜻을 행하며 길을 걷는다면 참된 기쁨과 안식이 찾아 올 것이다.

아담의 족보는 사람들이 쉼과 위로를 갈망하고 있음을 보여준다. 그것은 아담의 후손 라멕이 아들의 이름을 짓는 데서 찾아 볼 수 있다. 라멕은 아들을 낳고 이름을 「노아」라 했다. 「노아」는 「쉼」이란 의미를 담고 있다.[23] 라멕은 노아에게 의미를 부여한다: 「그가 여호와께서 저주한 땅과 노동의 고통과 수고로부터 우리를 위로 할 것이다」[24]. 우리는 여기서 「저주의 땅」과 「노동의 고통과 수고」라는 단어를 주목해야 한다. 창세기 3장 17절에서 하나님은 아담의 죄로 인해 땅이 저주받고 사람은 종신토록 수고할 것을 선언했다. 라멕의 선언은

---

23) Allen P. Ross, 176.

24) Benno Jacob, *The First Book of the Bible: Genesis*, Interpreted by B. Jacob, trans. E. J. Jacob (New York: Ktav, 1974), 39. 그는 창세기 4:26의 '여호와의 이름을 불렀다' 는 외침으로 보고 이 외침이 다시 라멕, 노아의 아버지에서 다시 나타난다고 말한다.

하나님의 말씀대로 저주의 땅에서 사는 사람들이 수고의 땀을 흘리는 고통 속에 있음을 역력히 드러낸다. 라멕은 바로 이런 고통과 수고로부터 위로를 얻고 쉼을 누리고자 한다.

이런 갈망이 어찌 라멕에게만 국한되겠는가? 쉼과 위로에 대한 갈망은 타락한 세상에 사는 우리 모두의 갈망이다. 현재 많은 사람들이 상대적 박탈감과 빈곤 속에 헤매며 진정한 안식 얻기를 갈망한다. 인생의 수고와 삶의 무거운 짐이 우리를 누른다. 이런 현실의 고통에서 우리는 누군가로부터 위로 받기 원하고 쉼을 얻기를 갈망한다.

라멕처럼 쉼과 위로를 갈망하며 사는 우리에게 기쁜 희망의 소식이 있다. 그것은 예수의 초청이다. 「수고하고 무거운 짐 진 자들아 다 내게로 오라. 내가 너희를 쉬게 하리라」. 예수는 인생의 수고와 무거운 짐에서 벗어나 진정한 안식을 누리게 한다. 그는 우리를 죄의 속박으로부터 구원했다. 그러므로 예수 안에 있는 자들은 하나님이 주는 쉼과 위로를 얻을 수 있다. 바울은 「그리스도의 고난이 우리에게 넘친 것 같이 우리의 위로도 그리스도로 말미암아 넘친다(고후 1:5)」고 선포한다.

제6장
왜 하나님은 세상에 대한 심판을 결정 했는가 (창 6:1~8)

우리가 사용하는 말 중에 주권(主權)이란 단어가 있다. 이 단어는 그 어떠한 것의 영향을 받지 않고 자주적으로 무엇인가를 결정하고 실행하는 독립적 힘이나 권위를 가리키는 말이다. 하나님은 창조주이기에 우주 만물에 대한 주권을 소유하고 있다. 하나님의 주권은 사람의 생사를 결정하고 나라의 흥망성쇠를 결정한다. 이 강력한 주권을 소유한 하나님은 창세기 6장 8절에서 만물을 땅 위에서 쓸어 버리기로 결정한다. 하나님은 왜 창조세계를 심판하기로 결정했을까?

사람들이 창조질서를 역행하여 세상을 악으로 채웠기 때문이다. 창조질서의 역행은 창조주에 대한 반역이기 때문에 곧 멸망을 의미한다. 창세기 6장 1절은 「사람이 땅 위에 번성하기 시작할 때에」라고 시작한다. 이 말씀은 창조할 때 사람을 향한 하나님의 뜻을 생각나게 한다. 하나님의 뜻은 사람들이 땅에 번성하여 하나님의 영광스런 문화를 세우는 것이다. 그런데 창세기 6장 5절에 근거하면 사람들은 생육하고 번성하며 하나님의 의도에 역행하여 악으로 땅을 가득 채웠다. 왜 세상이 이렇게 된 것인가? 본문은 두 가지 면에서 그 문제를 제기한다.

첫째 이유는 사람들이 자기 욕망으로 살았기 때문이다. 그것은 창세기 6장 2절에서 찾아 볼 수 있다: 「하나님의 아들들이 사람의 딸들의 아름다움을 보고 자기의 좋아하는 모든 자로 아내를 삼는지라」. 특히 우리는 이 문장에서 「보았다⋯좋았다⋯취했다」를 주목해야 한다. 이것은 하와를 연상케 한다. 하와는 선악과를 보았고⋯그 열매가 좋았고⋯그래서 취했다(창 3:6). 하와의 행동은 창조주의 명령을 거부하고 욕망에 사로잡힌 행동이었다. 하와는 욕망 때문에 무엇이 옳고 그릇된 것인지 분별 할 수 없었다. 이와 같이 노아 시대 사람들도 하와처럼 욕망에 지배되어 행동했음을 드러낸다.

더 주목할 점은 노아 시대에 경건한 무리와 경건치 않은 무리의 구분이 없어진 것이다.[25] 창세기 4장은 분명히 가인의 후손과 셋의 후손을 구별한다. 가인의 후손은 자신의 힘과 욕망으로 살았지만 셋의 후손은 여호와를 의지하고 그의 이름을 부르며 살았다. 그런데 불행하게도 노아 시대는 구별된 삶의 모습을 찾아 볼 수 없다. 그것은 결혼을 통해 두 무리가 섞여 그들의 삶의 방식 또한 혼잡하게 되었기 때문이다. 이것은 선택의 백성 셋 후손이 정체성을 상실했음을 말해준다. 그들은 더 이상 여호와를 의지하지 않고 자신의 힘을 의지하고 욕망을 이루려 했다.

둘째 이유는 사람들의 마음이 항상 악했기 때문이다. 생각은 행동을 유발하기 때문에 매우 중요하다. 그런데 창세기 6장 5절은 노아 시대 사람들의 「마음의 생각에서 나오는 모든 계획이 항상 악할 뿐이었다」고 단정적으로 평가한다. 특히 여기서 「계획」이란 히브리어 「예첼」은 창세기 2장 7절에 사용된 「지으셨다(히, 야찰)」는 단어와 동일하다. 하나님은 인간 안에 그의 선한 생각과 뜻과 목적을 담았다. 그러나 그 인간에게서 나오는 모든 것은 선이 아니라 악한 것이었다. 그들이 지어내는 것들과 의도하는 것이 항상 악했다. 노아 시대 사람들은 생각도 악했고 행동 또한 악했다. 그들은 총체적으로 악했다. 모든 사람이 죄악으로 세상을 채우는 일에 하나가 되었다.

이런 세상을 본 하나님의 마음은 어떻겠는가? 창세기 6장 6절은 하나님이 한탄하고 근심했다고 말한다. 「한탄과 근심」은 하나님의 후회를 표현하는 것이 아니라 더 이상 견딜 수 없는 마음의 고통을 말한다. 죄는 하나님의 마음에 못을 박는 행위이다. 그 결과 하나님은 창조한 사람과 모든 생물을 땅에서 쓸어버리기로 결정했다.

---

25) 하나님의 아들들에 대한 토론은 송병현, "심판의 줄기에서 돋아난 새 출발의 싹," 『창세기 어떻게 설교할 것인가』 (서울: 두란노아카데미, 2008), 218~219; James McKeown, Genesis, The two horizons old testament commentary (Grand Rapids: Wm. B. Eerdmans, 2008), 48~49를 보라. 일반적으로 하나님의 아들들은 1) 천사들 2) 왕족 3)셋의 자손들 4) 가인의 자손들이라는 이론들이 제기되었다.

우리가 이 심판 결정에 대해 깊이 생각해야 할 점이 있다. 그것은 우리가 지금 하나님의 땅에 살고 있다는 인식이다. 레위기 18장은 사람의 죄가 땅을 더럽히고 땅이 더럽혀지면 그 땅이 거주민을 토하여 낸다고 말한다. 이런 관점에서 노아 홍수는 하나님의 땅을 더럽힌 인간들을 자신의 땅에서 제거한 것이다. 땅은 힘과 부의 원천이 아니다. 그것은 소중한 선물이다. 우리가 살고 있는 곳은 하나님의 땅이다. 우리가 만일 이 땅을 더럽히면 우리 또한 하나님의 심판을 면할 수 없다. 우리는 하나님의 땅을 소중히 여겨 정결한 삶을 살아야 한다.

우리는 이 타락한 세대의 희망이요 마지막 보루이다. 그리스도인의 정체성을 유지하고 사는 것이 매우 중요하다. 노아 시대는 여호와의 이름을 부르며 살던 셋의 후손들이 그 정체성을 상실하고 경건치 않는 사람들과 동일한 방식으로 산 것이 문제였다. 우리가 조심할 것은 「남들도 다하는데」 하면서 쉽게 행동하는 것이다. 우리는 남들이 다 해도 그것이 하나님의 말씀에 옳지 않으면 그 행동을 중단해야 한다. 우리는 세상의 부패를 방지하고 옳은 삶으로 삶의 방향을 잃은 자들에게 이정표를 제시해야만 한다. 사람들이 악으로 세상을 만들 때 우리는 선한 행실로 그 악을 몰아내야 한다. 우리는 하나님의 땅에 사는 하나님의 사람이다.

하나님이 세상에 대한 심판을 결정한 다른 이유는 사람들이 회개하지 않았기 때문이다. 창세기 6장 3절에서 여호와는 「나의 신이 영원히 사람과 함께 있지 아니할 것이다」고 말한다. 「함께 하다」의 히브리어는 「야돈」으로 「다투다」라는 의미로 「나의 신이 영원히 사람과 다투지 아니 할 것이다」라고 해석할 수 있다.[26] 이것은 「내가 언제까지 이 타락한 사람들에게 은혜를 계속 베풀 수 있

---

26) Allen P. Ross, 183.

느냐」는 의미를 담고 있다. 하나님께서는 사람의 죄악을 더 이상 참아 보실 수 없었다.

그럼에도 불구하고 하나님은 그들에게 회개의 기회를 주셨다. 하나님은 「그들의 날이 일백 이십 년이 되리라」고 선언한다. 이 말은 사람의 수명을 백이십 년으로 제한하는 것을 의미한다기 보다 이 말씀을 선포한 시점으로부터 홍수까지의 기간을 의미한다.[27] 베드로는 이 기간을 「하나님이 오래 참고 기다린 때(벧전 3:20)」라고 말한다. 따라서 이 기간은 하나님께서 노아 시대의 사람들에게 주신 회개의 기간이다. 하나님은 심판을 결정하지만 회개하고 돌아온 자들을 용서한다.

하나님은 죄인이 돌아 오기를 기다린다. 마치 집 나간 탕자가 돌아오기를 기다리는 아버지처럼 하나님은 죄인들이 자신의 품으로 돌아오길 원한다. 이사야 55장 7절은 「악인은 그 길을 불의한 자는 그 생각을 버리고 여호와께로 돌아오라. 그리하면 그가 긍휼히 여기시리라. 우리 하나님께로 나아오라. 그가 널리 용서하시리라」고 선포한다. 죄 지은 인간의 마지막 희망은 여호와께로 돌아가는 것이다. 회개는 암흑 속에 빛을 발견할 수 있는 유일한 수단이다. 우리가 만약 아무도 알지 못하는 죄 가운데 있다면 하나님의 심판이 이르기 전에 죄를 고백하고 여호와께로 돌아와야 한다. 하나님께 돌아오는 길이 곧 사는 길이다. 노아 시대 사람들이 여호와께 돌아왔다면 그들은 멸망치 않고 용서를 경험했을 것이다.

---

27) Gordon J. Wenham, *Genesis 1 15*, WBC, vol. 1(Texas: Word Books, 1987), 141 42. 칼빈과 루터도 이 기간을 하나님께서 인간에게 주신 유예 기간으로 보고 있다.

제 II 부
노아에서 아브라함에게로

- 창세기 6:9~11:26에 대한 성경신학적 묵상 -

하나님의 심판 중에도 하나님의 은혜 입은 자는 구원을 얻는다.
은혜 입은 자는 하나님과 동행하며 말씀에 순종한다.

하나님은 노아를 구원하여 「생육하고 번성하여 땅에 충만하라」고 명령함으로 그의 창조목적을 이루려 한다.
그리고 노아를 방문하여 언약을 맺어 견고한 반석 위에 세운다.

노아는 함의 아들 가나안에게 심판을 선언하고 야벳을 축복하고 셈의 하나님이 될 것을 선언한다.

사람들은 다시 범죄하여 집단적으로 자신의 「셈(이름)」을 내고 하나님에게 대항한다.
그러나 하나님은 그들을 흩으시고 「셈」의 후손 아브람을 선택하여 「셈(이름)」을 창대하게 하겠다고 했다.

제 1 장
하나님께 은혜 입은 자 노아(창 6:9-8:19)

지구의 큰 재난으로 모든 사람이 죽고 단 여덟 명만 살았다는 소식을 들은 적이 있는가? 이것은 영화 이야기가 아니라 실제 사건이다. 바로 노아 홍수이다. 이 홍수는 우연한 사건이 아니라 우주를 다스리는 하나님의 엄중한 심판이었다. 땅에 움직이고 호흡하는 모든 생물은 다 죽었지만 노아와 그 가족은 구원을 얻었다. 노아와 그 가족이 하나님의 심판에서 구원을 얻은 이유는 무엇인가?

그 이유는 하나님이 노아에게 은혜를 베풀었기 때문이다. 창세기 6장 8절은 「노아는 여호와께 은혜를 입었더라」고 말한다. 이 문장의 직역은 「노아가 여호와의 눈에서 은혜를 발견했다」이다.[28] 우리는 때로 사람들의 눈을 볼 때 그 안에 담긴 분노를 발견할 수도 있고 또는 선함을 발견하기도 한다. 마치 이처럼 노아는 하나님의 눈동자에서 그를 향한 불쌍히 여기심을 발견했다. 은혜는 하나님이 죄인을 불쌍히 여겨 측은히 여겨 베푸는 하나님의 사랑이다. 하나님은 왜 노아에게 은혜를 베풀었을까? 그것은 노아에게 은혜 베풀 만한 선한 행동이 있기 때문이 아니라 단지 하나님께서 은혜를 베풀고자 했기 때문이다. 출애굽기 33장 19절은 「내가 은혜 줄 자에게 은혜를 주고 긍휼히 여길 자에게 긍휼을 베푸느니라」라고 말한다. 하나님은 노아가 의인이요 완전한 자라서 은혜를 베푼 것이 아니라 오히려 하나님이 은혜를 베풀어 그를 의롭게 여겼

---

28) V. P. Hamilton, 276.

다. 따라서 창세기 6장 9절 「노아는 의인이요 당세에 완전한 자라. 그가 하나님과 동행하였다.」는 말은 하나님께서 노아에게 베푼 은혜의 결과이다. 노아의 구원은 하나님의 은혜의 선물이다.

노아가 은혜로 구원을 얻었다면 우리는 어떻게 구원을 얻는가? 어떤 사람들은 구원의 근거로 선한 행위를 내세운다. 그러나 성경은 구원은 하나님의 은혜로 이루어 진다고 말한다. 사도행전 15장은 이방인의 구원에 대한 예루살렘 회의를 소개한다. 어떤 사람들은 모세의 법대로 할례를 받지 아니하면 구원을 얻지 못한다고 주장한다. 또한 어떤 이는 이방인에게 할례를 주고 모세의 율법을 지키게 해야 한다고 주장한다. 이때 베드로가 일어나 말한다: 「우리가 저희와 동일하게 주 예수의 은혜로 구원을 받은 줄 믿노라(행 15:11)」고 선포한다. 사도 바울 또한 이렇게 선포한다: 「하나님의 은혜로 값 없이 의롭다 하심을 얻은 자 되었느니라(롬 3:24)」. 간혹 우리는 구원은 믿음과 행위로 이루어진다고 생각하는 사람들을 만난다. 그들은 믿음으로 구원을 얻는 것은 알지만 자신의 현실을 직시할 때 왠지 자신의 구원을 의심한다. 감정과 행위는 구원의 근거가 되지 않는다. 성경은 그리스도께서 우리를 위해 흘린 보혈이 구원의 근거로 부족하기 때문에 선행이 필요하다고 말하지 않는다. 구원은 하나님의 은혜로, 믿음으로 이루어진다. 현실적인 문제 때문에 하나님의 은혜로 얻은 구원을 등한히 여기거나 흔들리지 않기를 원한다.

하나님의 은혜를 입은 자는 하나님과 동행한다. 창세기 6장 9절은 「노아가 하나님과 동행하였다」고 말한다. 그 시대 사람들이 자신의 욕망을 따라 걸어갈 때 노아는 하나님과 함께 걸었다. 창세기 6장 13절에서 7장 5절은 노아가 하나님과 동행한 길이 어떤 것인지 말한다. 그것은 노아가 하나님의 명령대로 방주를 짓는 것이다. 하나님이 제시한 삼층의 방주를 짓는 것은 결코 즐겁고 기쁜 일 만은 아니었을 것이다. 아마 그 일은 싸움의 연속이었을 것이다. 노아의 마음에 이 일을 지속해야 하는가에 대한 갈등이 있었을 것이다. 또한 홀로 길을 걷는 데서 오는 심각한 고독이 그를 괴롭혔을 수도 있다. 아마 노아는 적어도 이 갈등과 고독을 피할 수 없어 맞서 싸워야 했을 것이다. 또한 노아는 다른 사람들의 조롱과 비방에서 자신을 지켜야 했을 것이다. 아무도 믿지 않는 것을 진리요 사실이라고 믿고 외치며 그 길을 가는 것처럼 힘든 일이 어디있겠는가? 이 모든 어려움에도 불구하고 성경은 「노아가 하나님이 자기에게 명하신 대로 다 준행하였다(창 6:22, 7:5)」고 반복하여 강조한다. 노아가 아무도 신뢰하지 않는 그 일을 행할 수 있었던 놀라운 힘은 어디에서 왔을까? 그것은 하나님의 말씀에 대한 철저한 신뢰요 창조주에 대한 믿음이었다. 히브리서는 분명히 말하기를 「믿음으로 노아는 아직 보지 못하는 일에 경고하심을 받아 경외함으로 방주를 예비하여 그 집을 구원하였다(히 11:7)」고 말한다.

우리는 대중사회에서 살고 있다. 「대중이 곧 힘이다」고 외치는 세상에서 하나님의 백성으로 살고 있다. 대중 사회에서 아무도 가지 않는 길을 간다는 것을 결코 쉬운 길이 아니다. 우리는 믿음을 따라 하나님과 동행해야 한다. 믿음 그것은 현실을 뛰어 넘도록 하는 놀라운 힘이다. 하나님의 말씀에 대한 철저한 신뢰, 그것은 세상의 조롱과 비방의 장벽을 뛰어 넘어 약속된 미래로 달려가는 힘이다.

방주의 완성은 노아의 믿음의 종결이 아니었다. 그것은 곧 하나님 심판의 시작이었다. 물리적 고통의 시작이었다. 노아는 하나님의 명령대로 방주로 들어 갔지만 홍수가 주는 물리적 고통을 피할 수는 없었을 것이다. 창세기 7장 11절과 12절은 홍수의 상황을 큰 깊은 샘들이 터지고 하늘의 창들이 열렸다고 말한다. 그것도 하루 이틀이 아니라 사십 주야 동안 물이 쏟아졌다. 그 결과 천하의 높은 산이 다 잠겼다.[29] 어떤 학자는 노아의 홍수가 지축의 변화를 가져왔다고 주장한다. 지축을 변화시키는 홍수였다면 방주에서 당하는 노아의 물리적 고통은 이루 말 할 수 없을 것이다.

상상할 수 없는 홍수의 현실 속에 땅의 모든 생물과 땅의 모든 사람들이 죽었다. 그러나 창세기 8장 1절[30]은 하나님이 노아와 그와 함께 방주에 있는 모든 들짐승과 육축을 권념했다고 말한다. 「권념했다」는 말은 「기억했다」는 말이다. 하나님의 기억은 행동을 유발한다. 하나님은 아브라함과 이삭과 야곱과 맺은 언약을 기억하고 이집트에서 고난을 겪고 있는 이스라엘을 구원하시기 위해 행동했다. 하나님은 홍수 중에 노아를 기억하고 하늘의 비와 샘에서 터지는 물을 중지하셨다. 그는 바람을 불게 하여 물이 줄도록 했다. 이것이 노아를 위한 하나님의 행동이었다.

우리의 현실은 어떠한가? 고통 중에 있는가? 심각한 고독에 쌓여 있는가? 미래에 대한 불안과 염려로 가득 차 있는가? 하나님은 자신이 은혜 베푼 자를 기억한다. 그가 우리를 위해 구원의 행동을 하실 것이다. 하나님의 은혜 입은 자는 심판에서 구원을 얻는다. 그는 현실의 압박과 고통 속에서도 약속의 말씀을 믿고 말씀대로 살아 간다. 하나님은 이 믿음의 사람을 기억하고 구원의 행동을 한다. 우리는 대중이 걷는 길을 가지 않고 하나님의 약속을 따라 길을 걸어 간다.

---

29) 윤상문, 「약속과 축복의 전주곡」 (서울: 기독교신문사, 2004), 225~282. 그는 노아의 대홍수가 지구 전체에 대한 심판임을 성경의 증거, 지질, 지형학적 증거, 화석학적 증거, 고대문헌학적인 증거, 인구 통계학적 증거를 들어서 입증하고 있다.

30) B. W. Anderson, "From Analysis to Synthesis: The Interpretation of Genesis 1~11," *JBL* 97(1978), 23-29. 그는 창세기 6:9~9:19의 구조가 8:1a를 중심축으로 하는 카이아스틱(chiastic) 구조임을 제안한다. 이후 많은 학자들은 이 구조를 중심으로 노아 홍수 이야기의 문학적 통일성을 연구했다.

제2장
구원은 종착이 아닌 새 출발 (창 9:1~7)

구원은 종점이 아니라 새로운 출발이다. 고린도후서 5장 17절은 「누구든지 그리스도안에 있으면 새로운 피조물이라 이전 것은 지나갔으니 보라 새 것이 되었도다」라고 말한다. 구원은 과거 죄인의 삶을 청산하고 하나님의 백성으로 새롭게 출발하는 것이다. 따라서 구원은 우리에게 새 삶의 목적을 준다. 그 목적은 우리를 위해 사는 것이 아니라 우리를 구원한 하나님의 뜻을 위해 사는 것이다. 홍수 이후 노아의 삶은 새로운 시작이었다. 새 삶을 시작하는 노아에게 하나님은 사명을 부여한다.

하나님은 노아에게 「생육하고 번성하여 땅에 충만하라」고 말한다. 이것은 본래 아담에게 한 말씀이다. 하나님은 아담을 통해 땅에 사람들이 번성하도록 했다. 그러나 사람들은 타락하여 땅을 악으로 채웠다. 따라서 하나님은 그 인류를 멸망시켰다. 그리고 다시 새로운 아담, 노아에게 「생육하고 번성하여 땅에 충만하라」고 명령한다.[31] 이것은 하나님이 아담을 통해 이루려고 했던 그 계획을 이제 노아를 통해 이루시겠다는 하나님의 의지를 드러낸 것이다. 이것이 바로 하나님이 노아를 구원한 목적이다. 따라서 노아의 사명은 땅에 하나님의 백성으로 가득하도록 하는 것이다.

「생육하고 번성하여 땅에 충만하라」는 말은 현대 그리스도인들에게 어떤

---

31) 로스는 "본문이 노아가 두번째 아담이었다는 것을 분명히 보여준다"고 주장(p., 204)하고, 터너는 창세기 9:1과 7절의 본문과 창세기 1:28의 본문을 비교하면서 창세기 9:1절은 '정복하라' 는 말에 대해 침묵하고 있다고 본다. 그래서 그는 인간의 생명이 태어나는 것은 지속되지만 동물들에 대한 지배는 수정되었다고 본다.

의미가 있는가? 이 명령은 아이를 많이 낳으라는 의미를 넘어선다. 그것은 하나님의 백성들이 땅에 가득하도록 하라는 의미로 확장된다. 성경에서 「생육하고 번성하라」는 말이 언약의 백성 즉 하나님 백성의 번성을 설명하는데 사용된다. 하나님은 아브라함의 자손이 하늘의 별처럼 바다의 모래처럼 많아 질 것을 선언한다. 또한 이 명령을 이삭과 야곱에 약속하면서 생육하고 번성하라고 명령한다. 그 결과 출애굽 1장은 「이스라엘 자손이 생육이 중다하고 번성하여 온 땅에 가득하게 되었다(출 1:7, 12, 20)」고 말한다. 더 나아가 예레미야는 남은 자 즉 하나님의 백성이 생육하고 번성할 것(렘 23:3)을 예언한다. 이 모든 명령은 예수 그리스도안에서 성취되어 우리에게 적용되었다. 특별히 신약성경은 우리의 구원을 영적인 출생으로 설명한다. 바울은 구원을 하나님의 가족이 됨으로(엡 2:19) 설명하고 또한 그는 오네시모를 복음으로 낳은 아들(몬 1:10)이라고 말한다. 따라서 「생육하고 번성하여 땅에 충만 하라」의 현 시대적 의미는 그리스도의 복음을 통한 하나님의 백성이 충만해 지는 것을 말한다.

　새 사람으로 새 삶을 사는 우리의 사명은 분명하다. 그것은 우리가 그리스도의 복음을 전하는 것이다. 하나님은 에스겔 골짜기에 마른 뼈들에 생기가 들어갈 때 하나님의 큰 군대를 이룬 것(겔 37:10)처럼 죄와 허물로 죽은 이 세대 사람들이 복음을 통해 새 생명을 얻어 하나님의 큰 백성이 되길 원한다. 하나님은 물이 바다를 덮음 같이 이 땅에 하나님을 아는 지식을 소유한 자들로 가득하길 원한다. 이 하나님의 소원이 우리의 사명이요 삶의 목적이 되어야 한다. 복음을 전하는 것, 그것이 구원 받은 자의 가장 본질적인 사명이다. 우리가 이 사명을 수행할 때 진정한 기쁨을 맛 볼 수 있다. 우리의 신앙 생활이 정말 생동감 있고 기쁨으로 가득 하려면 우리가 복음으로 영적인 핏덩어리를 출산하는 경험을 해야 한다.

하나님은 노아에게 생명을 소중히 여기는 정의로운 사회 형성을 부탁한다. 타락 이전 세상은 서로 대립과 갈등이 없는 정의롭고 평화로운 사회였다. 사람과 사람의 관계는 억압과 지배가 아닌 존중과 협력으로 서로 기뻐했다. 사람과 모든 생물관계도 위협이 없이 함께 공존하는 세계였다. 그런데 인간의 타락은 이 모든 관계를 파괴했다. 그래서 사회는 점점 폭력이 지배하는 사회로 변질되었고 사람들은 서로 두려움과 공포 속에 살았다. 따라서 하나님은 이 폭력 세계를 홍수로 청산하고 노아를 통해 새 사회를 형성하기 원했다.

우리는 중요한 두 가지 사항을 주목해야 한다. 첫째, 땅에 사는 인간을 보호하기 위한 하나님의 결정이다. 하나님은 짐승들에게 사람에 대한 두려움과 공포를 가지게 했다. 이것은 타락 이후 모든 생물과 인간 관계의 파괴를 전제하고 홍수 후 번식력이 강한 짐승들로부터 노아 후손의 생명을 보호하기 위한 것이다. 또한 하나님은 산 동물을 사람의 식물로 주었다. 홍수 이전 사람은 채소를 식물로 먹었다. 그러나 홍수로 인해 발생한 기후와 환경의 변화로 사람의 생명이 위협받게 된 것이다. 하나님은 산 동물을 식물로 주심으로 사람을 보호하려 했다. 이것은 사람을 보호하기 위한 하나님의 깊은 배려이다.

둘째, 땅에 사는 인간들에게 생명의 소중함을 일깨우는 명령이다. 하나님은 고기를 먹되 생명의 피 채 먹지 말라고 명령한다. 또한 사람이 피를 흘리면 그 생명의 피 값을 찾을 것이라고 경고한다. 특히 생명의 피 값을 찾을 것이라는 말은 창세기 9장 5절에 무려 세 번이나 반복 사용한다. 이것은 얼마나 하나님이 생명을 소중히 여기는지 잘 보여준다. 이것은 노아 홍수 이전 시대처럼 폭력이 난무하는 사회로 발전하는 것을 방지하여 사람들을 보호하려는 하나님의 마음이다. 이 모두는 하나님이 얼마나 사람과 생명을 소중히 여기는 지 잘 보여준다.

생명의 주인은 하나님이다. 피조물 인간은 생명을 해하고 빼앗을 권한이 없다. 만약 사람이 이 일을 감행한다면 그것은 창조주에 대한 도전이다. 하나님이 이 사실들을 노아에게 명령한 것은 생명을 소중히 여기는 정의로운 사회를 만들기 위함이다. 이것은 노아만의 사명이 아니라 현 시대를 사는 그리스도인들의 사명이다. 우리 사회의 많은 문제 중 가장 심각한 문제는 생명을 경시하는 것이다. 많은 사람이 자살과 낙태로 생명을 잃고 사건과 사고로 많은 생명이 고통을 당한다. 심지어 생명을 담보로 물질을 거래하는 안타깝고 비참한 현실이다. 각종 폭력으로 인권이 유린되고 있다. 이런 현실 속에 우리는 어떻게 행동해야 하는가? 생명 그것은 세상에서 가장 고귀한 것이다. 하나님은 그 고귀한 생명을 소중히 여기는 정의로운 사회 형성을 이 땅에 사는 그리스도인 우리에게 위탁한다. 생명을 소중히 여기는 하나님, 바로 그 하나님이 생명을 구원하기 위해 사랑하는 아들의 피를 흘렸다. 이것이 바로 사람을 아끼는 하나님의 마음이다. 이 하나님의 헌신을 따라 생명을 아끼고 사랑하는데 땀 흘리는 수고가 우리에게 필요하다.

제3장
하나님이 언약을 맺으시다 (창 9:8~17)

우리는 과거 충격 때문에 불안과 두려움에 사는 사람들을 종종 본다. 인류 역사상 노아 홍수만큼 큰 충격 사건은 없을 것이다. 인간의 꿈과 기대를 한 순간에 물거품으로 만들어 인간의 무능력을 철저하게 드러낸 충격적 사건이었다. 온 인류를 몰살시킨 충격적 사건을 경험한 노아, 그는 아마도 하나님의 놀라운 권능에 두려웠을 것이다. 그는 빗방울만 보아도 불안해 했을는지 모른다. 그런 상황에 있는 노아에게 하나님은 언약을 맺어 위로한다. 하나님은 언약을 세우는 자신을 주목할 것을 요청한다.

보라 내가 너희와 너희 후손과 모든 생물과 내 언약을 세운다.

하나님은 창세기 6장 18절에서 「내가 언약을 세울 것이다」고 약속 했다. 하나님은 그 약속을 토대로 지금 언약을 세운다. 그 언약의 내용은 무엇인가? 그것은 다시는 홍수로 모든 생물을 멸망시키지 않겠다는 약속이다. 이 하나님의 언약은 노아를 견고한 반석 위에 서도록 한다. 그것은 하나님의 언약이 현대 계약 개념을 훨씬 뛰어넘기 때문이다. 언약은 삶과 죽음을 좌우하는 불변의 법칙이요 깰래야 깰 수 없는 약속이다.[32] 특별히 이것은 우주의 통치자 하나님께서 노아의 의지와 관계없이 세우신 일방적 언약이다. 따라서 그 언약의 책임 또한 통치자 하나님에게 있다. 하나님은 모든 생물을 홍수로 멸하지 않고 창조세계를 스스로 보존하겠다고 약속했기 때문에 이 언약은 영원히 변치 않는다.[33] 하나님의 언약 그 자체가 결코 흔들릴 수 없는 반석이기 때문에 그 언약 속에 있는 노아의 믿음은 그 견고한 반석 위에 든든히 서게 된다.

이 언약은 노아와 그 가족을 위로할 뿐만 아니라 이 변치 않는 언약을 붙잡고 평강 속에 살도록 한다. 현 시대 사람들은 불안 속에 살아간다. 우리는 사람

---

32) O. P. Robertson, 「계약신학과 그리스도」 김의원 옮김(서울: CLC, 2000), 11~24.

33) 노아 언약에 대한 상세한 연구는 W. J. Dumbrell, 「언약과 창조: 구약 언약의 신학」 최우성 역(서울: 크리스챤서적, 1990), 13~74를 참고하라

을 신뢰하지 못하고 미래를 확신할 수 없기 때문에 더욱 불안해 한다. 국가와 국가 사이의 조약도 상황에 따라 변개한다. 사람과 사람 사이의 계약도 자신의 이익에 따라 파기한다. 따라서 사실상 이 타락한 세계에서 불변의 약속이란 없다. 이것이 바로 우리를 더욱 불안하게 한다. 그럼에도 불구하고 우리가 한 가지 기억할 것은 우리는 이 세상의 법칙을 초월하는 우주의 통치자 하나님과 영원한 언약 속에 있다는 것이다. 에스겔 선지자의 말씀처럼 구속 받은 우리는 하나님과 결코 끊을 수 없는 언약의 줄(겔 20:37)로 매여있다. 이 언약의 줄은 이 세상의 그 어느 것과도 비교할 수 없을 정도로 강력하기 때문에 세상의 그 어떤 것으로도 끊을 수 없다. 우리는 이 언약 때문에 비바람이 몰아치는 풍랑 속에서도 의연하고 두려워하지 않는다.

우리가 거친 세파에서 견고한 믿음으로 살 수 있는 것은 하나님이 언약의 증표를 주었기 때문이다. 하나님은 노아와 그 후손과 모든 생물들과 언약을 세우셨을 뿐 아니라 그 언약을 더욱 견고히 하기 위해 「언약의 증표」를 제시한다. 특히 창세기 9장 12절에서 17절은 하나님께서 영원토록 세우는 「언약의 증거」를 세 번 반복하여 강조한다. 그 언약의 증거는 무엇인가? 그것은 바로 무지개이다. 비가 온 후 떠오른 무지개 그것은 하나님이 다시는 홍수로 모든 생물을 멸하지 않겠다고 약속한 영원한 언약의 증표이다. 창세기 9장 15절과 16절에서 하나님은 「내가 무지개를 보고 내 언약을 기억하리라」고 반복하여 강조한다. 우리가 주목할 것은 이 언약의 무지개는 우리를 위한 것이 아니라 하나님을 위한 것이라는 것이다. 특히 「내가 보고…언약을 기억한다」는 말은 하나님께서 무지개를 보고 언약의 내용을 기억하여 행동할 것을 말한다. 언약의 실행 주체가 우리가 아니라 바로 하나님이다.[34] 하나님은 언약에 성실한 분이다. 그는 약속한 것을 반드시 실행한다. 따라서 무지개는 하나님이 약속을 지키겠다는 확고한 의지 표현이다. 그러므로 우리는 무지개를 볼 때 여전히 언약을 지키고 있는 하나님의 성실함을 기억해야 한다. 노아 홍수 이후 역사는 수없이 변하고 나라와 민족들이 끊임없이 변했지만 하나님의 약속은 변함이 없다. 하나님은 언약을 과거에도 지켰고 오늘도 지키며 앞으로도 지키실 것이다. 하나님이 언약에 성실하기 때문에 이 세상은 아직도 보존되고 있다.

하나님은 노아와 그의 후손에게만 언약의 증거를 제시함으로 언약을 보증한 것이 아니다. 노아와 언약을 맺은 하나님은 아브라함과 언약을 맺고 그 언약의 표징으로 할례를 제시했다. 하나님은 이집트에서 이스라엘을 구원하기 위해 어린 양의 피를 구원의 근거로 제시했다.

> 내가 애굽 땅을 칠 때에 그 피가 너희의 거하는 집에 있어서
> 너희를 위하여 표적이 될 찌라. 내가 그 피를 볼 때에 너희를 넘어 가리니
> 재앙이 너희에게 내려 멸하지 아니하리라(출 12:13).

더 놀라운 것은 노아와 아브라함과 이스라엘과 언약을 세운 하나님은 그의 아들 예수 그리스도의 피로 우리와 새 언약을 세웠다는 것이다. 예수는 우리 죄를 위해 대속의 피를 흘렸다. 그리고 그가 새 언약을 세움으로 우리로 하나님의 언약 안에 거하게 했다. 뿐만 아니라 우리 구원의 보증으로 자신을 제시했다. 히브리서는 예수가 언약의 보증이 되고 언약의 중보가 된다고 분명히 약속한다(히 8:6). 예수, 하나님의 아들, 만물의 창조주 그 자신이 친히 언약의 보증이 된다는 선언처럼 놀라운 은혜가 어디에 있는가? 따라서 우리는 이 하

---

34) V. P. Hamilton, 319. 그는 하나님의 약속은 전적인 신뢰가 되며 그의 말씀은 전적으로 확실하다고 말한다.

나님의 언약으로 거친 세파에서도 구원의 견고한 반석 위에 설 수 있다.

언약, 그것은 결코 흔들릴 수 없는 굳건한 반석이다. 언약, 그것은 하나님이 우리에게 베푼 긍휼의 극치이다. 하나님이 우리와 언약을 맺어야 할 이유는 없다. 그는 홀로 주권을 행하는 분이기에 얼마든지 그의 뜻을 이행할 수 있다. 그러나 그가 우리와 언약을 맺은 것은 연약한 인간을 언약의 보호 아래 둔 것이다. 이것은 하나님의 배려이다. 첨단 과학시대에도 여전히 떠오르는 무지개 그것은 일종의 자연 현상만은 아니다. 그것은 하나님이 언약을 지키고 있다는 증거이다.

제4장
축복과 저주의 선언 (창 9:20~28)

노아는 하나님의 새로운 기대요 희망이었다. 셈, 함, 야벳, 그들 또한 하나님이 자신의 목적을 위해 선택한 자들이다. 노아와 그 가족에게 하나님의 계획이 담겨 있다. 그러나 불행히도 노아는 타락했고 그로 인해 그 후손들은 축복과 저주를 받는다.

성경은 「노아가 농업을 시작하여 포도 나무를 심었더니」라고 시작한다. 그러나 히브리어 본문은 「그 땅의 사람 노아가 포도나무를 심기 시작했다」라고 표현한다. 이것은 노아가 아담에게 주어진 사명을 따르고 있음을 알려 준다. 아담은 땅의 사람이었고 그의 사명은 땅을 경작하여 창조 세계를 돌보는 것이었다. 이제 새로운 아담 노아는 땅을 경작하여 포도 농사를 지었다. 그러나 불행히도 창세기 9장 21절은 노아가 포도주를 마시고 취하여 벌거벗었다고 말한다. 이것은 아담과 하와가 타락하여 벌거벗음을 보고 부끄러움에 처한 것처럼 노아 또한 타락하여 부끄러움에 처했음을 말해 준다. 노아는 의인으로 하나님과 동행한 자였다. 노아 당시 사람들이 먹고 마시며 향락에 취해 있을 때 노아는 그들과 구별되어 하나님의 말씀을 따라 살았던 자이다. 그런데 이제 그 또한 타락하여 그들의 길을 답습하여 부끄럽고 수치스러운 모습을 보인 것이다.

이 장면은 우리도 타락하여 부끄러움과 수치에 처할 수 있음을 알려준다. 에베소서 5장 18절은 「술 취하지 말라. 이는 방탕한 것이다」고 말한다. 더 나아가 성경은 술 취함과 방탕, 음란, 호색, 정욕을 동일 선상에서 취급한다. 곧 술 취함은 타락한 사람들의 생활을 표현하는 대표적 용어이다. 베드로는 「그리스도인이 이 같이 행동하는 것은 이방인의 뜻을 좇는 행동이다(벧전 4:3)」라고 단정한다. 오늘날 그리스도인들도 이렇게 타락하여 부끄러움과 수치를 당할 수 있다. 우리는 「의인 노아도 술 취하여 타락했던데 뭐」하면서 현재 우리들의 옳지 못한 행동과 삶을 정당화 해서는 안 된다. 우리는 스스로 조심하고 살핌으로 노아처럼 부끄러움에 빠지지 않도록 해야 한다.

노아의 타락에 대한 아들들의 반응은 우리가 타락하여 부끄러움에 처한 사람들을 어떻게 대해야 하는지 교훈한다. 창세기 9장 22절은 술 취해 벌거 벗은 노아에 대한 함의 행동을 소개한다. 함은 그 아비의 하체를 보고 셈과 야벳에게 고했다. 어떤 사람들은 함의 행동을 부친과의 동성애로 해석한다.[35] 그러나 성경에서 「하체를 본다」는 개념은 이성 간의 관계에서 사용되지 동성에서 사용되지 않기 때문에 이런 해석은 문제가 있다. 또 어떤 사람은 함의 행동을 근

---

35) B. K. Waltke, *Genesis*, 149

친상간으로 해석하여 가나안이 함과 그의 어머니 사이에서 출생했다고 주장한다.[36] 그러나 노아가 가나안을 저주하는 시점이 술에서 깨어난 후라는 점을 고려할 때 이 해석 또한 문제가 있다. 단지 본문은 「함이 그 아비의 하체를 보고…말했다」고 말한다. 여기서 「말했다」라는 말은 무엇인가 감추인 것을 들추어내는 행위를 말한다. 함은 아버지의 부끄러움과 수치를 덮지 않고 폭로하면서 은근히 즐겼음을 드러낸다.[37]

그러나 셈과 야벳은 다르게 반응한다. 셈과 야벳은 옷을 취하여 어깨에 메고 뒷걸음으로 들어갔다. 그들은 아버지의 하체를 덮고 얼굴을 돌이켜 아버지의 하체를 보지 않는다. 셈과 야벳은 아버지의 부끄러움과 수치를 가리기 위해 매우 신중하고 조심스럽게 행동한다. 특히 우리는 셈과 야벳의 행동에서 벌거벗은 아담과 하와를 위해 행한 여호와 하나님의 그림자를 발견한다. 하나님은 벌거벗은 아담과 하와를 가죽 옷으로 덮었다. 셈과 야벳은 아버지의 부끄러움과 수치를 가리워 그 명예를 실추하지 않도록 한 것이다.

오늘날 많은 사람들이 남의 부끄러움과 수치를 덮지 않고 오히려 정죄하고 조롱한다. 심지어 그것을 폭로하며 즐긴다. 심지어 있지 않는 허위 사실도 만들어 명예를 훼손하는데 주저하지 않는다. 우리도 모르는 사이 남들의 명예를 깎아 내리는 사람들 속에 끼어 그들과 하나가 되어 있지는 않는가? 예수를 생각하라. 그는 우리의 죄와 허물을 용서하기 위해 십자가의 부끄러움을 개의치 않았다. 예수는 우리가 받아야 할 수치와 부끄러움을 친히 감당했다. 그리고 우리에게 「무엇보다도 열심으로 서로 사랑하라(벧전 4:8)」고 부탁한다. 또한

---

36) F.W Bassett, "Noah's Nakedness and the Curses of Canaan: A Case of Incest," *VT* 21(1971), 232~370; 김의원, 195~96.

37) B. K. Waltke, *Genesis*, 149~50.

사랑은 허다한 죄를 덮는다고 권면한다. 우리에게 필요한 것은 남의 실수를 드러내는 비열한 행동이 아니라 연약한 자들의 부끄러움과 수치를 덮는 사랑의 행동이다.

우리에겐 욕망을 억제하고 다른 사람을 사랑할 수 있는 의지가 있다. 하나님은 옳고 바르게 행동하는 자를 축복한다. 반면에 그는 부도덕한 행위를 억제하지 않고 폭로하는 자들을 심판한다. 함, 그는 아버지의 부끄러움과 수치를 가리우지 않고 그것을 폭로함으로 자신의 욕망을 부추겼다. 그래서 노아는 함의 자손 가나안에게 삼중으로 저주를 선언한다.

> 가나안은……그 형제들의 종들의 종이 되기를 원하노라
> 가나안은 셈의 종이 되고……
> 가나안은 그의 종이 되게 하시기를 원하노라.

어떤 사람들은 이 저주 선언을 흑인에 대한 저주로 해석하여 인종적 열등성을 주장하려고 한다. 그러나 이런 주장은 본문 어느 곳에서도 그 근거를 찾을 수 없다. 본문의 저주는 가나안이지 흑인들에 대한 것이 아니다. 특별히 본문은 장차 이스라엘의 대적인 가나안 족을 염두해 두고 있다. 따라서 이 저주는 인종에 대한 저주라기 보다 가나안 족속에 대한 저주이다.[38] 성경에서 그들은 하나님이 가증히 여기는 악한 풍습과 규례를 갖고 있었다. 그래서 하나님은 자신이 선택한 이스라엘로 하여금 그 땅에 새로운 문화를 세우기 위해 그들을 정복할 것을 명령했다. 결국 함의 부도덕한 행위는 형제들의 종이 될 것이라

---

38) 김의원, 197.

는 저주를 받는 원인이 되었다.

그러나 셈과 야벳 그들의 옳고 바른 행위는 축복의 원인이 되었다. 노아는 셈을 축복한다

셈의 하나님 여호와를 찬송하리로다

이것은 셈이 하나님과 특별한 관계에 있게 될 것이라는 선언이다. 후에 성경은 하나님을 셈의 후손 아브라함의 하나님으로 소개한다. 이것은 하나님이 셈과 아브라함으로 이어지는 선민 이스라엘을 상기시킨다. 장차 이스라엘이 하나님과의 특별한 관계 속에 있음을 예기한다. 더 나아가 노아는 야벳을 축복한다:

하나님이 야벳을 창대케 하사 셈의 장막에 거하게 하시고

이것은 야벳의 번성을 말한다. 「셈의 장막에 거한다」는 문장은 「그가 셈의 장막에 거한다」는 것이다. 그런데 이 문장은 두 가지 해석이 가능하다. 만약 「그」를 야벳으로 보면 야벳이 셈의 장막에 거하는 것이 되어 이방인이 하나님의 백성 중에 거하게 될 것이라는 예언이 된다. 그러나 만약 「그」가 하나님이면 하나님이 셈의 장막에 거한다는 의미로 하나님의 구속사의 주역이 셈으로 좁혀질 것을 말한다. 창세기 9장 27절의 전체 문장의 주어가 하나님이라는 점을 주목하면 후자의 의미로 볼 수 있다.[39]

---

39) Ibid, 197~98.

우리가 반드시 놓치지 말아야 할 것은 본문의 문맥이 축복과 저주가 셈과 함과 야벳의 행동을 근거로 주어졌다는 점이다. 이것은 이 땅에 사는 우리의 도덕적 행위가 얼마나 중요한지를 보여준다. 우리는 이미 구원을 받은 백성이라는 자만심 때문에 도덕적 행위를 폐기하려고 해서는 안 된다. 우리는 아간을 생각해야 한다. 그는 이스라엘 백성이었으나 하나님의 명령을 거부하고 자신의 욕망을 채웠다. 그는 하나님의 저주로 죽어 돌무더기에 갇히게 되었다.(수 7장) 우리는 하나님의 백성답게 옳은 행실을 하여 하나님의 축복 속에 살아야 한다.

노아가 타락하여 부끄러움과 수치 속에 있었던 것처럼 우리 또한 그렇게 될 수 있다. 우리는 스스로 삼가 조심하여 바른 삶을 유지해야 한다. 하나님은 우리가 타인의 부끄러움과 수치를 드러내어 즐기는 것보다 그들의 허물을 덮으며 말씀으로 권면하여 바로 세우길 원한다. 따라서 우리는 하나님 앞에 설 때까지 옳은 삶을 살아 하나님의 영광이 되어야 한다.

제5장
셈과 함과 야벳의 계보에 담긴 하나님의 메시지

(창 10:1~11:26)

창세기에는 마치 큰 산맥 같은 두 개의 계보가 있다. 하나는 창세기 5장의 아담에서 노아로 이어지는 계보이고 다른 하나는 창세기 10장에서 11장의 노아에서 아브라함으로 이어지는 계보이다. 노아에서 아브라함으로 이어지는 계보는 구속을 위한 중요한 메시지가 있다.

셈과 함과 야벳의 계보는 하나님이 창조 목적을 어떻게 이루었는가를 보여준다. 하나님의 목적은 사람들이 생육하고 번성하여 땅에 충만하는 것이다. 하나님이 노아와 그 가족을 구원한 것은 이 명령을 성취하기 위함이었다. 따라서 노아와 그 가족의 구원은 새 창조이며 새 시작이었다. 창세기 9장 19절과 10장 32절은 노아의 세 아들로 좇아 열국 백성이 온 땅에 퍼졌다고 기록한다. 창세기 10장 1절에서 31절은 어떻게 열국과 그 백성들이 나뉘어 졌는지 설명한다. 야벳에게서 14개 나라가, 함에게서 30개 나라가, 셈에게서 26개 나라, 도합 70 나라가 그 방언과 종족에 따라 땅에 퍼졌다. 학자들의 주장에 의하면 야벳 계열은 터어키와 스페인에 이르는 유럽 해안과 지중해 연안에 거하고 함의 계열은 메소포타미아와 이집트와 아프리카와 가나안 지역에 정착했다. 또한 셈은 메소포타미아를 중심으로 흩어 졌다.[40] 창조주의 목적은 하나님의 백성이 땅에 가득하도록 하는 것이다. 창세기 10장은 그 목적이 실현되고 있음을 드러낸다.

셈과 함과 야벳의 족보는 하나님에 대한 반역을 소개한다. 창세기 10장은 셈과 함과 야벳의 족보이고 11장 10절에서 26절은 다시 셈의 족보가 나타난다. 그 가운데 바벨탑 사건이 기록되었다. 이것은 하나님의 명령대로 온 인류가 땅에 흩어지는 과정에 어떤 사건이 발생했는지 설명한다. 그것은 바로 하나님의 통치에 대한 반역이다. 그 반역은 바벨탑을 쌓은 것이다. 사람들이 바벨탑을 쌓은 이유는 두 가지이다. 하나는 우리 이름을 내자는 것이고 다른 하나는 온 지면에 흩어짐을 면하자는 것이다. 「우리 이름을 내자」는 말을 직역하면

---

40) Gordon J. Wenham, 「창세기(상)」, 황수철 역 (서울: 임마누엘, 1987), 387~410.

「우리가 우리를 위하여 이름을 만들자」이다. 이것은 창조주 하나님의 이름을 높이는 대신 자신들의 이름을 스스로 높여 하나님 같이 되겠다는 인간의 자만이다. 이것은 분명히 아담과 하와가 하나님 같이 되려고 취한 행동과 같다. 「흩어짐을 면하자」는 말은 창조주에 대한 정면 도전이다. 하나님은 사람에게 생육하고 번성하여 땅에 충만하라고 했다. 그러나 인간들은 자신의 총체적 지식과 힘을 모아 그 명령을 거부하자는 것이다. 이것은 하나님에 대한 온 인류의 집단적 반역이다. 우리는 여기서 창조 이후 인간 타락의 초절정을 본다. 창세기 3장 아담과 하와의 반역 이후 인간의 죄는 눈 덩어리처럼 커져서 이제 온 인류가 하나가 되어 집단적으로 하나님에 대해 반역을 일으켰다.

성경은 「먹든지 마시든지 무엇을 하든지 다 하나님의 영광을 위하여 하라」 (고전 10:31)고 가르친다. 우리의 사고와 행동의 궁극적인 목적은 하나님의 이름을 높이는 것이다. 만약 이 본질적 삶의 원리를 무시하고 우리의 이름을 내기에 혈안이 된다면 그것은 교만의 극치이다. 불행하게도 현 시대 사람들 또한 자신의 이름을 내면서 하나님의 영광을 가로채고 있다. 혹은 하나님의 영광을 언급하며 은근히 자신의 이름을 드러낸다. 또한 바벨탑을 쌓은 사람들이 인간 이성의 총체적 지식을 전적으로 신뢰했듯이 오늘날 많은 사람들이 인간의 탁월한 이성이 만들어 낸 총체적 지식이 인간의 모든 문제를 해결 할 수 있다고 생각한다. 이것은 창조주의 권위에 대한 도전이며 교만의 극치이다. 성경은 분명히 말하기를 하나님은 교만한 자를 물리치고(벧전 4:5) 또한 교만은 패망의 선봉(잠 16:18)이라고 말한다.

하나님은 교만한 자들을 세밀하게 관찰하여 심판한다. 하나님은 반역 공동체 인류 가운데 강림하여 언어를 혼잡하게 하여 지면에 흩으셨다. 이것은 인간의 총체적 지식과 집단적 행위가 창조주 하나님의 계획을 무효화 하지 못함을 보여준다. 오히려 인간의 철저하고 세밀한 계획과 하나님을 대항하기 위한 기술과 노력이 한 순간에 수포로 돌아갔다. 아무리 인간의 계획이 치밀하더라도 그것은 하나님의 콧김(출 15:8)에 날아가는 낙엽과 같다. 결국 바벨탑 사건은 언어의 혼잡으로 의사소통의 단절이라는 큰 고통을 안겨 주었다. 현 시대의 모든 불행은 의사소통의 단절에서 시작된다. 우리는 언어 장벽 때문에 힘들어 하고 심지어 동일한 언어를 사용하는 사람들 사이에도 의사소통의 장벽 때문에 불행을 겪는다. 그렇다면 이 불행의 해결자는 누구인가? 그는 하나님이다.

하나님은 회복의 하나님이다. 선지자 스바냐는 종말에 열방의 입술을 깨끗하게 하여 다 여호와의 이름을 부르며 일심으로 여호와를 섬길 것(습 3:9)을 선언한다. 바벨탑 사건으로 인해 혼잡하게 된 언어는 오순절 성령의 주권적 사역에 의해 언어의 장벽이 무너져 하나됨으로 회복되는 사건이 일어났다. 하나님은 바벨탑 사건으로 분열된 민족을 예수 그리스도 안에서 하나로 통합하고 성령의 하나되게 하심을 통해 일심으로 자신의 영광을 노래하도록 한다.

셈과 함과 야벳의 계보는 하나님이 자신의 계획을 성취하시기 위해 사람을 선택함을 알려준다. 인류의 집단적 반역이 하나님의 계획을 무효화 시키지 못한다. 하나님은 선택한 자들을 통해 일한다. 이것이 창세기의 큰 주제이다. 창세기 3장 15절에서 여인의 후손과 뱀의 후손을 언급한 이후로 하나님이 선택한 그룹과 선택하지 않은 그룹으로 나뉘어 진다. 항상 비선택 그룹은 선택된 그룹 앞에 위치한다. 가인의 족보는 셋의 족보 앞에 위치한다. 따라서 야벳과 함의 족보는 셈의 족보 앞에 있어 비선택 계열이다. 우리가 한 가지 주목할 것은 창세기 10장 25절이다. 여기서 에벨의 두 아들 벨렉과 욕단이 등장한다. 그런데 10장은 욕단의 족보만 기록하고 벨렉의 족보는 없다. 그러나 11장에 보면 다시 셈의 족보가 언급되고 이 족보는 욕단을 제거하고 에벨에서 벨렉으로 이어진다. 벨렉이 선택계열이다. 이런 셈의 족보는 마지막에 아브라함을 소개한다.[41]

아브라함은 온 인류가 집단적으로 반역하는 가운데서 자신의 목적을 위해 하나님이 선택한 사람이다. 성경에 기록된 구속 역사를 따라 창세기 11장의 셈의 족보를 이어가면 그 마지막에 우리가 있음을 발견하게 된다. 창세기 1장에서 11장에 있는 족보들은 아브라함의 선택이 하나님의 오랜 계획 속에 있었음을 보여준다. 한 사람을 부르시기 위한 하나님의 오랜 계획은 우리에게도 적용된다. 에베소서 1장 3절은 창세 전에 그리스도 안에서 우리를 택하사 하나님의 아들들이 되게 하셨다고 말한다. 하나님은 우리가 하나님의 은혜의 영광을 찬미하도록 하기 위해 그의 영광의 찬송이 되게 하시기 위해 창세 전부터 계획했음을 분명히 한다. 하나님은 이 세대에 우리를 통해 일하기 위해 오래 전에 선택하고 준비하고 이끌었음을 알 수 있다. 이와 같이 큰 영광이 어디에 있겠는가? 아무 보잘것없이 여겨지는 우리를 그의 영광스런 일에 동참시키기 위해 영원 전에 택했다는 사실이 얼마나 놀라운가?

---

41) 강규성, "창세기의 구조와 내용에 나타난 하나님의 선택" 「창세기 어떻게 설교할 것인가」, 71~86.

제 III 부
아브라함에서 이삭에게로

- 창세기 11:27~25:18에 대한 성경신학적 묵상 -

아브람은 하나님의 약속을 품고 말씀을 따라 가나안에 들어갔다.
그러나 그는 생명의 위기를 넘어 약속의 위기를 겪는다.

하나님은 아브람을 방문하여 언약을 맺고 자손과 땅에 대한 약속을 재확인시키며
언약의 표징으로 할례를 명령하고 아브람을 아브라함으로 사래를 사라로 개칭한다.

하나님이 아브라함을 선택한 목적이 그의 후손으로 여호와의 도를 따라
공의와 정의를 행하는 것을 밝히고 소돔과 고모라를 심판하여
하나님의 공의를 보이고 정의를 상실한 아브라함을 간접적으로 책망한다.

이삭의 출생으로 하나님의 언약의 성취를 경험한 아브라함은 하나님의 명령을 따라
이삭을 드리는 순종으로 하나님을 경외함을 표현하고 사라의 매장지를 준비함을 통해
가나안의 땅을 얻고 이삭의 아내를 얻음으로 자손이 이어지도록 했다.
아브라함은 이런 행동을 통해 하나님의 언약이 후손들에게 이어지도록 했다.

제1장
여호와의 말씀을 좇아갔고 (창 11:27~12:9)

우리는 종종 이삿짐을 싣고 새 삶의 터전으로 떠나는 사람들을 본다. 사람들은 직장을 따라 떠나고 결혼 때문에 정든 가정을 떠나고 학업을 위하여 떠난다. 어쩌면 우리는 떠남에 익숙해져 있는지도 모른다. 떠남의 이유는 다양하지만 일반적으로 경제문제와 결부되거나 우리 미래와 연결되어 있다. 그러나 이 세상의 사람들 중에는 이와는 달리 타락한 세속적 가치와 원리로부터 떠나 새로운 삶을 지향하는 사람들이 있다. 그들은 바로 그리스도인이다.

그리스도인은 하나님의 말씀을 따라 저 천성을 향해 떠난 사람들이다. 창세기 11:27~32은 갈대아 우르를 떠나 가나안으로 향하는 한 가정을 소개한다. 그 가정은 데라 가정이다. 그런데 본문은 이 가정을 소개하며 세 가지를 주목하게 한다. 하나는 데라의 아들 하란의 죽음이다. 히브리어 성경은 「하란이 부친의 면전에서 죽었다」고 기록한다. 「면전에서」 즉 하란은 부친 앞에서 죽는다. 이것은 큰 고통과 아픔이다. 다른 하나는 사래의 불임이다. 아브람은 사래와 결혼을 했지만 사래는 자식을 낳을 수 없다. 이 또한 슬픔이요 아픔이다. 또 다른 하나는 데라의 죽음이다. 한 가문의 수장이 죽었다. 데라의 가족 즉 아브람의 가족은 그 출발부터 아픔과 고통을 간직한 가정이다. 그럼에도 불구하고 이 가정은 갈대아 우르를 떠나 가나안 땅을 향해 가고 있다.[42]

---

42) 일반적으로 학자들은 창세기 11:27~32이 아브라함 이야기를 위한 서론으로 본다. 그러나 나는 그것을 창세기 12:1~25:11에 기록된 아브라함 이야기를 위한 배경으로 본다. 이 본문은 창세기 6:1~8이 창세기 6:9~9:29을 위한 배경역할을 하는 것과 동일하다. 좀더 자세한 연구는 필자의 논문 「야곱의 톨레돗 구조 속에 나타난 요셉과 유다의 역할」 제2장을 보라.

우르와 하란은 당대 종교 정치적 중심지이고 상업이 번창해 경제적 입지조건이 매우 좋은 곳이다. 그런데 왜 아브람은 이곳을 떠나 척박한 땅 가나안으로 가려는 것일까? 그것은 하나님께서 「너는 본토 친척 아비의 집을 떠나 내가 보여주는 땅으로 가라」고 명령했기 때문이다. 아브람이 하나님의 명령을 따라 나선 것은 무엇을 의미하는가? 그것은 단순히 지리적 이동만을 의미하지 않는다. 그것은 75년 동안 아브람의 삶을 지배한 종교 사회적 토대들을 포기한 것을 의미한다. 그동안 그의 삶을 보장해 주고 지켜준 보호의 토대를 버린 것을 의미한다. 결코 쉽지 않았을 것이다. 그러나 아브람이 모든 것을 포기하고 떠날 수 있었던 것은 하나님의 명령이 그동안 그를 붙잡고 있던 가치들보다 더 소중하고 중요했기 때문이다.

　이 땅에 사는 그리스도인은 누구인가? 그들은 삶의 아픔과 고통을 간직하고 있지만 하나님의 말씀을 믿고 저 천성을 향하여 떠난 사람이다. 우리가 예수를 따른다는 것은 무엇을 의미하는가? 그것은 아브람처럼 우리 삶을 지배하던 가치들을 포기하고 새로운 가치를 따라 나서는 것을 의미한다. 우리는 욕망을 따라 추구하던 옛 습관을 포기하고 하나님이 명령하는 새로운 삶의 방식을 따라 순례의 길을 떠난 사람들이다.

　우리는 이 순례의 길에 흔들리지 않기 위해서 하나님의 말씀을 품고 있어야 한다. 하나님이 아브람에게 떠나라고 명령할 때 명확한 장소의 언급이 없다. 하나님은 내가 보여주는 땅으로 가라고 말씀한다. 히브리서는 이 장면을 「믿음으로 아브라함은 부르심을 받았을 때에 순종하여 장래 기업으로 받을 땅에 나갈 새 갈 바를 알지 못하고 나갔으니(히 11:8)」라고 말한다. 무엇인가 그의 눈에 환하게 들어오지 않는다. 무슨 일이 그를 기다리고 있는지도 모른다. 그렇지만 그는 출발한다. 믿음으로 한 발자국 한 발자국 나아간다. 눈에 확실한 것도 없는데 뚜렷한 목적지가 보이지 않는데 그를 나아가게 한 것은 무엇인가? 그것은 바로 하나님께서 그에게 하신 약속의 말씀(창 12:2~3)이다.

> 내가 너로 큰 민족을 이루고
> 네게 복을 주어 네 이름을 창대케 하리니
> 너는 복의 근원이 될지라.
> 너를 축복하는 자에게는 내가 복을 내리고
> 너를 저주하는 자에게는 내가 저주하리니
> 땅의 모든 족속이 너를 인하여 복을 얻을 것이니라.

하나님의 약속의 초점은 땅의 모든 족속이 복을 얻는데 있다. 이를 위해 아브람을 선택하여 큰 민족을 이루려 하는 것이다. 그가 복이 되어 그를 통해 땅의 모든 족속이 복을 얻는 것 즉 하나님의 통치 아래 거하도록 하려는 것이다. 이 놀라운 하나님의 약속에 대한 아브람의 반응은 무엇인가? 창세기 12장 4절은 「아브람이 여호와의 말씀을 좇아 갔다」고 말씀한다. 아브람은 그의 가는 길이 불확실하고 불분명하지만 하나님의 말씀은 확실하기에 그 말씀을 좇아 갔다. 하나님께서 그를 통하여 이루시려는 계획 「내가 너로 큰 민족을 이루고 내가 너를 복의 근원이 되게 하여 모든 민족이 너를 인하여 복을 받게 하겠다」는 이 말씀이 너무도 분명하고 엄청난 은혜이기에 그는 믿음의 발걸음을 내 딛는다. 그가 갈대아 우르를 떠나 가나안에 들어갈 때까지 그의 마음을 지배하고 움직인 것은 여호와의 말씀이었다. 여호와는 누구인가? 그는 우주를 창조한 하나님이다. 그는 홍수로 세상을 심판한 분이다. 그는 언어를 혼잡하게 하여 사람들을 온 땅에 흩어 놓은 분이다. 그는 우주의 통치자이다. 그가 이제 타락한 이 세상에서 아브람을 통해서 새로운 역사를 시작하려는 것이다. 따라서 아브람의 정신세계를 지배하고 가슴을 지배한 가치는 그를 통해 이루시려는 하나님의 놀라운 비전이었다. 그 하나님의 비전이 그동안 그를 지배했던 모든 가치를 포기하게 했고 그의 미래가 불투명한 것처럼 보이지만 그 미래를 향해 걷도록 한 것이다. 그 말씀이 아브람을 가나안 땅까지 인도한 것이다.

때로 우리가 걷고 있는 믿음의 길은 어딘가 불확실한 것처럼 느껴질 때가 있다. 우리가 예수를 믿고 따르면 무엇인가 분명하게 눈에 보이고 무엇인가 확실하게 얻는 것이 있을 줄 알았다. 물론 분명히 얻는 것이 있다. 그러나 점차적으로 우리를 희미하게 만들 수도 있다. 믿음의 길은 마치 어두운 길에 발을 한 걸음 한 걸음 내어놓는 것과 같다. 어떤 환경이 우리를 기다리고 있는지 모른다. 이때 우리의 가슴을 채울 것은 하나님의 약속의 말씀이다. 아브라함이 그 약속의 말씀을 좇아 갈 때 하나님께서 약속한 가나안 땅에 도착한 것처럼 우리도 말씀을 가슴에 채우고 말씀을 좇아 달려 가야 한다. 다윗은 이렇게 고백한다: 「하나님의 말씀은 내 발의 등이요 내 길의 빛이니이다(시 119:105)」. 하나님의 말씀은 우리 신앙과 행위의 규범이요 우리가 어둔 세상에서 바른 길을 갈 수 있도록 하는 삶의 원리이다.

아브람은 여호와의 말씀을 좇아 가나안 땅에 들어 갔다. 세겜 땅 모레 상수리 나무에 이르렀다. 그런데 하나님의 부름에 순종하여 도착한 그곳에 가나안 사람들이 있는 것이다. 사도행전은 아브람이 가나안 땅에 들어갔을 때 그가 발 붙일 만큼의 땅도 그에게 허락되지 않았다고 말한다(행 7:5). 가나안 사람들이 가득하여 그 땅을 차지하고 있었고 그들의 문화가 그곳을 뒤덮고 있었다. 그러나 하나님은 아브람을 홀로 버려두지 않았다. 아브람이 발 붙일 틈도 없는 그 땅에 하나님께서 나타나셨다. 그리고 아브람을 위로한다: 「내가 이 땅을 네 자손에게 주리라」. 이 말씀이 아브람을 용기 있게 만들었다. 그에게 힘이 되었다. 그래서 그는 그곳에서 단을 쌓는다. 그곳에서 하나님을 예배한다. 그가 처한 문화적 상황에서 예배했다는 것은 놀라운 일이다. 왜냐하면 모레 상수리 나무는 가나안 사람들이 이방 신들에게 제단을 쌓았던 장소이기 때문이다. 주변이 모두 다른 신을 섬기는데 그는 홀로이지만 그는 동하지 않고 오직 하나님께 예배한다.

우리의 삶의 터전을 볼 때 믿음의 형제들이 발을 붙이기에 너무도 어려운 상황이다. 우리를 향하여 다가오는 문화는 온통 죄악의 냄새이다. 그러므로 이 세상은 하나님의 위로가 없으면 그리스도인이 살기 어렵다. 그럼에도 불구하고 아브람이 예배할 수 없는 환경에서 예배하고, 여호와의 이름을 부를 수 없는 환경에서 여호와의 이름을 부른 것처럼 우리도 여호와의 이름과 우리의 영원한 위로가 되는 예수그리스도를 선포하며 살아야 한다.

아브람이 그동안 그를 붙잡고 있던 모든 가치들을 포기 할 수 있었던 것은 그를 향한 하나님의 비전의 가치가 더 소중했기 때문이다. 그를 통해 큰 민족을 이루고 그를 통해 만민이 복을 받게 하려는 하나님의 계획이 그를 움직인 것이다. 바로 그 하나님은 예수 그리스도 안에서 그 아브람의 약속을 성취하고 오늘날 예수 그리스도 안에 있는 우리를 통해 그 일을 계속하길 원한다. 우리도 아브람처럼 말씀을 따라 살아야 한다.

제2장
위기가 찾아오다 (창 12:10~20)

우리는 인생의 여정에서 우리를 긴장하게 하고 두렵게 하는 일들을 만난다. 그 위기를 극복하기 위해 애를 쓰고 노력하지만 예기치 않은 사건으로 인해 더 깊은 위기로 빠져드는 경우들을 만난다. 아브람 그는 하나님의 명령을 따라 본토 친척 아비 집을 떠나 말씀을 좇아 가나안 땅으로 들어간 믿음의 사람이었다. 그러나 그에게 위기가 찾아 왔다.

아브람이 만난 위기는 기근이다. 자연의 황폐함에서 오는 생존의 위기이다. 인간의 힘과 노력으로 어찌 할 수 없는 자연의 이치 속에 만나는 위기이다. 아브람은 이 위기를 넘기 위해 자연스런 선택을 한다. 그는 기근을 피해 잠시 이집트에 머물러[43] 그 위기를 모면하려고 했다. 그런데 불행하게도 아브람에게 더 큰 위기가 찾아왔다. 그것은 생명의 위기이다. 이집트에 가까이 왔을 때 아브람은 아내 사래에게 말한다.

> 보시오! 나는 당신이 매우 아름다운 여인이라는 것을 알고 있소. 그렇기 때문에 이집트 사람이 당신을 보면 나를 죽이고 당신은 살릴 것이오. 그러니 그대는 나의 아내라 하지 말고 누이라 하시오. 그래서 내 목숨을 보존하게 하시오(사역).

---

43) '거주하려고'라는 표현을 두고 이견이 있다. 카수토(Cassuto)는 잠시 동안 방문하는 것으로 해석하는 반면에 웬함은 긴 기간 동안 정착하기 위한 것으로 해석한다: U. Cassuto, *A Commentary on the book of Genesis, 2: From Noah to Abraham* (Jerusalem: Magnes, 1964), 346; Gordon J. Wenham, *Genesis 1~15*, 287.

결과적으로 바로의 신하들은 사래를 취하여 바로의 집으로 데려갔다. 그 대가로 아브람은 많은 재산을 얻게 되었다. 과연 위기가 넘어간 것일까? 우리는 여기서 아브람의 비신앙적이고 비윤리적인 행위가 얼마나 더 큰 위기를 몰고 왔는지를 생각해야 한다. 그것은 바로 하나님의 약속의 위기이다. 이것은 아브람이 전혀 생각지 못한 위기이다. 하나님은 분명히 말씀했다: 「내가 너로 큰 민족을 이룰 것이다」. 이 약속의 성취는 분명히 사래를 통해서만 가능하다. 만약 사래가 바로의 아내가 된다면 그 약속의 성취는 불가능해 진다. 아브람은 자신에게 닥쳐온 갑작스런 환경에 집착하여 그와 사래를 통해 이루려는 하나님의 약속을 생각하지 못했다. 사래가 불임의 여인이기 때문에 그것은 불가능한 일이라고 생각했기 때문일까? 더 안타까운 것은 그가 처한 위기를 처리하는 과정 속에서 말씀을 좇는 사람으로서 합당한 신앙인의 행위가 보이지 않는다는 것이다. 가나안에 들어왔을 때 여호와께 단을 쌓고 여호와의 이름을 부르며 의지하던 모습은 온데 간데 없이 그는 오직 자신의 꾀로 상황을 모면하려고 한다. 이런 행동이 하나님의 약속에 큰 위기를 가져왔다.

　우리도 위기를 만난다. 경제적 위기 또는 생명의 위기 또는 명예의 위기가 찾아 온다. 이때 우리도 아브람처럼 비윤리적인 행동으로 위기를 모면하려고 할 수 있다. 그러나 우리는 이 땅에 사는 하나님의 백성으로서 반드시 두 가지를 심사 숙고해야 한다. 하나는 우리의 비윤리적인 술책이 다른 사람들에게 치명적인 고통을 줄 수 있다는 것이다. 아브람은 자신의 비책(?)으로 위기를 모면하고 많은 재산을 얻을 수 있었는지는 모르지만 사래에게는 큰 수치를 당할 수 있는 위기를 만들었다. 또한 아브람의 행동은 이집트인들에게 큰 재앙을 겪도록 하는 원인이 되었다. 순간 우리가 위기를 모면하기 위해 취한 비윤리적 행동이 다른 사람들에게 엄청난 고통을 안겨 줄 수 있다. 또 다른 하나는 우리가 위기를 모면하기 위해 취한 행동으로 우리를 통해 이루려는 하나님의 약속의 위기를 가져 올 수 있다는 것이다.

그렇다면 우리에게 위기가 찾아 올 때 우리는 어떻게 해야 하는가? 우리는 하나님을 의뢰할 뿐만 아니라 신실한 삶의 태도를 견지함으로서 그 상황을 바꾸는 하나님을 신뢰하는 것이 필요하다. 잠언은 이렇게 말한다.

> 너는 마음을 다하여 여호와를 의뢰하고 네 명철을 의지하지 말라.
> 너는 범사에 그를 인정하라 그리하면 네 길을 지도하시리라(잠 3:5~6).

「너는 범사에 그를 인정하라 그리하면 네 길을 지도하시리라」는 말의 직역은 다음과 같다: 「네가 가는 모든 길에서 여호와를 인식하라 그러면 여호와께서 네 길을 평탄케 할 것이다」. 우리가 가는 모든 길 그 길이 순탄한 길이든지 위급한 상황이든지 생명의 위기를 느끼는 순간에라도 여호와를 생각하라는 것이다. 그러면 하나님이 우리의 길을 평탄케 한다는 것이다.

우리가 위기에 처했을 때 다니엘의 세 친구 사드락, 메삭, 아벳느고를 생각해 볼 필요가 있다.[44] 느부갓네살 왕이 금신상을 만들고 그 낙성식에서 모두 절하도록 했다. 만약 절하지 않는다면 누구든지 극렬히 타는 풀무에 던져 넣을 것이다라고 선포되었다. 이 명령은 사드락, 메삭, 아벳느고에게 생명의 위기였다. 그러나 그들은 그 생명의 위기를 모면하기 위해 아브람처럼 자신의 지혜를 발휘하려고 하지 않았다. 그들은 위협에서도 굳건히 여호와를 의지했다. 그들은 말하기를 「우리가 섬기는 우리 하나님이 우리를 극렬히 타는 풀무

---

44) 전정진, "변하지 않는 하나님의 약속," 「창세기 어떻게 설교 할 것인가」, 256.

가운데서 능히 건져내시겠고 왕의 손에서도 건져 내시리이다(단 3:17)」라고 담대히 선포한다. 그들에게 조금도 두려움의 기색이 보이지 않는다. 결국 그들은 풀무 속에 던져졌다. 모든 사람들은 사드락, 메삭, 아벳느고가 죽을 것으로 생각했지만 창조주 하나님은 그 상황을 역전시켰다. 오히려 그들을 던진 자들이 죽었고 그들은 풀무에서 조금도 상하지 않았다. 이렇게 생명의 위기에서 여호와를 의지한 그들을 보고 느부갓네살은 다음과 같이 고백한다:「사드락과 메삭과 아벳느고의 하나님을 찬송할찌로다. 그가 그 사자를 보내사 자기를 의뢰하는…종들을 구원하셨도다(단 3:28)」. 하나님은 위기 속에서 자신을 의지하는 자들을 도우시고 그 상황을 바꾸는 분이다. 따라서 우리가 삶의 위기를 만날 때 순간을 모면하기 위해 비신앙적이고 비윤리적인 행동을 하기보다 하나님을 의지하여 지혜를 구하는 자들이 되어야 한다.

하나님은 자신의 계획을 반드시 성취한다. 우리가 하나님을 신뢰하지 못하여 거짓된 행동으로 일관할 때 세상에서 부끄러움을 당한다. 창세기 12장 17절은 아브람의 실수로 인해 위기에 처한 사래를 구하기 위한 하나님의 행동을 보여준다. 하나님은 바로의 집에 큰 재앙을 내렸다. 큰 재앙이 구체적으로 무엇인지는 알 수 없지만 이 재앙으로 인해 바로는 큰 위협에 처하게 된 것은 틀림이 없다. 여기서 우리는 한 가지 질문을 던질 수 있다. 사실상 잘못은 아브람에게 있는데 왜 하나님은 바로와 그 집에 큰 재앙을 내렸는가이다. 하나님의 공의에 비추어 볼 때 이것은 더욱 심각한 문제를 일으킨다. 그러나 우리는 바로가 사래를 취하는 행동을 보면 바로와 그 신하들의 삶의 원리들이 문제를 드러내고 있음을 알 수 있다. 본문은 바로의 대신들이 그 여인의 아름다움을 보고 취하여 들였다고 기록한다. 이 표현은 바로와 그 신하들의 행동이 욕망과 힘의 논리로 일관되어 있음을 드러낸다.[45] 즉 그들은 힘을 앞세워 자신들의 욕망을 채워왔음을 은근히 드러낸다. 하나님은 욕망으로 정의를 무너뜨리는 자들을 심판한다. 또한 하나님은 아브람과 사래를 통해 큰 민족을 이루려는 계획이 위협받자 친히 행동하여 사래를 구원한다.

반면에 아브람은 바로의 입술을 통해 책망을 받는다:「네가 어찌하여 나를 이렇게 대접하였느냐. 네가 어찌하여 그를 네 아내라고 내게 고하지 아니하였느냐. 네가 어찌 그를 누이라 하여 나로 그를 취하여 아내를 삼게 했느냐[46]」. 아브람은 아무런 말도 하지 못한다. 마태복음 5장 13절은 이렇게 말한다:「소금이 만일 그 맛을 잃으면 무엇으로 짜게 하리요 후에는 아무 쓸데 없어 다만 밖에 버려져 사람에게 밟힐 뿐이니라」. 아브람은 철저하게 이방인 앞에서 그의 수치를 드러내어 부끄러움을 당한 것이다. 우리도 동일하게 우리의 상황을 모면하기 위해 사용한 옳지 못한 행동 때문에 세상 사람들에게 책망을 받고 부끄러움에 처할 수 있다. 마태복음 5장 16절은「저희로 너희 착한 행실을 보고 하늘에 계신 너희 아버지께 영광을 돌리게 하라」고 말씀한다. 우리는 삶이 순탄할 때나 위기에 처했을 때나 늘 옳은 행실을 유지해야 한다.

현재 우리가 겪고 있는 위기를 어떻게 대처하고 있는가? 우리에게 필요한 것은 상황논리를 앞세운 비신앙적이고 비윤리적인 행동이 아니라 상황을 전환하는 하나님을 신뢰하고 믿음으로 옳은 길을 가는 것이다. 그 상황을 극복하기 위해 하나님께 간구하는 것이다. 우리가 취한 잘못된 행동 때문에 다른 사람들이 고통에 직면할 수 있으며 더 나아가 우리를 통해 이루려는 하나님의

---

45) Allen P. Ross(p. 275~276)는 "아브람은 그 약탈을 막을 아무 힘이 없었다. 그의 계략은 사래를 놓고 흥정을 벌일 사람에게는 효력이 있겠지만 바로는 협상할 만한 사람이 아니었다"고 해석한다.

46) L. A. Turner(p. 66)는 이 질문이 창세기 3:13에서 하나님께서 범죄한 여인을 비난할 때 던졌던 질문을 기록하고 있다고 말한다. 그는 또한 바로의 말과 여호와의 말씀을 비교한다: "여호와께서 말했다, 가라…그래서 아브람이 갔다(12:1, 4). 바로가 말하기를 가라…그래서 아브라함이 갔다(창 12:19; 13:1)"

계획이 위협 받을 수도 있다는 것을 기억해야 한다. 하나님은 우리가 스스로 취한 옳지 않은 행동 때문에 부끄러움에 처하는 것 보다 극한 상황이라도 옳은 행실을 함으로 하나님의 영광이 되기를 원한다.

제3장
갈등과 다툼이 다가 올 때 (창 13:1~18)

우리는 항상 순조롭고 평탄한 삶을 원한다. 그러나 우리 삶은 다양한 갈등과 다툼들로 늘 긴장하게 한다. 때로 사소한 갈등이 치유할 수 없는 큰 사건을 만들기도 하고 작은 다툼이 큰 싸움이 되어 공동체를 파괴하여 각 사람들에게 큰 상처를 주기도 한다. 특별히 우리는 「생존경쟁」이라는 현실에서 이익을 위해 다투는 사람들과 함께 살고 있다. 과연 우리는 이런 현실에서 어떻게 살아야 하는가?

갈등과 다툼의 원인은 다양하지만 대부분 소유하고자 하는 욕망과 결부되어 있다. 우리는 이 사실을 아브람과 롯 사이에 발생한 다툼에서 발견한다. 아브람은 이집트에서 생명과 약속의 위기를 겪은 후 이집트를 떠나 네게브를 거쳐 한 장소로 이동한다. 특별히 본문은 그 장소를 「처음에 장막을 친 곳」, 「처음 단을 쌓았던 곳」, 「여호와의 이름을 불렀던 곳」이라고 강조한다. 이것은 아브람이 이집트에서 처절한 패배를 경험한 후 그가 처음 가나안 땅에서 하나님의 약속을 받고 예배했던 그 장소에서 새롭게 출발하고자 했음을 보여준다.[47] 이제 아브람은 자신의 실수로 겪은 뼈아픈 고통과 수치를 벗고 약속의 땅에서 하나님이 약속했던 그 장소에서 믿음으로 반응했던 그 자리에서 새 출발을 한다.

그런데 그 장소에서 예기치 못한 사건이 발생했다. 그것은 바로 아브람의 목자들과 롯의 목자들 사이에 발생한 다툼이다. 예전에 아브람과 롯이 그 장소에 함께 거주했지만 그때는 다툼도 갈등도 없었다. 그런데 그들이 함께 이집트에서 올라온 후 그 가족 공동체가 서로 다투며 갈등을 일으킨 것이다. 왜 예전에 없었던 다툼이 발생한 것인가? 그것은 바로 아브람 공동체에 발생한 상황의 변화 때문이다. 그것은 물질의 풍부함이었다. 본문은 「아브람에게 육축과 은 금이 풍부했다」고 기록한다. 히브리어 문장을 직역하면 「아브람이 육축과 은과 금 때문에 매우 무거웠다」이다. 즉 아브람은 자신이 관리하기 힘들 정도로 많은 재산을 가지게 되었다. 뿐만 아니라 본문은 「롯에게 양과 소와 장막이 있었다」고 말한다. 롯도 아브람에 못지 않은 상당한 거부가 되었다. 특별히 본문은 그 땅이 그들의 많은 소유를 감당할 수 없었고 또 그들은 함께 거할 수 없음을 강조한다. 게다가 그 장소에 가나안 사람과 브리스 사람도 함께 있었다. 따라서 협소한 공간에서 생존해야 하는 그들은 서로 좀더 많은 물을 소유하기 위해 다툼이 일어난 것이다. 아브람과 롯의 사람들 사이에 더 소유하고자 하는 욕망 때문에 이전의 평화가 깨지고 다툼이 일고 있는 것이다. 그들의 관계에 위기가 다가오고 있는 것이다.

현대 물질문명 사회에 살고 있는 우리는 어떠한가? 우리의 더 많이 소유하고자 하는 욕망이 어제 화목했던 가족을 오늘의 원수로 만들고 청결한 양심을 화인 맞은 양심으로 변하게 하는 것을 종종 발견한다. 너무 더 많이 소유하려는 욕심이 우리 삶을 엉망으로 만든다. 더 불행한 것은 이런 문제에 있어서 그

---

47) 김의원, 281; Allen P. Ross, 284.

리스도인 또한 예외가 아니라는 것이다. 때로 우리는 그리스도인이라고 자부하면서도 물질과 자리 다툼의 문제에 봉착하면 신앙도 양심도 무시하곤 한다. 따라서 우리가 다툼의 원인이 되기도 하고 그 다툼의 중심부에 서서 공동체를 괴롭히는 장본인이 되기도 한다. 그것은 우리가 더 많이 소유하고자 하는 욕망 때문이다. 잠언에서 아굴은 이렇게 기도한다.

> 나로 가난하게도 마옵시고 부하게도 마옵소서. 오직 필요한 양식으로 내게 먹이소서. 혹 내가 배불러서 하나님을 모른다 할까 하오며 내가 가난하여 도적질하고 여호와의 이름을 욕되게 할까 두려워 함이니이다(잠 30:8).

이 기도가 우리의 기도가 되어야 한다. 우리에게 일용할 양식이 부족함이 없는 매일 매일의 양식이 있어서 욕심으로 죄를 부르지 않아야 한다.

우리는 다툼을 원치 않지만 갈등과 다툼이 우리에게 다가온다. 이때 우리는 어떻게 행동해야 하는가? 우리는 갈등과 다툼이 일어날 때 믿음의 관용으로 화평을 만들어야 한다. 아브람은 자신의 공동체에 찾아온 갈등과 다툼의 문제를 믿음의 관용으로 풀어 간다. 그는 롯에게 이렇게 말한다. 「너와 나, 내 목자와 네 목자 사이에 다툼이 있게 말자. 우리는 한 골육이라」. 여기서 「우리는 한 골육이라」는 말은 「우리는 한 형제들이다」라는 말이다. 아브람은 조카 롯 뿐 아니라 그와 함께 한 모든 사람들을 한 형제로 인식하고 있다. 그래서 그는 네가 좌 하면 나는 우 하고 네가 우 하면 나는 좌 할 것이라고 제안한다.

우리는 아브람의 말에서 형제애와 믿음의 관용을 발견한다. 아브람은 모든 것을 주장할 수 있는 위치에 있으면서 오히려 나약한 롯에게 우선권을 준다. 우리들은 이와 같은 문제가 닥쳐오면 서로 좋은 것을 차지하고 주도권을 잃지 않으려 몸부림 친다. 그러나 아브람은 롯에게 믿음의 관용을 베푼다. 아브람에게 좀더 차지하려는 욕심을 전혀 찾아 볼 수 없다. 무엇이 그를 그렇게 만들었는가? 그것은 이집트에서 뼈 아픈 경험을 통해 얻은 지식이다. 아브람은 양식의 문제를 해결하기 위해 애굽 땅으로 내려갔다. 그때 그는 스스로 자신의 문제를 해결하려다 더 큰 위기에 빠졌다. 그때 그는 극적인 하나님의 개입으로 위기에서 벗어났고 풍부한 재물을 얻었다. 아브람은 인간의 지혜보다 여호와에 대한 신뢰가 필요하다는 것을 깨달았을 것이다. 따라서 그는 다툼의 문제 앞에 초연하게 믿음의 관용을 베풀어 화평을 이끌어 낼 수 있었다.

더 소유하고자 하는 다툼의 현실에서 화평을 이끌어 낼수 있는 우리의 힘과 용기는 어디서 오는가? 그것은 바로 우리 삶의 흥망성쇠가 하나님의 장중에 있다는 확신에서 온다. 뿐만 아니라 이 땅에 우리가 그리스도인으로 존재하는 목적에 대한 인식에서 온다. 하나님은 우리를 물질에 사로잡힌 자로 부르신 것이 아니라 평화의 사신으로 불렀다. 바울은 「너희 관용을 모든 사람에게 알게 하라」(빌 4:5)고 말한다. 따라서 우리는 다툼과 갈등이 있는 곳에 믿음의 관용을 베풀어 화평을 이루어 내는 믿음의 용사들이 되어야 한다.

아브람은 다툼의 문제를 관용으로 풀지만 롯은 현실의 눈으로 문제를 해결한다. 그것은 롯의 선택에서 드러난다. 롯은 선택의 주도권으로 요단 평지를 택하고 소돔까지 들어간다. 그가 그곳을 선택한 이유는 무엇인가? 그것은 그곳이 물이 넉넉하고 여호와의 동산 곧 에덴 동산 같고 애굽 땅과 같았기 때문이다. 그는 그곳이 현실 문제를 완전히 해결할 수 있는 장소라고 생각했다. 그러나 불행하게도 롯은 그 소돔에 담겨 있는 본질을 볼 수 없었다. 본문은 소돔 사람들은 악하고 그곳은 여호와 앞에 큰 죄인들의 소굴이었다고 보고한다. 롯에게 믿음의 눈은 없고 현실의 눈[48]만 있다. 진정으로 그를 기다리는 것은 풍요가 아니라 멸망이었다. 현실에 집착한 문제 해결은 그 본질을 외면하므로 더 큰 문제를 만들 수 있다. 우리는 위로부터 오는 하나님의 지혜로 현실의 문제를 해결해야 한다.

하나님은 믿음의 관용으로 사는 사람들을 축복한다. 하나님은 아브람에게 눈을 들어 동서남북을 바라보게 한다. 그가 그 땅을 바라볼 때 더 무거운 짐을 느꼈을지도 모른다. 왜냐하면 그곳은 물을 얻기 위해 거주민과 싸워야 하고 씨름해야 하는 곳이기 때문이다. 그러나 그의 마음을 채운 것은 현실 문제가 아니라 하나님의 약속이었다. 하나님은 보이는 땅을 아브람과 그 후손에게 주겠다고 약속하고 후손들이 땅의 티끌처럼 많아 질 것을 약속한다. 그 땅은 메마른 광야의 모습처럼 보일지 모르지만 그곳에 하나님의 약속이 담겨 있었다. 아브람은 롯과 헤어지는 아픔을 경험하지만 하나님은 다시 한번 그에게 약속함으로 위로한다. 이 약속의 위로가 현실 장벽을 넘어 믿음으로 사는 용기를 주는 것이다.

우리는 현실 문제에 직면할 때 무엇을 바라보고 무엇을 생각하는가? 우리는 삶의 흥망성쇠를 주관하는 창조주 하나님을 바라보고 그의 뜻을 생각해야 한다. 창조주 하나님에 대한 신뢰는 현실 문제에 집착한 갈등과 다툼의 문제를 믿음의 관용으로 해결하도록 하는 용기를 부여 한다. 우리가 아브람처럼 세상 사람들 속에서 씨름하며 살아야 하지만 우리의 삶의 터전에 담긴 하나님의 약속을 바라볼 수 있어야 한다. 우리는 재물의 문제로 다툼이 있는 경쟁 사회에서 살지만 하나님의 백성으로 믿음의 관용으로 화평을 이루는 자들이 되어야 한다.

---

48) V. P. Hamilton(p.392)는 롯의 눈을 창세기 3:6의 하와의 눈과 창세기 6:2의 하나님의 아들들의 눈과 비교 하면서 '라아 키' 라는 히브리어 구문이 어떤 것을 탐욕스럽게 바라보는 것을 가리킨다고 주장한다.

제4장
전쟁터와 같은 세상에서 (창 14:1~15:1)

　복음송 가사이다. 「세상은 평화 원하지만 전쟁의 소문 더 늘어난다」. 우리의 궁극적 소망은 이 땅에 진정한 평화의 세계가 이루어지는 것이다. 그러나 우리의 기대와는 달리 세상은 대립과 갈등과 전쟁 소식으로 가득 차 있다. 우리는 마치 전쟁터와 같은 세상에서 살고 있다.

　우리가 하늘 시민권을 가지고 있다 할지라도 우리는 세상에서 살기 때문에 이 땅에서 일어나는 모든 사건과 무관하게 살 수 없다. 롯은 전쟁 때문에 생명의 위기를 만났다. 그 전쟁은 고대 근동의 패권을 장악하기 위한 큰 전쟁이었다. 롯이 선택한 소돔을 중심으로 한 다섯 나라는 엘람 왕 그돌라오멜의 속국으로 조공을 바치며 살았다. 그런데 그들이 강대국의 횡포에서 벗어나 자신의 주권과 독립을 위해 일어섰다. 이런 자주적 움직임에 대해 그돌라오멜을 중심으로 메소포타미아 지역의 왕[49]들이 동맹하여 그들을 진압하기 위해 전쟁을 일으켰다. 그들은 소돔과 연합한 나라 주변을 점령하며 압박했다. 그러자 소돔 왕과 연합한 왕들은 전략적 요충지인 싯딤 골짜기를 싸움터로 정하고 그들을 공략하려고 했다. 그러나 불행하게도 그들은 싸움도 제대로 하지 못하고 자신들이 이용하려 했던 역청 구덩이에 빠지고 완전히 패배했다.[50] 그 결과 그들은 모든 재산과 양식을 빼앗겼고 소돔에 있던 아브람의 조카 롯도 포로가 되

---

49) B. K. Waltke, *Genesis*, 288. 그는 이들의 활동반경이 흑해에서 페르시아 만까지 이르는 광범위한 지역이었다고 말한다.

50) 왕대일, 「아브라함의 믿음, 아브라함의 실수」 (서울: 종로서적, 1995), 52

었고 그 재물도 노략되었다. 물이 넉넉한 곳에서 이루려 했던 롯의 꿈은 사라지고 그는 전쟁 때문에 생명의 위기를 만났다.

우리는 이 전쟁이 약육강식의 전형적인 고대 전쟁이라는 점을 주목해야 한다. 가나안과 그 주변은 언제나 메소포타미아 지역의 나라들과 이집트가 벌이는 패권다툼의 전쟁 소용돌이 속에 휘말렸다. 그들은 무역로를 장악하고 그 상권을 차지하기 위해 가나안 지역을 자신들의 손에 두고자 했다. 그래서 그들은 가나안의 약소국을 힘으로 장악하여 속국으로 만들었다. 「약육강식」 이 단어는 고대 전쟁에서만 사용되는 용어가 아니라 현재 우리 삶의 터전에서 발생하는 일들을 비유하는데 사용되는 말이다. 우리가 살고 있는 세계는 힘의 논리가 지배하고 약육강식의 전쟁터와 같다. 많은 사람들이 함께 공존하는 평화의 세계를 외치지만 세상은 약육강식의 논리로 요동치고 있다. 이런 상황에서 우리의 형제들이 위기에 처하여 신음한다. 삶의 전쟁에서 얻은 상처와 고통 때문에 괴로워하고 그 터전에서 일어나기 위해 몸부림친다. 이때 우리는 어떻게 해야 하는가?

우리는 우리의 형제들을 위해 일어서야 한다. 우리는 우리에게 있는 힘과 능력을 활용하여 그들을 도와야 한다. 아브람은 전쟁과 롯이 사로잡혔다는 소식을 듣고 주저하지 않고 집에서 길리운 318명을 거느리고 나가 단에서 그들을 파한다. 그리고 다메섹까지 추격하여 빼앗긴 재물과 조카 롯과 부녀와 백성들을 찾아 온다. 아브람은 형제에게 믿음의 관용을 베푸는 자로 멈추지 않고 형제가 위기에 처했을 때 그의 목숨을 걸고 구하는 용기 있는 자였다. 그는 형제의 아픔과 고통을 외면하는 자가 아니요 생명을 걸고 형제를 구하는 자였다.

우리 주변에 삶의 전쟁에서 상처입고 고통당하며 위기에 봉착한 형제들이 많다. 우리는 삶의 전쟁에서 위기에 처한 형제들을 보면서 어떻게 행동하는가? 혹시 우리의 이익과 손해를 계산하며 무관심으로 일관하고 있지는 않는가? 아니면 우리도 그돌라오멜과 그 동맹군처럼 약한 자들 위에 군림하여 그들을 억압하고 착취하지는 않는가? 힘의 논리로 그들을 누르고 일어서려고 하지는 않는가? 하나님은 우리에게 힘과 능력을 주셨다. 따라서 우리는 누구나 상대적 강함을 가지고 있다. 하나님께서 우리에게 상대적 강함을 주신 이유는 무엇인가? 그것은 연약한 형제들을 돌보도록 한 것이다. 로마서 15장 1절은 「우리 강한 자가 마땅히 연약한 자의 약점을 담당하고 자기를 기쁘게 하지 아니할 것이라」고 권면한다. 더 나아가 요한일서 3장 16절과 17절은 「주께서 우리를 위하여 목숨을 버리셨으니……우리도 형제들을 위하여 목숨을 버리는 것이 마땅하니라. 누가 이 세상 재물을 가지고 형제의 궁핍함을 보고도 도와줄 마음을 막으면 하나님의 사랑이 어찌 그 속에 거할까 보냐」라고 말한다. 우리에게 필요한 것은 아브람처럼 생의 위기를 만난 형제들을 구하는 일이다. 하나님은 이렇게 의로운 행동을 하는 자들을 어떻게 하는가?

하나님은 의로운 행동을 하는 자들을 축복하고 친히 그의 방패와 상급이 되어 준다. 아브람이 그돌라오멜과 그 동맹한 자들을 파하고 돌아 올 때 두 사건이 발생한다. 하나는 멜기세덱의 환영과 축복이다. 본문은 멜기세덱을 「살렘왕 지극히 높으신 하나님의 제사장」이라 언급한다. 멜기세덱이란 말은 「의의 왕 혹은 내 왕은 의로우시다」라는 의미이다. 어떤 사람들은 「살렘」을 예루살렘의 단축형으로 보아 멜기세덱을 예루살렘의 왕으로 본다. 그러나 살렘의 위치가 불분명하고 예루살렘이 단축형으로 사용된 경우를 발견하기 어렵기 때문에 단정짓기 어렵다.[51] 우리가 주목할 것은 「살렘」이란 말은 평강이란 뜻이

---

51) Gordon J. Wenham, 「창세기(상)」, 529; 웬함은 살렘을 세겜 근처에 있는 것으로 보고 있다.

다. 따라서 「살렘 왕」은 「평강의 왕」으로 번역이 가능하다. 히브리서 7장 2절과 3절은 멜기세덱을 「의의 왕」, 「평강의 왕」으로 번역하면서 그가 「아비도 없고 어미도 없고 족보도 없고 시작의 날도 없고 생명의 끝도 없어 하나님의 아들과 방불하여 항상 제사장으로 있다」고 말한다. 따라서 멜기세덱은 그 근원을 알 수 없는 영원한 하나님의 제사장이라 할 수 있다[52]. 하나님의 제사장 멜기세덱이 의로운 행동으로 위기에 처한 형제를 구하여 돌아오는 아브람을 위해 「떡과 포도주」를 준비하여 연회를 베푼다. 그리고 「하늘과 땅의 창조주시요 지극히 높으신 하나님이시여 아브람에게 복을 주옵소서」라고 축복한다. 또한 「너희 대적을 네 손에 붙이신 지극히 높으신 하나님을 찬송할찌로다」라고 하나님을 찬송한다. 우리가 어려움에 처한 우리 형제들을 구하기 위해 의로운 행동을 하고자 할 때 주저할 수 있다. 그러나 한 가지 주목해야 한다. 하나님은 우리가 형제들을 구하기 위해 의로운 행동을 할 때 우리를 축복하고 우리의 의로운 행동을 통해 찬송을 받는다는 점이다.

아브람이 돌아올 때 나타난 또 다른 행동은 소돔 왕의 제안이다. 그것은 사람은 내게 보내고 전리품은 네가 취하라는 것이다. 그러나 아브람은 그 전리품을 취하여 그 영광을 취하지 않는다. 그는 하늘과 땅의 창조주 지극히 높으신 하나님 여호와께 손을 들고 맹세한다. 그가 말하기를 「네 말이 내가 아브람으로 치부케 하였다 할까 하여 네게 속한 것은 무론 한 실이나 신들메라도 내가 취하지 아니하리라」고 말한다. 특히 아브람은 그 전리품의 십 분의 일을 멜기세덱에게 준다. 이 같은 아브람의 행동은 그가 전쟁에서 얻은 승리를 그의 영광으로 취하지 않고 하나님께 돌리고 있음을 보여준다.

---

52) 멜기세덱에 대한 논의는 손석태의 책 「창세기 강의」, 139페이지 각주 22를 보라.

우리는 종종 의로운 행위를 한 후 우리에게 다가오는 이익을 생각하는 경우가 있다. 또한 상대방이 그 행동을 알아주지 못할 때 서운해 하거나 또는 분한 마음을 가질 수 있다. 우리 믿음의 조상 아브라함은 그렇지 않았다. 그는 자신의 의로운 행동을 과시하거나 드러내려고 하지 않았다. 이런 의로운 행동을 하는 아브람에게 하나님은 방패와 보상이 되었다. 전쟁이라는 엄청난 소용돌이를 경험한 아브람에게 하나님은 이상 중에 말씀한다: 「아브람아 두려워 말라. 나는 너의 방패요 너의 지극히 큰 상급이니라(창 15:1)」. 아브람은 이 엄청난 전쟁을 치루며 두려웠던 것이다. 하나님은 그런 아브람의 마음을 알았다. 「큰 상급」이란 말은 매우 많은 보상이라는 뜻이다. 하나님 자신이 방패가 되어 주시고 보상이 되어 준 것이다. 의로운 행위를 하는 자들에게 큰 보상은 하나님 자신이다.

　우리는 마치 전쟁터와 같은 세상에서 살고 있다. 이 전쟁터와 같은 세상에서 우리 형제들이 생명의 위기에 처할 수 있다. 이때 우리는 그들을 구하기 위하여 의로운 행동을 해야 한다. 현재 우리의 형제들은 어떤 모습을 하는가? 우리는 그들을 위해 무엇을 하는가? 하나님은 우리가 그들을 위해 사랑의 행위를 하기를 원한다. 우리가 생명을 건 사랑의 행위를 할 때 하나님은 우리를 축복하며 우리의 방패와 보상이 되어 준다. 전쟁터와 같은 이 세상에서 우리가 의로운 행동으로 형제들을 구함으로 하나님의 영광이 되어야 한다.

제5장
언약의 하나님 믿음의 사람 (창 15장)

　고대 언약은 현대의 약속과 계약 개념을 뛰어넘는 삶과 죽음을 가름하는 매우 중요한 약정이다. 성경에 기록된 다양한 언약들의 공통점은 대체로 그 언약이 하나님의 일방적인 주권으로 체결된다는 점이다. 그것은 그 언약의 성취 여부가 인간에게 있지 않고 하나님의 주권적 의지에 달려있음을 말한다. 이와 같은 내용을 잘 보여주는 언약이 바로 창세기 15장에 기록된 아브람과 맺은 언약이다. 창세기 15장의 하나님은 어떤 분인가?

　그 하나님은 세파 속에서 두려워하는 연약한 우리를 찾아와 약속으로 위로하는 분이다. 아브람 그는 하나님의 약속을 붙잡고 가나안 땅에 온 후 엄청난 사건들을 경험한다. 기근과 이집트에서 겪은 생명의 위기와 조카 롯과의 분열과 그돌라오멜과 소돔 왕을 중심으로 발생한 국제 전쟁에 휘말리는 충격이 그를 두렵게 했을 것이다. 전쟁에서 승리한 후 돌아오는 아브람은 당당한 승자이지만 하나님 앞에서 내면의 두려움을 감출 수는 없었다. 아브람이 두려워할 때 하나님은 그를 찾아왔다. 그가 찾아 와서 하신 말씀이 무엇인가? 하나님은 이렇게 말씀한다.

　두려워 말라. 아브람아 나는 네 방패요 너의 매우 큰 보상이니라.

　세상에서 이처럼 큰 위로의 말씀이 어디 있는가? 창조주께서 두려워하는 한 인간을 찾아와 친히 방패가 되고 보상이 되신다는 선언처럼 큰 위로가 어디 있는가? 그러나 하나님은 여기서 멈추지 않는다. 하나님은 이전에 아브람과 약속했던 내용을 다시 약속하며 아브람을 향한 자신의 비전이 변함이 없음을 확고히 한다. 아브라함이 질문한다.

주 여호와여 무엇을 내게 주시렵니까? 나는 자식이 없나이다.
주께서 내게 씨를 주지 않으셨습니다. 내 상속자는 다메섹 엘리에셀입니다.

이 질문은 아브람의 본질적 근심이 후손 문제임을 알려준다. 하나님은 갈대아 우르에서 아브람에게 「내가 너로 큰 민족을 이루겠다」라고, 가나안 땅 세겜에서 「이 땅을 네 자손에게 줄 것이다」라고, 롯과 헤어진 후 「네 자손으로 땅의 티끌 같게 할 것이다」라고 약속했다. 그런데 여전히 아브람에게는 자식이 없다. 따라서 아브람은 당시 관습을 따르려고 한다.

그때 하나님이 말씀한다: 「이 사람은 네 후사가 아니다. 네 몸에서 날 자 바로 그가 네 후사가 될 것이다」. 하나님의 생각은 인간의 생각과 다르다. 하나님은 인간의 생각을 초월한다. 아브람은 사래의 불임으로 하나님의 계획은 불가능한 것으로 여겨 자연적 관습법을 따르려 한다. 그러나 하나님은 그 불가능하다는 것을 가능케 할 것이라는 것이다. 하나님은 이런 자신의 계획을 확고히 하기 위해 아브람을 밖으로 이끌고 나가 시청각 교육을 시킨다: 「하늘을 우러러 뭇 별을 셀 수 있나 보라. 네 자손이 이와 같으리라」. 아브람을 향한 하나님의 계획은 단순히 상속자 하나를 주는 것이 아니다. 하나님의 계획은 아브람의 씨를 통해서 하늘의 별처럼 많은 하나님의 백성을 만드는 것이다. 하나님은 그의 약속을 상황에 따라 변개하는 분이 아니다. 그의 약속은 불변의 약속이요 그 약속은 인간의 상황에 지배당하지 않고 초월하여 성취된다. 우리가 섬기는 하나님은 세파에 두려워하는 우리를 찾아와 위로하는 분이다. 하나님이 아브람에게 거듭 약속하여 자신의 계획의 확고함을 천명함은 오늘 우리를 향한 하나님의 계획 또한 확고부동함을 밝히는 것이다.

하나님은 연약한 우리를 위해 언약을 맺은 분이다. 하나님은 아브람의 씨를 통해 이루실 큰 민족에 관해 말씀하신 후 땅에 대한 약속을 한다: 「나는 이 땅을 네게 주어 업을 삼게 하려고 너를 갈대아 우르에서 이끌어 낸 여호와로다」. 하나님이 아브람을 구속한 목적은 그에게 가나안 땅을 주기 위함이다. 이 약속은 우주의 통치자의 약속이기 때문에 불변의 약속이다. 그러나 연약한 아브람은 하나님께 약속의 담보를 요구한다. 「내가 이 땅을 업으로 삼을 줄 무엇으로 알수 있습니까」. 통치자 하나님은 증거를 요구하는 아브람을 책망하지 않는다. 그는 아브람이 신뢰하고 확신할 수 있는 증거를 제시한다.

하나님이 제시한 증거는 무엇인가? 그것은 고대 근동의 언약체결 의식이다. 하나님은 암소와 암염소와 수양의 중간을 쪼개 마주 대하여 놓으라 말씀한다. 어떤 사람들은 이 내용이 제사인지 혹은 맹세인지에 대해서 논쟁[53]하지만 창세기 15장 18절은 「그날에 여호와께서 아브람으로 더불어 언약을 세웠다」라고 기록한다. 따라서 이것은 언약체결 의식이다. 그렇다면 이 언약체결 의식이 갖는 의미는 무엇인가? 그것은 언약을 맺는 당사자가 언약의 내용을 파기할 시 동물이 쪼개진 것처럼 쪼개진다는 저주의 의미를 담고 있다. 그런데 놀라운 것은 창세기 15장 17절의 내용이다. 본문은 「타는 횃불이 쪼갠 고기 사이로 지나더라」고 말한다. 「타는 횃불」은 하나님의 임재를 상징[54]하기 때문에 하

---

53) Claus Westermann, 「창세기 주석」, 강성열 옮김(서울: 한들, 1998), 189.
54) V. P. Hamilton, 436~37.

나님 자신이 쪼개진 동물 사이로 나간 것이다. 즉 하나님 홀로 언약을 맺고 있는 것이다. 그것은 만약 하나님께서 그 언약의 내용을 지키지 않는다면 그 스스로 쪼개진 동물처럼 저주를 받게 될 것이라는 의미이다.

하나님이 저주의 맹세까지 하며 언약한 내용은 무엇인가? 그것은 두 가지로 표현된다. 하나는 아브람의 자손이 이방에서 객이 되어 사백 년 동안 살다가 하나님의 구속으로 큰 재물을 이끌고 이 가나안 땅으로 돌아올 것이라는 것이다. 다른 하나는 이 땅 즉 애굽 강에서부터 유브라데까지 네 자손에게 주겠다는 것이다. 그리고 그 땅에 거하는 족속들을 언급하므로 좀더 분명하고 선명하게 약속한다. 이 내용은 사실상 하나로 하나님께서 가나안 땅을 아브람과 그 후손에게 주시겠다는 것이다. 하나님께서 스스로 언약체결 의식을 통해 저주의 맹세를 하심은 이 약속을 아브람의 상황과 상관없이 하나님 자신이 반드시 성취한다는 확고한 의지를 보인 것이다. 하나님께서 아브람과 맺은 언약의 실행 주체는 아브람이 아니라 바로 창조주 하나님이기에 그 약속은 확고부동한 것이다.

하나님은 피조된 인간과 언약을 맺어야 할 하등의 이유가 없다. 그러나 하나님은 좀더 확실성을 요구하는 연약한 인간을 불쌍히 여기고 친히 홀로 언약을 맺는다. 그래서 그가 견고한 믿음 가운데 서도록 한다. 따라서 하나님이 아브람의 씨를 통해서 큰 민족을 이루고 그 자손에게 가나안 땅을 준다는 약속은 결코 변할 수 없는 확실한 사실이다.

이 놀라운 하나님의 은혜의 행동에 우리는 어떻게 반응해야 하는가? 그것은 바로 믿음이다. 그 약속을 전적으로 신뢰하는 믿음이다. 창세기 15장 6절은 「아브람이 여호와를 믿으매 여호와께서 이를 그의 의로 여기셨다」고 기록한다. 여기서 「믿음」이란 여호와 하나님 자신과 그의 언약의 말씀을 전적으로 신뢰하고 받아들였음을 의미한다. 하나님은 이 믿음을 근거로 아브람을 의로 여긴다. 하나님은 자신을 전적으로 신뢰하고 약속한 내용을 의지하는 믿음의 사람을 의롭다고 선언한다.

특히 바울은 갈라디아서 3장 6절부터 14절에서 우리가 받은 아브람의 복에 대해 말한다: 「믿음으로 말미암은 자들은 아브라함의 아들인 줄 알지어다」. 또한 그는 「하나님이 이방을 믿음으로 말미암아 의로 여기실 것을 성경이 미리 알고 먼저 아브라함에게 복음을 전하되 모든 이방이 너를 인하여 복을 받으리라 하였으니 그러므로 믿음으로 말미암은 자는 믿음이 있는 아브라함과 함께 복을 받느니라」고 말한다[55]. 이 얼마나 놀라운 일인가? 하나님이 아브람과 약속할 때 오늘 우리가 믿음으로 하나님의 복을 받을 것을 미리 계획하고 준비했다는 것이다. 하나님이 그토록 오래 전에 준비한 복을 우리가 어떻게 얻을 수 있는가? 그것은 우리가 그리스도 예수를 믿음으로 반응할 때 가능하다. 왜 그런가? 그것은 예수가 그의 피로 우리와 새 언약을 세우고 언약의 보증이 되었기 때문이다. 그러므로 바울은 예수 안에서 아브라함의 복이 이방인에게 주어지고 예수를 믿음으로 그 약속이 믿는 자들에게 주어졌다고 선언한다. 그래서 우리는 믿음으로 아브라함의 자손이 되었고 약속의 유업을 이을 자가 되었다.

창조주 하나님은 언약의 하나님이다. 그는 세파에 두려워하며 사는 우리를 찾아와 위로하는 분이다. 그는 우리가 좀더 확실하고 견고한 믿음으로 살도록 친히 언약을 맺고 그 약속을 친히 실행한다. 그 언약에 근거해 우리는 믿음으로 아브라함의 자손이 되어 약속의 복을 누리게 되었다. 하나님이 아브라함과

---

55) V. P. Hamilton, 438~441. 그는 창세기 15:6과 로마서 4:3, 9, 22과 갈라디아 3:6, 야고보서 2:20~24과의 신학적 관계를 고찰한다.

언약을 맺을 때 오늘날 우리를 생각하고 있는 것 처럼 하나님은 우리를 예수 안에서 아브라함의 자손으로 부르실 때 다가오는 세대의 아브라함의 자손들을 생각하고 계신 것이다.

제6장
누가 믿음의 사람인가? (창 16:1~16)

우리가 예수 안에서 얻은 구원은 결코 흔들리지 않는 반석과 같다. 우리가 믿음으로 은혜로 얻은 구원은 변개할 수 없다. 그러나 믿음은 상황과 환경에 따라 흔들리기도 한다. 본문은 사래의 불임으로 시작하여 하갈의 이스마엘 출생으로 마감한다. 어떻게 하갈이 아브람에게서 이스마엘을 낳게 되는 지를 설명한다. 이 줄거리 속에 사래와 하갈의 모습을 대비적으로 보여주어 과연 누가 믿음의 사람인지 우리에게 도전한다.

불신앙의 사람은 약속의 말씀을 신뢰하지 않고 관습에 지배되어 문제를 해결하며 사는 사람이다. 본문은 「사래, 아브람의 아내는 아이가 없었다」고 시작한다. 사래의 불임은 창세기 11장 30절에서부터 강조된다. 사래의 불임은 절망이 아니라 새로운 기대요 하나님의 새로운 창조의 토대이다. 그것은 하나님이 불임의 사래를 통해 큰 민족을 이룰 것이라고 약속했기 때문이다. 특별히 하나님은 바로 이전 장 창세기 15장에서 삶과 죽음의 약정인 언약 체결 의식을 통해서 자손을 약속했다. 따라서 아브람과 사래에게 필요한 것은 불임 가운데서 행하실 하나님의 창조적 사역에 대한 기다림이었다.

그러나 사래는 가나안 땅에 거한지 십 년이 지나면서 하나님의 약속에 대한 신뢰가 무너지기 시작했다. 그래서 사래는 하나님을 은근히 비난하면서 당시의 관습으로 하나님의 뜻을 대신하려고 한다. 그녀는 아브람에게 말한다: 「자보시오. 여호와는 내가 잉태하는 것을 허락하지 아니하셨소. 내 여종에게 들어가시오. 내가 그로 자녀를 얻을 것이요(사역)」. 사라의 목소리는 여호와께서 자신에게 자식을 허락지 않음에 대한 은근한 불만을 드러내고 있다. 또한 사라는 아브람에게 그 주도권을 가지고 자신의 요청을 따를 것을 강요한다. 특별히 본문은 사래가 요청만 한 것이 아니라 「하갈을 취하여 주었다」고 기록한다. 이것은 사래가 하나님의 뜻을 당시의 관습으로 해결하려고 하고 있음을 보여 준다. 사래에게 하나님의 약속에 대한 믿음은 사라지고 관습에 지배된 불신앙이 그녀를 사로잡고 있다. 그 결과 얻어진 것은 사래와 하갈에게 다가온 고통이었다. 사래는 하갈로 자식을 얻으려고 했지만 진정으로 그에게 돌아온 것은 하갈의 멸시였다. 또한 하갈에게는 잉태의 기쁨과 동시에 사래로부터의 학대였다. 아브람의 가정은 고통 속으로 들어갔다.

우리는 지금 어떤 길을 걷고 있는가? 믿음의 길을 걷고 있는가? 아니면 세상의 풍습과 규례를 따르는 불신앙의 일을 행하는가? 우리는 때로 신앙이 아닌 불신앙의 길을 걸으면서 그 길을 정당화하는 경우가 있다. 특히 우리가 취한 행동들이 일반적으로 사회에서 통용되는 일임을 강조하면서 우리의 죄악된 행동을 정당화시키려 한다. 우리는 믿음으로 행하지 않고 세상의 관습으로 행하면서 어쩔 수 없는 선택이었다고 말하기도 하고 때로 그 책임을 사래와 같이 하나님에게 돌리기도 한다. 더 이상 하나님의 뜻을 기다릴 수 없기 때문에 이렇게 행할 수 밖에 없었다고 말하기도 한다. 그러나 우리는 사래의 행동에서 교훈을 얻어야 한다. 우리가 우리의 지혜와 꾀로 문제를 해결하려고 할 때 혜어나올 수 없는 깊은 수렁에 빠질 수 있음을 기억해야 한다.

하나님은 불신앙의 사람 사래가 만들어 낸 고통의 피해자 하갈을 찾아 말씀한다. 사래는 관습에 사로잡힌 자로 하갈을 자신의 소유로 취급하며 학대한다. 그래서 하갈은 도망한다. 하갈이 광야의 샘 곁에 있을 때 여호와의 사자가 나타나 하갈에게 질문한다: 「네가 어디서 왔으며 어디로 가느냐」[56]. 이때 하갈은 「나는 나의 여주인 사래를 피하여 도망하나이다」라고 대답한다. 그때 여호와의 사자는 하갈에게 몇 가지를 말씀한다. 하나는 「너는 네 여주인에게 돌아가라 너는 그 수하에서 복종하라」는 명령이다. 지금 하갈은 여주인 사래의 손에 학대를 받다가 도망을 했다. 그런데 여호와의 사자는 그 여주인의 수하로 들어가 복종하라 명령하고 있다. 특별히 「학대하다」는 동사와 「복종하다」는 동사 히브리어는 동일한 어원을 가지고 있다.[57] 따라서 여호와의 사자의 명령은 여주인 사래의 학대의 중단을 약속하는 것이 아니라 그 학대의 지속성을 여전히 열어 놓고 있다.

그러나 여호와의 사자의 명령에는 사래의 학대를 뛰어넘는 하갈의 후손에 대한 하나님의 계획이 자리하고 있다. 여호와의 사자는 하갈에게 「내가 네 자손으로 크게 번성하여 그 수가 셀수 없게 하리라」고 약속한다. 또한 아들을 낳을 것인데 그 이름을 「이스마엘」이라 지을 것을 명령하며 그에 대한 하나님의 뜻을 전달한다. 그것은 이스마엘이 들나귀 같이 될 것이며 그 손이 모든 사람을 치겠고 모든 사람의 손이 그를 치며 그가 모든 형제의 동방에서 살 것이라고 약속한다. 즉 이스마엘은 들나귀처럼 광야에서 살며 많은 사람들과 적대적

---

56) 이 수사학적 질문은 하갈의 참여를 이끌어내는 기능을 한다. 동일한 수사법이 창세기 3:9에 사용되었다. 하나님은 도망 온 하갈을 대화의 장으로 이끌어 내고 있다.

57) B. K. Waltke, *Genesis*, 255.

인 관계 속에 살 것을 말하는 것이다. 하나님은 장차 사라를 통해 낳을 아브람의 씨에 대한 계획만 가지고 계신 것이 아니라 하갈을 통해 낳은 이스마엘을 통한 계획도 있음을 보여 준다.

하갈은 여호와의 사자를 통해 전달받은 하나님의 말씀을 듣고 어떻게 반응하는가? 그는 여호와의 이름을 짓고 샘의 이름을 지음으로 자신을 찾아오신 하나님에 대한 믿음을 표현한다. 그는 하나님의 이름을 「엘 로이」라 불렀다. 「엘 로이」란 「나를 보시는 하나님」이란 의미로 하갈은 「당신은 나를 보시는 하나님입니다」라고 고백한다. 또한 하갈은 그가 여호와의 사자를 만났던 그 샘을 「브엘라해로이」라고 지었다. 「브엘라해로이」란 「나를 보시는 살아계시는 자의 우물」이란 의미이다. 하갈이 경험한 하나님은 자신을 보는 분이었다. 하나님은 하갈이 고통의 자리에 있을 때 그를 바라보고 계시는 분이었다. 약속의 사람 사래는 하갈을 학대하여 그를 곤경에 처하게 했지만 하나님은 그 연약한 자를 돌보고 있었다.

우리가 섬기는 하나님은 하갈이 경험한 것처럼 우리를 돌본다. 시편 기자는 「여호와여 주께서 나를 감찰하시고 아셨나이다(시 139:1)」라고 고백하며 좀더 구체적으로 언급한다. 그는 「주께서 나의 앉고 일어섬을 알고 멀리서도 나의 생각을 통촉하시고 나의 길과 눕는 것을 보시고 나의 모든 행위를 익히 아신다(시 139:2)」고 말한다. 하갈의 고통을 본 하나님은 우리의 어려운 상황을 보고 계신다. 뿐만 아니라 그는 우리의 어리석음과 불신앙의 모습도 보고 계신다. 따라서 하나님께서 우리를 보고 계신다는 사상은 믿음의 사람에게는 위로와 기쁨과 감사로 다가오지만 불신앙의 사람들에게 그것은 공포와 두려움으로 다가 온다.

하갈은 자신을 상세히 살피는 하나님을 경험하면서 믿음으로 반응한다. 하갈은 비록 사래의 학대의 가능성이 남아 있음에도 불구하고 하나님의 명령대로 돌아간다. 그는 비록 사회적으로 천대받는 여종이고 주인의 학대를 받는 사람일지라도 그는 환경과 상황을 따르지 않고 그를 찾아오신 여호와 하나님의 말씀을 따른다. 그는 하나님의 말씀대로 행동한다. 그래서 그는 아들을 낳고 아브람은 하나님의 약속대로 그 이름을 이스마엘이라 지었다.

누가 믿음의 사람인가? 약속의 사람이라는 그 정체성 하나만으로 항상 믿음의 사람이라고 할 수 없다. 창세기 16장에서 보여주는 사라, 그는 약속의 사람임에 틀림이 없지만 그의 행동은 하나님의 약속을 전적으로 신뢰하지 못한 자의 행동이다. 오히려 그는 약속의 말씀을 따라 사는 자가 아니라 관습을 따라 사는 사람이다.[58] 그는 약속의 사람으로 타인에 대한 긍휼과 사랑을 베풀어야 할 자이지만 그는 타인을 학대하는 자였다. 그가 보인 행동은 전적으로 불신앙의 모습이다. 그러나 창세기 16장이 보여주는 하갈은 고통 받는 상황 속에서 하나님의 명령대로 행동하는 사람이었다. 그는 자신의 상황보다 하나님의 말씀을 따라 행동하는 자였다. 그의 행동은 하나님의 명령을 따르는 믿음을 보여준다. 창세기 저자는 이런 사라와 하갈의 행동을 통해서 누가 믿음의 사람인지를 말한다. 그것은 바로 하나님의 말씀을 신뢰하고 전적으로 순종하는 자라고 우리에게 외치고 있는 것이다.

---

58) 갈라디아 4:21~31은 사라와 하갈을 종과 자유자로 비교하고 있으며 하갈의 이스마엘 출생을 육체를 따른 출생으로 보고 사래의 이삭 출생을 약속으로 말미암은 출생으로 설명한다.

제7장
하나님이 찾아오다(창 17:1~27)

내 기억 속에 결코 잊을 수 없는 사건이 있다. 그것은 내가 초등학교 2학년 때 교장 선생님이 우리 집을 방문한 일이다. 이 사건은 나를 놀라게 했고 지금도 그 일은 나를 흥분시킬 정도로 감격적인 사건이었다. 그러나 이보다 더 크고 놀라운 사건이 있다. 그것은 창조주 하나님이 나를 찾아 온 것이다. 창조주가 인간의 몸을 입고 찾아온 이 사건을 생각할 때마다 마음속 깊은 곳에서 끓어 오르는 벅찬 감격을 느낀다. 하나님은 왜 우리를 찾아 왔는가?

그것은 하나님께서 우리와 영원한 언약을 맺고 우리를 통해 그의 뜻을 이루려고 하기 때문이다. 십삼 년 만에 구십 구세의 아브람을 찾아 온 분은 전능한 하나님이었다. 하나님은 아브람에게 그와 맺은 영원한 언약을 상기시킨다. 그 내용은 무엇인가? 창세기 17장 2절은 이렇게 말한다: 「내가 내 언약을 나와 너 사이에 세워 너로 심히 번성하게 하리라」. 「번성」 그것이 전능한 하나님께서 아브람에게 말씀한 내용의 핵심이다. 우리가 좀더 주목할 것은 이 약속을 이루려는 하나님의 주권적 의지이다. 본문은 「내가」라는 1인칭을 무려 10번 이상 사용한다. 이것은 「너로 심히 번성케 하리라」는 이 약속을 「내가」 반드시 성취하겠다는 강력한 의지 표명이다. 하나님의 강력한 주권적 의지는 아브람과 사래의 이름을 바꾸는 장면 속에서 더 자세히 드러난다. 하나님은 아브람에게 네 이름이 「아브람」이라 불리지 않고 「아브라함」이라 불릴 것이라고 선언한다. 그것은 장차 아브라함은 열국의 아버지 많은 무리의 아버지가 될 것이기 때문이다. 하나님의 계획은 아브라함으로 번성케 하여 그를 통해 나라와 민족의 왕들이 나도록 하는 것이다. 하나님은 이 내용을 영원한 언약으로 삼고 그는 아브라함과 그 후손의 하나님이 될 것을 선언한다.

더 나아가 하나님은 아브라함에게 아내의 이름을 「사래」라 부르지 말고 「사라」라 부르라고 명령한다. 그 이유는 하나님이 사라를 열국의 어머니로 만들고 민족의 왕이 나오도록 할 것이기 때문이다. 그런데 아브라함은 이런 하나님의 확고한 의지 표현에도 불구하고 하나님의 말씀을 신뢰하지 않는다. 그는 땅에 엎드려 마음 속으로 웃으며 다음과 같이 말한다: 「어떻게 백 세 된 사람이 자식을 낳으며 어떻게 구십 세인 사라가 아이를 낳을 수 있는가」. 그는 하나님의 계획이 실현 불가능한 것으로 여긴다. 그는 현실의 문에 갇혀 있다. 그래서 그는 하나님에게 「이스마엘이나 하나님 앞에 살기를 원하나이다」라고 말한다. 아브라함은 하나님의 언약을 신뢰하지 못한다. 창세기 15장에서 하나님은 아브라함을 위해 삶과 죽음을 가름하는 언약 체결 의식을 통해 의지를 표명했음에도 불구하고 그는 믿음으로 서지 못한다. 지금 아브라함을 찾아 와 약속하는 것이 무려 여섯 번째 임에도 불구하고 그는 그 약속을 비웃음으로 반응한다. 그럼에도 불구하고 하나님은 더 적극적으로 말씀한다:

아니라. 네 아내 사라가 정말 아들을 낳으리니 이름을 이삭이라 하라.
내가 그와 내 언약을 세우리니 그의 후손에게 영원한 언약이 되리라.

우리는 여기서 지칠 줄 모르는 하나님의 열정을 본다. 하나님은 아브라함의 의지와 상관없이 그로 번성케 하기를 원한다. 「너로 번성케 하리라」. 이 축복은 본래 아담과 노아에게 했던 명령이다. 하나님은 아담과 노아를 통해 이루시려고 했던 그 계획, 이 땅에 하나님의 백성이 가득 차도록 하는 일을 지금 아브라함을 통해 하겠다는 것이다. 이것이 한 순간의 약속이 아니라 아브라함 후손 대대로 이어지는 영원한 언약이라는 것이다.

그런데 더 놀라운 것은 아브라함을 향해 지칠 줄 모르는 열정을 가진 그 하나님이 우리를 찾아 온 것이다. 그분이 바로 인간의 몸을 입고 이 땅을 방문하신 하나님의 아들 예수님이시다. 그는 허물과 죄로 죽은 우리를 위해 속죄의 제물이 되었을 뿐만 아니라 그 속죄의 피로 영원한 언약을 세웠다. 히브리서 13장 20절은 그 예수 그리스도의 보혈이 「영원한 언약의 피」라고 분명히 말한다. 십자가 상에서 흘린 예수 그리스도의 피, 그것은 「너로 번성케 하리라」는 영원한 언약 속으로 우리를 부르신 대가였다. 우리는 예수 그리스도 안에서 영원한 언약에 참여한 아브라함의 자손이요 하나님의 백성이다.

때로 우리는 아브라함처럼 처지와 환경을 탓하며 약속을 신뢰하지 않으려 한다. 아니, 어떤 때는 우리 안에 담긴 하나님의 영원한 언약, 우리를 통해서 하나님의 백성들이 번성하는 이 놀라운 계획을 무시하고 살아간다. 그러나 우리가 반드시 기억하길 원한다. 「너로 번성케 하리라」는 이 영원한 언약을 이루려는 확고한 하나님의 주권적 의지가 우리를 향하고 있다는 것을. 아브라함을 향한 지칠 줄 모르는 하나님의 열정이 우리를 향하고 있다는 것을. 하나님은 환경과 능력을 초월하여 우리를 통해 아브라함의 자손이 번성되기를 원한다.

하나님은 우리가 언약의 증표를 가지고 언약에 책임있는 삶을 살도록 요청한다. 아브라함을 찾아오신 하나님은 창세기 17장 9절에서 「너는 내 언약을 지키고 네 후손도 대대로 지키라」고 명령한다. 아브라함과 그 후손이 지킬 영원한 언약은 무엇인가? 그것은 바로 할례이다. 하나님은 모든 남자, 집에서 난 자나 혹은 이방 사람에게서 돈으로 산 자이든 난지 팔일 만에 할례를 행하라고 명령한다. 만약 할례를 받지 않는 자는 백성 중에서 끊어지겠다고 경고한다.

할례 그것은 언약의 표징이다. 왜 하나님은 아브라함에게 할례를 명령했을까? 그것은 아브라함의 불신앙적 태도와 무관하지 않다. 지금까지 하나님은 아브라함을 계속 찾아와 너로 번성케 하고 큰 민족을 이루실 것을 약속했다. 그러나 아브람의 태도는 그 언약에 적극적이지 않았다. 따라서 창세기 15장에서 언약 체결 의식을 통해 맹세했던 하나님은 이제 아브라함에게 그 언약의 표징을 몸에 지닐 것을 요청한다. 이것은 하나님의 백성으로 언약에 충실하게 살라는 것이다. 따라서 할례 그 자체도 중요하지만 그보다 언약에 충실한 책임 있는 삶 그것이 더 중요하다.

그러므로 신명기 10장 16절은 「너희는 마음에 할례를 행하라」고 강조한다. 바울도 강조하기를 「표면적 육신의 할례가 할례가 아니라…할례는 마음에 할지니(롬 2:29)」라고 선언한다. 아브라함의 자손 이스라엘은 언약의 표징 할례의 의미를 이해하지 못했다. 그들은 역사 속에서 언약에 충실한 책임 있는 삶에 관심이 없고 할례를 근거로 그들의 특권과 신분만을 강조하는 형식주의에 빠졌다.

우리는 누구인가? 우리는 예수 그리스도 안에 있는 아브라함의 자손이다. 그렇다면 우리는 어떤 언약의 표징을 가지고 있는가? 그것은 바로 세례이다. 바울은 골로새서 2장 11절에서 13절에 「그리스도 안에서 너희가 손으로 하지 아니한 할례를 받았으니…곧 그리스도의 할례니라. 너희가 세례로 그리스도와 함께 장사한바 되고…믿음으로 말미암아 그 안에서 함께 일으키심을 받았느니라. 또 너희의 범죄와 육체의 무할례로 죽었던 너희를 하나님이 그와 함께 살리셨다」고 선언한다. 세례, 그것은 우리가 언약의 백성임을 증거하는 표시이다. 세례, 그것은 우리가 예수와 함께 죽고 함께 살아 언약에 충실한 하나님의 백성으로 책임 있게 살겠다는 고백이다. 세례, 그것은 죄와 허물로 죽었던 우리의 옛 습관과 죄악된 삶을 잘라내고 새 사람으로 하나님의 언약에 신실하고 충성된 종이 되겠다는 헌신의 고백이다. 우리는 이 삶과 죽음의 고백에 전적으로 헌신하는가? 아니면 그 고백을 잊고 여전히 욕망에 따라 살고 있는가? 하나님은 우리가 언약에 충실하고 책임있는 삶을 살기를 원한다.

제8장
하나님의 공의 (창 18:16~33)

하늘에 계신 우리 아버지여
이름이 거룩히 여김을 받으시오며 나라이 임하옵시며
뜻이 하늘에서 이룬 것 같이 땅에서도 이루어지이다.

이것은 우리 주님께서 가르치신 기도이다. 이 기도는 하늘에서 이루어진 뜻이 땅에서도 이루어지길 원하는 간절한 소망을 담고 있다. 타락한 이 땅에 진정한 하나님의 통치가 실현되길 원하는 것이다. 다른 말로 하면 하나님의 공의가 이 땅에 실현되어 진정한 평화를 이루는 것이다. 이것은 우리의 소망일 뿐 아니라 창조주 하나님의 뜻이다. 그러면 하나님은 이 땅에 공의를 세우기 위해서 무엇을 했는가?

하나님은 이 땅에 공의를 세우기 위해 우리를 선택하여 부르셨다. 그것은 하나님께서 아브라함을 선택하여 부르신 목적에서 발견할 수 있다. 하나님은 계속해서 아브라함을 향한 자신의 계획을 말씀했다. 그것은 아브라함의 씨를 통해 하늘의 별, 바다의 모래알처럼 많은 백성을 형성하는 것이다. 특별히 천하 만민이 그를 인하여 복을 받게 하는 것이다. 왜 하나님은 아브라함의 씨를 통해 큰 민족을 이루려는 것일까? 창세기 18장 19절은 그 이유를 설명한다: 「내가 아브라함을 선택한 것은 그가 그의 자손들과 권속들에게 명령하여 그들이 여호와의 도를 지켜 공의와 정의를 행하도록 한 것이다」. 첫째 선택의 목적은 아브라함의 자손들이 여호와의 도를 지키는 것이다. 「여호와의 도」란 「여호와의 길」을 의미하는 것으로 여호와의 길로 행하는 것이다. 그것은 선택의 목적 둘째인 이 땅에서 공의와 정의 즉 옳고 바른 일을 행하는 것이다. 이에 대한 아브라함의 책임은 그의 후손들이 이 선택의 목적을 행하도록 명령하는 것 즉 그들을 교육하는 것이다.

하나님께서 아브라함을 선택하시어 부른 목적은 현대 아브라함의 자손, 그리스도인들에게 동일하게 적용된다. 이 타락한 세상에서 옳고 바른 일을 행하여 공의와 정의를 세우는 것, 그것이 우리를 부른 하나님의 목적이다. 과연 우리는 이 거룩한 부름에 책임 있게 행동하는가? 혹시 우리 신앙생활의 목적이 공의와 정의와는 무관한 물질적이고 세속적인 복에만 집착해 있지는 않은가? 미가서 6장 8절은 이렇게 도전한다. 「사람아 주께서 선한 것이 무엇임을 네게 보이셨나니 여호와께서 네게 구하시는 것은 오직 정의를 행하며 인자를 사랑하고 겸손히 네 하나님과 함께 행하는 것이 아니냐」. 이것은 미가 시대만이 아니라 오늘날 물질과 향락에 빠져 공의를 상실한 그리스도인을 책망하는 말씀이다. 사실 우리는 정의보다 불의에 익숙하고 인자를 베풀기보다 군림과 억압에 친숙하다. 우리는 옳고 바른 일을 행하기보다 불법과 적절히 타협하며 하나님과 동행하는 것보다 물질과 동행하는 것을 선택한다. 이제 우리는 타락한 문화에서 하나님의 거룩한 부름의 목적으로 시선을 돌려야 한다.

현재 우리는 자녀들이 하나님의 도를 지키고 옳고 바른 길로 가도록 교육하는가? 현재 교육의 문제는 출세 지향적이란 점이다. 모두 자신의 자녀들이 좋은 대학과 좋은 직장을 얻어 안정된 삶을 살도록 하기 위해 교육한다. 마치 교육이 정글에서 살아남기 위한 생존 전쟁 같다. 우리는 이런 출세 지향적 교육이 자녀들의 마음을 공허하게 만들고 자녀들의 인격을 비인간적인 모습으로 만들 수 있다는 점을 상기해야 한다. 불행한 것은 많은 그리스도인들의 자녀교육 목적 또한 하나님의 영광을 운운하지만 실상은 비그리스도인들과 다르지 않다는 것이다. 과연 우리는 자녀 교육의 교재로 무엇을 선택하는가? 디모데후서 3장 16절과 17절은 「모든 성경은…바르게 함과 의로 교육하기에 유익하니 이는 하나님의 사람으로 온전케 하며 모든 선한 일을 행하기에 온전케 하려 함이니라」고 말한다. 성경이 우리 자녀들을 온전케 한다. 그런데 우리가 성경을 자녀 교육의 핵심 교재로 택하지 않는 것은 무엇인가? 혹시 성경은 신앙영역이고 세상 공부는 현실의 영역이라고 생각하기 때문에 그렇지 않는가? 아니면 성경은 우리 삶에 실질적이고 직접적인 유익을 주지 않는다고 생각하기 때문이지는 않는가? 하나님은 우리 자녀들이 어떤 직업을 가진 사람이 되는가에 대한 관심보다 그들이 옳고 바른 일을 행하여 공의와 정의를 행하는데 관심이 있다. 그리스도인은 이런 교육적 책임을 게을리 해서는 안 된다.

하나님은 우리가 자신의 뜻과 계획을 알기 원한다. 하나님은 아브라함이 소돔과 고모라에 대한 자신의 계획을 알렸다. 하나님은 아브라함에게 「내가 행하는 것을 아브라함에게 숨기겠느냐」고 말씀한다. 그 일은 무엇인가? 창세기 18장 20절과 21절은 이렇게 말한다: 「소돔과 고모라에 대한 부르짖음이 크고 그 죄악이 심히 중하니 내가 이제 내려가서 그 모든 행한 것이 과연 내게 들린 부르짖음과 같은지 그렇지 않은지 내가 보고 알려 하노라」. 여기서 「하나님께서 보시기 위해 내려왔다」는 말은 마치 창세기 11장에서 바벨탑을 쌓는 인간들을 보기 위해 하나님이 내려왔다는 표현과 유사하다. 이것은 하나님이 바벨탑을 쌓는 인간들을 심판했듯이 소돔과 고모라를 심판하기 위해 강림했음을 알려준다.

왜 하나님은 소돔과 고모라를 심판하려 하는가? 그것은 「부르짖음」이란 말에서 찾을 수 있다. 「부르짖음」, 그것은 억울하고 부당하게 착취당한 자들이 하늘을 향해 자신의 억울함을 호소하는 행위를 표현한다.[59] 본문은 소돔과 고모라의 구체적인 악행을 언급하지 않는다. 그러나 이 말은 소돔과 고모라에서 인권이 유린되고 억압과 착취가 만연되었음을 드러낸다. 소돔과 고모라 그곳은 하나님의 공의가 실추된 사회였다. 마치 홍수 이전의 상황처럼 죄악이 매우 심해서 하나님의 심판을 피할 수 없는 지경에 도달했다. 따라서 하나님은 소돔과 고모라를 심판하려는 것이다. 하나님은 이 사실을 아브라함이 알기를 원했다.

하나님이 아브라함에게 소돔과 고모라의 죄악상을 알리고 자신의 심판 계획을 알린 것처럼, 오늘날 우리가 이 세대의 죄악상을 알고 이 세대가 하나님의 심판에 놓여 있음을 알기 원한다. 불행히도 우리 사회는 소돔과 고모라와 다르지 않다. 인권의 소중함을 외치지만 여전히 힘의 논리 때문에 인권이 유린당한다. 공존하는 사회를 이루려 노력하지만 부패한 양심과 집단적 이기주의 때문에 많은 사람이 신음한다. 서로를 향한 희생과 격려보다 좀더 많이 차지하려는 욕망 때문에 사회는 무질서하다. 연약하고 소외된 자들이 삶의 희망을 잃고 있다. 우리가 한 가지 기억할 것은 하나님이 심판한 국가나 공동체는

---

59) Allen P. Ross, 350.

동일하게 하나님의 공의를 무시하여 정의를 무너뜨린 자들이었다는 것이다. 그들은 약한 자들을 억압하고 착취하며 생명과 인권을 존중하지 않는 자들이었다. 이런 행위가 바로 하나님의 창조질서를 역행하며 하나님께 도전하는 행위이다. 하나님은 이런 자들을 심판한다.

이런 상황에서 우리가 취할 태도는 무엇인가? 그것은 우리가 아브라함처럼 상한 심령을 가지고 이 땅의 공의와 정의를 위한 중재자로 서는 것이다. 아브라함은 소돔과 고모라에 대한 하나님의 계획을 듣자 곧 하나님께 간청한다. 우리가 주목할 것은 그 간청이 소돔과 고모라를 무조건 멸하지 말라는 간청도, 조카 롯을 구원해 달라는 개인적 기도도 아니었다는 점이다. 아브라함 간청의 핵심은 하나님께서 공의를 행하셔야 한다는 것이다. 하나님의 공의, 그것은 악인을 심판하고 의인을 구원하는 것이다. 따라서 아브라함은 「어떻게 의인과 악인이 함께 죽을 수 있습니까」라고 문제를 제기한다.

이런 문제 제기에 대한 하나님의 대답은 무엇인가? 그것은 소돔에 「의인 오십을 찾으면…용서할 것이며…의인 십 인을 인하여도 멸하지 않겠다」는 것이다. 하나님은 심판보다 용서를 원한다. 하나님은 죄인들이 회개하여 심판에 이르지 않기를 원한다. 의인 열명, 이것은 적은 숫자이지만 하나님은 의인 열명으로도 자신의 공의와 정의를 실현할 수 있다. 문제는 소돔과 고모라는 공의와 정의를 실현 할 의인이 없다는 것이다. 우리는 이 사실을 기억하며 이 세대에 대한 막중한 책임 의식을 가져야 한다. 우리가 행하는 옳고 바른 일, 곧 공의와 정의는 비록 부질없고 미약해 보이지만 그것은 곧 현 사회를 지탱하는 힘이라는 것을 기억해야 한다.

이런 위기 상황에서 아브라함은 하나님께 간청한다. 우리가 아브라함의 간청에서 주목할 점이 있다. 그것은 하나님의 긍휼과 자비에 대한 호소이다. 아브라함은 「주는 노하지 마옵소서」라고 반복하여 기도한다. 하나님의 긍휼과 자비, 그것은 인간의 삶과 죽음을 결정하는 중요한 열쇠이다. 아무리 극한 상황이라도 하나님께서 긍휼을 베푸시면 우리 자신과 가정과 공동체는 생존할 수 있다. 따라서 우리는 하나님의 자비와 긍휼을 붙잡고 죄악으로 가득 찬 이 사회를 위해 탄식하며 기도해야 한다. 우리는 하나님께서 우리를 선택하여 부른 목적을 잊지 말아야 한다. 그것은 우리가 여호와의 도를 지켜 옳고 바른 일을 행하는 것이다. 따라서 우리의 관심은 현 세대에 공의를 행하여 정의로운 사회를 만드는데 있어야 한다. 또한 우리는 현 시대에서 탄식하는 사람들의 소리를 듣고 그들을 위해 기도하며 하나님의 긍휼을 구하는 자들이 되길 원한다.

제9장

공의로운 하나님의 심판 (창 19:1~29)

시편 73편 2절에서 시편 기자는 이렇게 고백한다. 「나는 거의 실족할 뻔 하였고 내 걸음이 미끄러질 뻔 하였나이다」 그는 그 이유를 「내가 악인의 형통함을 보고 오만한 자를 질시하였음이로다」라고 말한다. 우리도 때로 이 세상에서 악한 사람들이 득세하고 또한 잘되는 것을 보면서 과연 하나님은 계신가라는 반문을 하게 된다. 만약 하나님께서 살아계시다면 왜 저런 악한 자들을 내버려 두는가라고 질문한다. 그러나 여전히 하나님은 살아계시다. 살아계신 하나님 그는 공의로우시다. 그는 악인을 심판하고 의인을 심판에서 구원한다.

본문은 소돔과 고모라의 멸망 이야기를 통해 그 사실을 우리에게 분명히 전달한다.

하나님이 소돔과 고모라를 유황과 불로 태워 멸망시킨 이유는 무엇인가? 그것은 창세기 18장 20절의 표현대로, 그들의 죄악이 매우 무겁기 때문이다. 본문은 그 죄악의 구체성을 잘 드러낸다. 우선 소돔 백성들은 더럽고 추악한 자신의 욕망을 채우는데 모두 하나가 되었다. 창세기 19장 4절은 소돔의 사람들이 「무론 노소」하고 사방에서 다 모여 그 집을 에웠다고 기록한다. 그들은 악을 행하는데 어린 소년에서부터 노인에 이르기까지 하나가 되었다. 뿐만 아니라 그들은 악을 행하는데 「강한 집념」을 보인다. 창세기 19장 9절에서 그들은 롯을 밀치며 가까이 나가 문을 부수고 자신의 목적을 성취하려는 집착을 보인다. 그들이 그토록 하나가 되어 강한 집념을 가지고 이루려는 것은 무엇인가? 그것은 더럽고 추악한 동성애적 성적 욕망이었다.[60] 그들은 말한다: 「이 저녁에 네게 온 사람이 어디 있느냐 이끌어 내라 우리가 그들을 상관하리라」. 여기서 「사람」은 「남자들」로 번역해야 한다. 또한 「상관한다」는 말은 기본적으로 「안다」라는 말로 성적관계를 의미한다. 즉 소돔의 남자들은 젊은이나 노인을 무론하고 모두 추악한 성적 욕구를 채우기에 혈안이 되어 있었다. 베드로후서 2장 7절은 이런 소돔 사람들의 행동을 「무법한 자의 음란한 행실」이라고 단정 짓는다. 그들은 하나님의 창조질서를 무시하여 하나님의 공의를 실추시켰을 뿐만 아니라 당시 손님을 환대하던 관습조차도 무시한 추악한 자들이었다.[61]

---

60) 강규성, "교회의 지향점: 하나님의 공의와 정의~창세기 18:16 20:18에 대한 칼빈의 성경 해석 방법의 적용," 「성경과 신학」, 51권(2009), 85~87.

61) 신득일, "소돔의 죄: 동성애적인가? 약자에 대한 냉대인가?" 「성경과 신학」 제48호(2008)7, 36. 그는 창세기 19장에 나타나는 소돔의 죄는 집단 동성애 성폭행의 의미를 담을 뿐 아니라 그 자체가 환대 규율을 깨뜨리는 것이라는 결론을 내렸다.

소돔 사람들의 성적 타락은 사회 정의가 실추된 단면을 보여준다. 소돔은 집단적인 힘을 내세워 자신의 욕구를 충족시키는 추악한 사회였다. 선지자들의 보고에 의하면 소돔은 공공연한 부정, 거짓, 탐욕과 교만, 억압과 착취, 간음과 악행으로 가득한 도시였다.(사 1:9~10; 렘 23:14, 겔 16:49) 하나님은 창조세계에서 공의와 정의가 상실될 때 그 사회와 공동체를 심판한다. 지금 우리는 어떠한가? 우리는 그토록 강한 집념을 갖고 무엇을 이루려 하는가? 불행히도 우리 사회는 성적 타락으로 많은 사람이 신음하며 고통스러워 한다. 가정 공동체가 무너지고 우리의 자녀들이 방황한다. 사람들이 자신의 이익에 혈안이 되어 집단적인 힘을 모으는데 하나가 된다. 자신에게 이익이 된다면 그것이 불의한 것인지 그것이 정의를 훼손하는 것인지 묻지 않는다. 이것이 바로 불행이다. 우리는 누구인가? 우리는 이 땅에서 여호와의 도를 지켜 공의와 정의를 행하기 위해 하나님께서 선택한 사람들이다. 우리의 깊은 의식 속에는 하나님의 말씀이 자리하고 있어야 한다. 우리의 삶은 그 하나님의 말씀을 표현하여 하나님의 거룩함을 드러내야 한다. 우리는 이 타락한 세상에서 빛과 소금으로 좀더 적극적이고 책임 있는 삶을 살아야 한다.

하나님은 누구인가? 그는 공의로운 분이다. 그는 악인과 의인을 함께 멸하지 않는다. 그는 의인을 멸망에서 구원한다. 본문에서 롯과 두 딸은 구원을 얻었다. 그들의 구원은 그들의 의로운 행위 때문이 아니다. 본문은 하나님의 천사들이 롯과 그 아내와 두 딸의 손을 잡아 인도하여 성 밖에 두었다고 말한다. 그것은 하나님께서 롯에게 베푸신 은혜였고 그를 불쌍히 여긴 하나님의 자비였다. 베드로후서 2장 7절과 8절은 「의로운 롯을 건지셨으니 이 의인이 저희 중에 거하여 날마다 불법한 행실을 보고 들음으로 그 의로운 심령을 상하니라」고 기록한다. 이 말씀에 의하면 의인 롯은 상한 심령을 갖고 있었다. 그러나 그의 삶은 소돔에서 영향력을 미치지 못했다. 그것은 몇 가지 사건에서 드러난다. 첫째, 소돔 사람들은 롯의 말을 철저하게 무시한다. 롯은 하나님의 천사들을 상관하겠다는 소돔 사람들에게 「내 형제들아 이런 악을 행치 말라」고 권한다. 그는 대신 두 딸을 대안으로 제안한다. 그러나 소돔 사람들은 롯의 말과 제안을 철저히 무시하고 오히려 「네가 우리의 법관이 되려 한다」고 책망한다. 둘째, 롯의 딸과 정혼한 사위들조차도 롯의 말을 농담으로 여겼다. 롯은 소돔의 멸망 소식을 사위들에게 전달한다: 「여호와께서 이 성을 멸하실 터이니 너희는 일어나 이곳에서 떠나라」. 그러나 성경은 롯의 사위들이 「농담」으로 여겼다고 기록한다. 「농담」, 이것은 비웃음을 말한다. 롯의 선포가 하나의 비웃음으로 취급되었다. 창세기 19장이 보여주는 롯은 타락한 세상에 영향력을 끼치지 못하고 그들의 타락한 죄악 때문에 상한 심령만 갖고 있다. 그럼에도 불구하고 하나님은 그에게 은혜를 베풀고 아브라함을 생각하사 롯을 구원했다.

우리는 이 타락한 세상에서 어떻게 살아야 하는가? 우리는 하나님의 심판의 메시지를 전하여 타락한 이 세대의 사람들이 행실을 고치고 여호와께 돌아오도록 해야 한다. 하나님은 요나에게 하나님의 심판의 메시지를 선포하라고 명령한 것처럼 오늘날 우리에게 이 땅을 향한 하나님의 심판을 전파하라고 명령한다. 성경은 하나님의 심판이 「음행하는 자들과 간음하는 자들(히 13:4)」에게, 「진리를 믿지 않고 불의를 좋아하는 모든 자(벧후 2:12)」에게 있음을 분명히 선언한다. 그리스도의 복음은 구원에 이르게 한다. 그러나 그 복음을 배척하는 자들에게 하나님의 심판이 임한다. 이 복음의 메시지를 분명히 전해야 한다. 때로 우리는 롯처럼 이 세대 사람들에게 비웃음을 당할 수 있다. 또한 우리의 외침이 무시되고 무가치한 것으로 취급될수 있다. 그렇다고 우리는 좌절하거나 포기해서는 안 된다. 세상의 빛인 우리는 적극적으로 복음을 전하고 바르게 삶을 살아 이 세대의 삶의 이정표가 되어야 한다. 세상의 소금으로 세상의 부패를 방지하여 진정한 삶의 기쁨을 공유하도록 해야 한다. 왜냐하면 하나님은 공의로우시기 때문이다. 그는 악인을 심판하고 의인을 구원한다.

우리는 타락한 세상에서 머뭇거리지 말고 속히 하나님의 명령을 따라 행해야 한다. 하나님의 사자들은 하나님의 심판의 긴급성을 외치면서 롯에게 이렇게 명령한다: 「도망하여 생명을 보존하라 돌아보거나 들에 머물지 말고 산으로 도망하여 멸망함을 면하라」. 롯과 두 딸은 간신히 구원을 얻었지만 불행히도 롯의 아내는 소금기둥이 되었다. 그 이유는 무엇인가? 창세기 19장 26절은 그 이유를 「롯의 아내는 뒤를 돌아본 고로 소금 기둥이 되었다」라고 기록한다. 롯의 아내는 하나님의 말씀에 순종치 않았다. 왜 그랬을까? 아마도 롯의 아내는 하나님의 명령보다 타락한 세상에 미련을 둔 것 같다. 그녀는 하나님의 말씀보다 세상의 재물에 대한 안타까운 마음이 더했던 것 같다. 그래서 그것이 그녀로 하여금 뒤를 돌아보게 한 것이다. 누가복음은 예수 그리스도의 재림의 때가 소돔의 심판 때와 같이 긴급하게 임할 것을 말한다. 그러면서 「롯의 처를 생각하라(눅 17:32)」고 경고한다. 우리는 더 이상 썩어 없어질 세상의 것에 집착하여 하나님의 명령을 무시해서는 안된다. 하나님에게로 돌아와 그의 길, 공의와 정의를 행해야 한다.

하나님, 그는 공의로우시다. 하나님은 자신이 계획한 대로 소돔과 고모라와 주변 성들을 유황과 불로 태워 멸하였다. 이것은 하나님 자신이 공의를 드러낸 것이다. 성경은 분명히 장차 다가오는 세대에 공의로운 하나님의 심판이 있을 것을 약속한다. 그날은 소돔과 고모라의 멸망의 날과 같을 것이라 했다. 우리는 이 세대에 하나님의 심판의 임박성을 선포해야 한다. 예수 그리스도의 복음을 전해 죄인들이 하나님에게 돌아오도록 해야 할 사명이 있다. 우리는 공의로

우신 하나님의 뜻에 순종하고 복종하여 이 세대의 의로운 자들이 되어야 한다.

제10장
공의로운 하나님의 개입(창 20:1~18[62])

하나님은 우리의 생각과 경험을 초월하여 일한다. 또한 하나님은 우리 가운데 발생하는 사건과 환경에 직접 관여하는 역사의 주권자이다. 본문은 아브라함이 남방으로 이주하여 그랄에 거했을 때 아내 사라를 누이라 말함으로 발생한 사건이다. 저자는 이 사건을 통해서 무엇을 말하려는 것일까?

본문은 하나님이 우리 삶에 개입하고 또한 죄를 억제하여 공의를 세움을 보여준다. 창세기 20장 2절에서 7절은 아브라함이 아내 사라를 자기 누이라 말하여 생긴 위기 사건이다. 본문의 핵심은 이 사건에 대한 하나님과 아비멜렉의 대화이다. 하나님은 꿈에 아비멜렉에게 나타나 말씀한다: 「네가 이 여자를 데려왔으니 너는 곧 죽는다. 이 여자는 남편이 있는 여자다」. 이때 아비멜렉은 이렇게 대답한다: 「주여 주께서 의로운 백성도 멸하시나이까」. 이것은 소돔과 고모라의 멸망에 대한 아브라함의 질문이었다. 그런데 지금은 아브라함 때문에 위기에 처한 아비멜렉이 동일한 질문을 한다. 아비멜렉은 계속해서 「그가 나에게 이는 내 누이라고 하지 아니하였나이까 그 여인도 그는 내 오라비라 하

62) 학자들은 그동안 창세기 20장을 창세기 12:10~20과 26장과의 관계 속에서 고찰했다. 그러나 필자는 현재 정경의 문맥에서 고찰해야 한다고 본다. 따라서 창세기 20장은 창세기 18장과 19장과 그리고 21장과의 관계에서 고찰해야 한다. 좀더 자세한 논의는 필자의 논문 "교회의 지향점: 하나님의 공의와 정의"를 참고하라.

였사오니 나는 온전한 마음과 깨끗한 손으로 이렇게 하였나이다」라고 말한다. 아비멜렉은 그의 행동의 정당성을 주장하여 의로움을 강조한다. 이에 하나님은 「네가 온전한 마음으로 이렇게 한 줄을 나도 알았으므로 너를 막아 내게 범죄하지 아니하게 하였나니 여인에게 가까이 하지 못하게 함이 이 때문이니라」고 대답한다.

우리는 이 대화에서 중요한 두 가지를 발견한다. 첫째, 우리가 위기를 모면키 위해 취한 옳지 못한 행동이 타인의 생명을 죽음의 위기로 몰 수 있다는 것이다. 아브라함의 행동은 아비멜렉과 그의 백성들을 죽음의 위기로 몰았다. 아브라함은 이 땅에 공의를 세우기 위해 선택된 사람이다. 그런데 그가 지금 공의를 무너뜨리는 상황을 만들었다. 그리스도인은 우리가 선택하고 행한 일들이 타인에게 어떤 영향을 줄 것인가를 깊이 생각하고 행동해야 한다. 또한 그 일이 과연 하나님 앞에서 합당한 것인가를 생각해야 한다. 과연 우리가 취한 선택과 행동이 하나님의 영광이 되는가를 고려해야 한다. 만약 그것이 하나님의 영광이 되지 않는다면 과감히 중단할 수 있는 용기가 있어야 한다.

둘째, 하나님은 무지한 인간이 짓는 죄를 억제하여 그의 공의를 세우신다는 것이다. 아비멜렉의 질문, 「주여 주께서 의로운 백성도 멸하시나이까」, 이 질문은 「아니다」라는 답을 전제로 하고 있다. 소돔과 고모라의 멸망에서 발견할 수 있듯이 하나님은 의로운 백성을 멸망에서 구원한다. 그것이 하나님의 공의이다. 뿐만 아니라 하나님은 알지 못하여 죄를 짓는 것을 억제하여 멸망에 이르는 것을 막는다. 그것은 하나님의 대답, 「네가 온전한 마음으로 이렇게 한 줄을 나도 알았으므로 너를 막아 내게 범죄하지 않게 하였다」에서 찾을 수 있다. 이것은 무지한 백성이 억울하게 죄를 짓는 것을 방지하여 하나님의 공의를 세우는 하나님의 법칙이다. 하나님은 이 땅에 공의를 세우고 질서를 유지하기 위해 역사에 개입한다. 또한 그는 우리 삶의 깊숙한 부분까지 관여한다. 따라서 우리는 늘 삶 속에 개입하는 하나님을 민감하게 의식하여 신중한 삶의 태도를 견지해야 한다.

본문은 우리가 공의를 행하는 하나님 앞에 두렵고 떨림으로 살아야 함을 가르친다. 아브라함은 창세기 19장에서 하나님의 공의를 무시한 소돔과 고모라를 심판하는 하나님을 만났다. 또한 그는 공의로운 하나님의 심판의 참혹상을 보았다. 따라서 그가 취할 태도는 공의를 행하는 하나님을 두려워하는 것이었다. 그러나 창세기 20장에서 아브라함은 하나님보다 그가 처한 상황을 더 두려워했다. 그것은 아브라함의 행위를 책망하는 아비멜렉에 대한 그의 답변 속에서 찾을 수 있다.

> 이곳에서는 하나님을 두려워 함이 없으니 내 아내를 인하여 사람이 나를 죽일까 생각하였다. 또 그는 실로 나의 이복누이로서 내 처가 되었음이니라. 하나님이 나로 내 아비 집을 떠나 두루 다니게 하실 때에 내가 아내에게 말하기를 이후로 우리의 가는 곳 마다 그대는 나를 그대의 오라비라 하라. 이것이 그대가 내게 베풀 은혜라 하였노라(창 20:11~13).

우리는 이 말 속에서 아브라함이 약 25년동안 자신의 생명의 위협을 피하기 위해 거짓 의식으로 살아왔음을 알 수 있다. 그는 상황의 노예가 되어 그 두려움을 극복할 수 없었다. 그는 자신을 부르고 언약하신 하나님을 만나면서도 상황을 초월하여 일하는 하나님을 전적으로 신뢰하지 못했다. 그는 공의의 하나님을 두려워하지 않았다. 우리도 아브라함처럼 살 수 있다. 우리가 늘 하나님과 교제하면서 하나님을 두려워하지 않고 살 수 있다. 예수 그리스도를 믿은 후 수십 년간 신앙생활을 해도 우리는 아브라함처럼 상황논리 아래 거짓 의식으로 살수 있다.

성경은 언제나 「하나님 앞에서 행하라(창 17:1)」, 「여호와를 경외하라(시 34:9)」고 말씀한다. 레위기 19장 14절은 「소경 앞에 장애물을 놓지 말고 네 하나님을 경외하라」고 명령한다. 레위기 25장 17절은 「너희는 서로 속이지 말고 너희의 하나님을 경외하라」고 말한다. 아브라함의 행동은 소경 앞에 장애물을 놓고 속인 경우와 같다. 이것은 하나님을 경외하지 않았기 때문이다. 여호와를 경외한다는 것은 무엇인가? 그것은 기본적으로 여호와를 두려워하는 것이다. 그러나 우리는 여호와를 두려워하지 않는다. 오히려 닥쳐온 상황을 두려워한다. 우리는 그 상황을 권모술수로 모면하며 그것을 현명한 처세술로 알고 체질화 시킨다. 그 처세술이 얼마나 하나님의 공의를 훼손하고, 그것이 타인에게 많은 위협을 주는지 묻지 않는다. 그것은 공의를 행하는 하나님에 대한 두려움이 없기 때문이다. 아비멜렉의 신복들은 하나님의 행하신 일을 듣기만 해도 하나님을 매우 두려워했다. 시편 기자는 말씀하기를 「너희 성도들아 여호와를 경외하라 저를 경외하는 자에게는 부족함이 없도다(시 34:9)」라고 선언한다. 우리는 하나님을 두렵고 떨림으로 섬겨야만 한다.

본문은 공의로운 하나님의 개입이 위기의 상황을 본래의 위치로 되돌렸음을 말해준다. 아브라함이 상황을 모면하기 위해 취한 행동은 두 측면에서 위기를 만들었다. 하나는 사라의 위기이다. 특별히 하나님은 사라가 낳을 아브라함의 씨를 통해 큰 민족을 이루실 계획을 갖고 있다. 따라서 사라의 위기는 곧 약속의 위기이기 때문에 하나님은 친히 개입하였다. 하나님은 아비멜렉으로 하여금 사라를 아브라함에게 돌려보내도록 했다.

다른 하나는 아비멜렉 가문의 위기이다. 그것은 아비멜렉의 죽음과 그 후손의 중단이다. 창세기 20장 18절은 사라의 사건으로 여호와께서 아비멜렉의 집 모든 태를 닫으셨다고 기록한다. 그러나 하나님은 친히 개입하여 아비멜렉의 죽음을 방지했다. 또한 하나님은 아브라함이 기도하게 하여 아비멜렉과 그 아내와 여종을 치료하여 생산케 했다. 더 나아가 창세기 21장 22절에서 34절은 아브라함과 아비멜렉은 더 이상 거짓을 행하여 해를 끼치지 않겠다고 서로 맹세하고 그곳을 「맹세의 우물」이란 의미로 「브엘세바」라고 이름을 지었다. 이제 아브라함과 아비멜렉은 본래의 위치로 돌아갔다.

우리는 여기서 질서와 공의와 평화를 사랑하며 그것을 세우기 위해 일하는 하나님을 본다. 타락한 인간들은 자신의 욕망과 이권을 위해 서로 속이고 속으며 서로 이권을 장악하려고 한다. 그래서 공동체의 질서가 무너지고 평화가 깨진다. 창조주는 자신이 창조한 세계가 무질서하고 서로 갈등과 대립 속에 있기를 원치 않는다. 그래서 그는 역사에 개입하여 일한다. 그는 때로 세상에 사는 하나님의 백성들에게 그 소중한 역할을 맡긴다. 우리가 이 역할을 감당하기 위해 우선적으로 필요한 것이 바로 「정직」이다. 아브라함은 정직하지 않았다. 이 땅에 사는 그리스도인은 「정직」으로 허리띠를 띠고 세상을 섬기기 위한 자로 겸손히 서야 한다. 우리는 세상이 정의가 흐르고 질서와 평화가 있는 곳이 되길 원한다. 그렇게 되기 위해서는 우리가 본래의 자리로 돌아가야 한다. 사라의 자리가 아비멜렉이 아니라 아브라함인 것처럼, 우리는 각각 주어진 자신의 자리로 돌아가야 한다.

하나님은 하늘에만 계시는 분이 아니라 우리 삶 깊숙한 곳까지 개입하시는 분이다. 그는 세상사를 관망만 하시는 분이 아니라 자신이 만드신 세계에 발생하는 불의를 교정하여 정의를 세우는 분이다. 우리가 섬기는 하나님은 공의로우신 분이다. 우리가 그 앞에 취할 태도는 무엇인가? 그것은 정직히 행하는 것이다.

제11장
말씀이 성취될 때 오는 기쁨(창 21:1~7)

우리 사회는 많은 문제를 안고 있다. 심각한 문제 중 하나는 서로에 대한 「신뢰 부족」이다. 개인이든 혹은 단체이든 간에 서로 신뢰하지 못하고 불신 가운데 있다. 더욱이 국가 지도자들에 대한 국민들의 「신뢰」가 많이 무너졌다. 그래서 과연 우리는 누구를 또 무엇을 신뢰하고 살아야 하는지 방향을 잡을 수 없다. 서로에 대한 신뢰 회복, 아마 이것이 우리 사회가 우선적으로 해결해야 할 문제가 아닌가 생각한다.

우리가 섬기는 하나님은 어떠한가? 과연 우리는 그 하나님을 신뢰하는가? 우리의 삶 전체를 하나님에게 맡길 수 있는가? 믿음의 조상이라고 일컫는 아브라함, 그는 하나님의 부름을 받은 후 24년 동안 하나님의 약속을 전적으로 신뢰하지 못했다. 그가 99세가 되었을 때 하나님께서 사라가 아들을 낳을 것이라고 말하자 그는 믿지 않고 웃었다. 다시 하나님이 마므레 상수리 수풀 근처에서 나타나 네 아내 사라에게 아들이 있을 것이라고 말했다. 그러나 사라 또한 비웃었다. 그들은 하나님을 전적으로 신뢰하지 못했다. 사실 우리도 하나님을 믿는다고 하면서 하나님을 전적으로 신뢰하지 못하는 경우가 많다. 어쩌면 우리가 서로 신뢰하지 못하는 것은 당연한 것인지도 모른다. 우리가 전능한 창조주 하나님조차도 전적으로 신뢰하지 못하는데 어떻게 타락하고 부패한 우리 자신과 이웃을 신뢰할 수 있겠는가?

그럼에도 불구하고 성경은 창조주 하나님이 자신의 계획과 약속을 반드시 성취하는 신실한 분임을 천명한다. 창세기 21장 1절과 2절은 이렇게 기록한다.

여호와께서 그 말씀대로 사라를 권고하셨고
여호와께서 그 말씀하신 대로 사라에게 행하셨으므로 사라가 잉태하고
하나님의 말씀하신 기한에 미쳐 늙은 아브라함에게 아들을 낳았다.

본문은 이삭의 출생을 선포하며 그 사건이 「여호와께서 그 말씀대로」 이루
신 사건이라는 것을 강조한다. 좀더 구체적으로 하나님은 자신의 약속을 성취
하기 위해 친히 행동한다. 하나님은 사라를 권고했다. 「권고했다」는 말은 방
문했다는 말이다. 하나님이 자신의 약속을 지키기 위해 늙어 경수가 멈춘 여
인, 사라를 방문해 생명을 창조하는 역사를 일으켰다. 그리고 「말씀하신 기한
에 미쳐」 이삭을 낳게 했다. 분명히 하나님은 창세기 17장 21절과 18장 10절에
서 「내가 명년 이 기한에」, 「기한이 이를 때에 내가 정녕 네게로 돌아오리니」
라고 약속했다. 하나님은 그 약속의 기한에 사라를 찾아와 「그 말씀하신 대로」
이삭을 낳게 함으로 말씀을 성취했다.

여호와는 그가 「말씀하신 대로」 이루신다. 뿐만 아니라 그는 그 말씀 성취를
통해 우리에게 진정한 기쁨을 준다. 사라는 이 놀라운 사건을 경험한 후 이렇
게 고백한다. 「누가 사라가 아들에게 젖을 먹인다고 아브라함에게 말했는가」
그 답은 「아무도 없다」이다. 그런데 사라는 「내가 아들을 낳았다」고 감격의 소
리를 외친다. 이 얼마나 놀라운 감격이겠는가? 하나님의 약속이 있은 지 25년
만에 그 약속의 실체가 드러났다. 그가 전적으로 그 약속을 신뢰하지 못했는
데, 그래서 그 약속을 비웃었는데, 하나님이 그 약속을 성취함으로 사라의 비
웃음을 진정한 웃음, 기쁨의 탄성으로 바꾸었다. 그래서 사라가 고백한다. 「하
나님이 나에게 웃음을 만드시니 듣는 모든 자가 나와 함께 웃을 것이다」. 하나
님은 약속을 성취하여 사라에게 있는 비웃음을 몰아내고 그 안에 진정한 웃음

을 만들었다.

하나님의 약속의 성취를 보는 자는 세상이 줄 수 없는 기쁨과 감격을 누린다. 언약의 백성 유다는 주전 586년에 바벨론에게 멸망당했다. 그들은 약속의 땅을 떠나 바벨론에 포로로 잡혀갔다. 그들의 삶의 중심이었던 성전도 파괴되었다. 절망과 좌절이 그들의 마음을 사로잡고 있었다. 시편 기자는 그 슬픔의 상황을 「우리가 바벨론의 여러 강변 거기 앉아서 시온을 기억하며 울었도다」(시 137:1)라고 기록한다. 그러나 그 절망을 뚫고 그들에게 선포된 희망의 메시지가 있었다. 그것은 선지자 예레미야를 통해 선포된 여호와 하나님의 말씀이었다: 「바벨론에서 칠십 년이 차면 내가 너희를 방문하고 나의 선한 말을 너희에게 실행하여 너희를 이곳으로 돌아오게 하리라(렘 29:10)」 칠십 년이 차면 하나님이 직접 방문하여 그 포로 생활을 청산하고 약속의 땅 가나안으로 돌아오게 하겠다는 약속이었다. 이 약속은 「그 말씀하신 대로」 페르시아의 고레스 시대에 성취되었다. 이 약속의 성취를 경험한 시편 기자는 그 감격을 이렇게 표현한다.

> 여호와께서 시온의 포로를 돌리실 때에 우리가 꿈꾸는 것 같았도다. 그때에 우리 입에는 웃음이 가득하고 우리의 혀에는 찬양이 찼었도다. 열방 중에서 말하기를 여호와께서 저희를 위하여 대사를 행하셨으니 우리가 기쁘도다(시 126:1~3).

하나님 말씀의 성취는 진정한 감격과 기쁨이 무엇인지 알려준다. 역사상 가장 놀라운 약속의 성취는 바로 예수 그리스도께서 이 땅을 방문한 사건이다. 죄와 허물로 죽어 사망 가운데 있는 온 인류를 구원하기 위해 이 땅을 방문한 하나님 예수 그리스도의 출생, 그것은 놀라운 하나님의 약속의 성취였다. 마태는 예수 그리스도 성육신 사건을 이렇게 보고한다: 「이 모든 일의 된 것은 주께서 선지자로 하신 말씀을 이루려 하심이니 가라사대 보라 처녀가 잉태하여 아들을 낳을 것이요, 그 이름을 임마누엘이라 하리라(마 1:22~23)」. 동정녀 마리아가 아들을 낳은 사건 그것은 창조주께서 선지자를 통해서 약속하신 그 말씀을 성취하신 사건이었다고 증언한다.

예수 그리스도의 성육신, 그것은 약속의 성취였다. 예루살렘에 메시야에 대한 약속의 말씀이 성취되기를 기다린 사람이 있었다. 그는 시므온이었다. 그는 성전에서 약속된 메시야 예수를 보고 그를 안고 기쁨으로 하나님을 찬양한다.

> 주재여 이제는 말씀하신 대로 종을 평안히 놓아주시는도다.
> 내 눈이 주의 구원을 보았사오니 이는 만민 앞에 예비하신 것이요
> 이방을 비추는 빛이요 주의 백성 이스라엘의 영광이니이다(눅 2:29~30).

생각해 보라. 그토록 기다리던 약속된 메시야를 만난 순간 시므온의 감격이 어떠했겠는가를. 그것은 정말 이 세상에서 가장 큰 기쁨이요 환희였을 것이다. 예수 그리스도의 성육신, 그것은 말씀의 성취 사건이었고, 그 말씀 성취는 온 백성에게 미칠 큰 기쁨의 좋은 소식이었다. 밤에 양떼를 지키는 목자들에게 천사가 나타나 예수 그리스도의 탄생을 전한다.

> 무서워 말라. 보라 내가 온 백성에게 미칠 큰 기쁨의 좋은 소식을 너희에게 전하노라 오늘날 다윗의 동네에 너희를 위하여 구주가 나셨으니 곧 그리스도 주시니라(눅 2:10).

예수의 탄생, 그것은 사망의 저주 속에 있는 온 인류를 향한 기쁨의 소식이었다. 예수의 탄생, 그것은 인류의 소망이다. 예수 그리스도의 죽음과 부활 또한 우연의 사건이 아니다. 그것은 우리를 구속하기 위해 행한 하나님의 약속의 성취였다. 바울은 예수 그리스도의 죽음과 부활이 어떤 사건인지를 분명히 말한다.

> 성경대로 그리스도께서 우리 죄를 위하여 죽으시고 장사 지낸바 되었다가 성경대로 사흘 만에 다시 살아나사(고전 15:3~4)

예수의 죽음과 부활은 성경에 약속된 대로 이루어진 사건이다. 이것이 바로 복음이다. 역사상 우리에게 주어진 가장 큰 기쁨의 좋은 소식이다. 예수께서 성경의 약속대로 우리 죄를 위하여 죽으시고 장사되었다가 성경의 약속대로 사흘 만에 다시 살아나셨다. 바울은 이 복음을 굳게 지키고 헛되이 믿지 아니하면 구원을 얻는다고 약속했다. 이 약속의 말씀을 굳게 붙들어야 한다.

여호와 하나님을 신뢰하는가? 그는 사망 가운데 있는 우리를 구원하기 위해 약속하신 아들 예수를 이 땅에 보냈다. 또한 예수는 약속대로 우리 죄를 위하여 죽으시고 약속대로 부활했다. 그리고 이 약속의 성취를 믿는 자들에게 구원을 허락하고 세상이 줄 수 없는 평강과 기쁨을 주셨다. 하나님은 말씀을 성취하여 그의 백성에게 진정한 기쁨을 주는 분이다. 아직 우리에게 놀라운 기쁨과 감격의 탄성을 외치며 즐거워할 날이 남아 있다. 그날은 주께서 약속한 주의 재림의 날이다. 그 약속은 성취될 것이다. 또한 이 약속을 신뢰하는 모든 자들에게 세상에서 경험하지 못한 상상할 수 없는 기쁨이 주어질 것이다. 이 약속이 성취되는 날, 그날 우리는 마치 꿈꾸는 것 같을 것이다.

제12장
하나님의 시험 (창 22:1~19)

우리는 종종 「믿음이 좋다」라는 말을 사용한다. 과연 어떤 사람이 믿음이 좋은 사람일까? 교회에 열심히 출석하는 사람인가? 아니면 성경 지식이 풍부한 사람인가? 「믿음이 좋다」, 「믿음이 좋지 않다」는 말은 너무 결정적이고 단편적인 표현 같다. 바울은 「믿음이 자란다(살후 1:3)」는 말을 사용한다. 이것은 우리의 믿음이 지속적으로 성장함을 말한다. 따라서 우리의 믿음은 자라서 성숙해야 한다. 그렇다면 성숙한 믿음은 어떤 것일까? 그것은 상황에 매이지 않고 초월하여 하나님의 말씀에 절대 순종하는 믿음이다. 이 믿음의 진가는 극한 상황에서 나타난다. 하나님은 이 믿음의 진가를 확인하기 위하여 때로 우리를 시험한다.

창세기 22장은 어떻게 아브라함이 하나님의 시험을 통과하는지 잘 보여준다. 또한 어떻게 그가 하나님의 언약의 굳건한 상속자로 서는지 말해준다. 하나님은 아브라함에게 명령을 한다. 「너는 네 아들, 네가 사랑하는 독자 이삭을 취하라. 너는 모리아 땅으로 가라…거기서 그를 번제로 드리라」. 이 명령은 창세기 12장 1절에 기록된 하나님의 명령과 유사한 형식이다. 너는 네 본토 친척 아비의 집을 떠나 내가 보일 땅으로 가라」. 그러나 그 내용은 엄청난 차이가 있다. 창세기 12장 1절은 「약속과 희망」으로 가득 차 있다. 그러나 창세기 22장은 「죽음과 절망」이 기다린다. 창세기 12장에 기록된 명령에 순종하는 것은 「자식의 출생」으로 이끈다. 그러나 창세기 22장에 기록된 명령에 복종하는 것은 그 「자식의 죽음」으로 이끈다.[63]

어떤 사람들은 어떻게 하나님이 사람을 번제로 드리라고 할 수 있는가? 라고 질문한다. 그리고 하나님의 윤리성 문제를 제기한다. 그러나 본문은 이것이 아브라함에 대한 하나님의 시험이라고 규정한다. 따라서 이 명령의 초점은 이삭의 죽음이 아니다. 그것은 아브라함의 순종 여부이다. 하나님이 원하는 것은 제물 이삭이 아니다. 그것은 아브라함이 자신을 경외하는가에 대한 여부이다. 이와 같이 하나님은 그의 백성을 시험한다. 성경은 출애굽한 이스라엘 백성의 광야 생활을 하나님의 시험이었다고 말한다. 그 시험의 목적은 그들이 하나님의 명령을 지키는지 안 지키는지 그 순종 여부를 알기 위함이었다(신 8:2). 사단 또한 우리를 시험한다. 그의 목적은 우리를 파멸로 이끈다. 그러나 하나님의 시험은 우리를 더욱 견고하고 강한 믿음을 소유하도록 한다. 시편 26편 2절은 시험이 우리를 은과 같이 단련한다고 말한다. 하나님은 우리를 시험이란 과정을 통해 극한 상황에서도 하나님의 말씀을 지켜 행하는 믿음의 용사로 만든다. 또한 그는 우리가 하나님을 경외하도록 이끄신다.

그렇다면 우리가 어떻게 하나님의 시험을 통과 할 수 있는가? 그것은 약속의 하나님을 전적으로 신뢰하는 것이다. 창세기 22장에 기록된 아브라함의 모습은 이전 장들에서 묘사된 아브라함의 모습과는 너무 다르다. 앞에서, 하나님은 아브라함에게 자손의 약속을 거듭했다. 그러나 아브라함은 그것을 웃음으로 여겼다. 하나님은 아브라함에게 아들을 약속했다. 그러나 아브라함은 약속의 하나님보다 당대의 관습과 풍습을 의존했다. 그러나 창세기 22장에서 아브라함은 전혀 다른 사람이다. 그는 하나님의 명령에 즉각 행동한다. 하나님이 「아브라함아」 라고 부른다. 그러자 그는 「내가 여기 있습니다」라고 짧고 단호하며 자신 있게 대답한다. 이것은 아브라함이 하나님의 명령을 받아 실행할

---

63) T. Mann, 103.

준비가 되었음을 말한다. 뿐만 아니라 아브라함은 「너는 네 아들, 네가 사랑하는 독자 이삭을 취하여 모리아 산으로 가서 그를 번제로 드리라」는 하나님의 명령에 조금도 지체하지 않는다. 그는 곧 행동한다. 그는 아침 일찍 일어나 하나님이 지시한 곳으로 출발한다.

더욱 우리가 주목할 것은 이삭과 아브라함의 대화이다. 이 대화는 하나님에 대한 아브라함의 믿음을 잘 표현한다. 이삭의 질문이다: 「불과 나무는 있는데 번제 할 양은 어디에 있습니까」. 이 질문은 아브라함에게 번제 할 양이 없음을 상기시킨다. 아브라함이 대답한다: 「아들아 번제 할 어린 양은 하나님이 자기를 위하여 친히 준비하실 것이다」. 사람들은 이 말을 아브라함이 어쩔 수 없이 상황을 모면하기 위해 한 것으로 생각할 수 있다. 그러나 이 말은 어쩔 수 없이 상황을 모면하거나 이삭을 달래기 위한 말이 아니다. 이것은 하나님에 대한 아브라함의 분명한 믿음을 반영한다. 특별히 우리는 히브리어 본문의 어순을 주목할 필요가 있다. 본문은 「하나님이 보이실 것이다 번제를 위한 양을 내 아들아」라는 순으로 되어 있다. 여기서 강조점은 「하나님이 보이실 것이다」 즉 「하나님이 준비하실 것이다」이다. 이 고백은 하나님께서 행동하실 것에 대한 아브라함의 전적인 신뢰를 담고 있다.

아브라함의 이런 전적 신뢰는 고백으로 멈추지 않고 행동으로 나타난다. 아브라함은 단을 쌓는다. 이삭을 결박한다. 그를 단 위에 올려 놓는다. 최종적으로 칼을 들어 아들을 잡으려 한다. 이것은 어쩔 수 없어 마지못해 하는 행동이 아니다. 이것은 아브라함이 전적으로 하나님을 신뢰하고 믿음으로 결단하는 순간이다. 아브라함이 전적으로 하나님을 신뢰하고 행동하는 순간 「아브라함아 아브라함아」하고 여호와의 사자가 긴급하게 부른다. 아브라함은 「내가 여기 있나이다」라고 대답한다. 아브라함은 무슨 말을 하든지 듣고 순종하겠다는 자세이다. 이때 들린 음성은 「그 아이에게 손을 대지 말라…아무 일도 그에게 하지 말라…네가 하나님을 경외하는 줄을 아노라」이다.

히브리서는 이런 아브라함의 행동을 믿음의 행위로 규정한다. 「아브라함은 시험을 받을 때에 믿음으로 이삭을 드렸으니……저가 하나님이 능히 죽은 자 가운데서 다시 살리실 줄로 생각한지라(히11:19)」. 아브라함은 이삭이 「약속의 씨」라는 하나님의 언약을 믿었다. 또한 그는 불임의 여인 사라에게서 이삭을 출생케 하는 하나님의 능력을 체험했다. 따라서 그는 죽은 자를 다시 살리는 하나님의 행동을 전적으로 신뢰한 것이다. 이런 믿음이 아브라함으로 하여금 용기 있는 행동을 하도록 한 것이다.

하나님은 아브라함의 이런 믿음의 행동을 보았다. 그가 아무리 절박한 상황에서도 그 명령을 지켜 행한다는 것, 아브라함이 자신을 경외한다는 것을 분명히 확인했다. 따라서 하나님은 이런 아브라함의 믿음을 헛되게 하지 않았다. 하나님은 아브라함의 믿음대로 「수양을 친히 준비」하여 그 믿음대로 번제를 드리게 했다. 아브라함은 이 놀라운 역사의 현장을 기념하기 위해 「여호와 이레」라고 이름을 지었다. 바로 이곳은 후대에 희생과 하나님의 자비가 나타나는 성전 예루살렘의 성전의 자리[64]가 되었다(대하 3:1).

우리에게 필요한 것이 바로 이것이다. 우리가 하나님의 시험에서 실패하지 않고 굳건하게 믿음으로 설수 있는 것은 하나님에 대한 전적인 신뢰이다. 지금도 살아계셔서 역사하는 하나님을 믿는 것이다. 그리고 그의 명령을 따라 행하는 것이다. 하나님은 이런 믿음의 사람들을 결코 실망시키지 않는다. 혹시 우리가 현재 이성적으로 이해할 수 없고 견딜 수 없는 어려움 중에 있는가?

---

64) 강규성, "솔로몬의 성전 건축", 「역대하 어떻게 설교 할 것인가」, (서울: 두란노아카데미, 2009), 123~137.

아브라함처럼 하나님을 전적으로 신뢰하라. 그러면 하나님이 우리를 위해 행동한다.

하나님은 순종의 사람들에게 놀라운 약속을 한다. 하나님은 시험을 통과한 아브라함에게 두 가지를 약속한다. 하나는 「내가 네게 큰 복을 주고 네 씨로 크게 번성하여 하늘의 별과 같고 바닷가의 모래와 같게 할 것이다」. 다른 하나는 「네 씨로 말미암아 천하 만민이 복을 얻을 것이다」이다. 하나님은 아브라함에게 약속한 것을 재확인시켜 준다. 하나님은 믿음의 사람들이 하나님의 약속을 기억하고 살기를 원한다.

창세기 22장 19절은 「아브라함이 그 사환에게로 돌아와서 함께 떠나 브엘세바에 이르러 거기 거하였다」고 기록한다. 브엘세바로 귀환하는 아브라함과 이삭의 발걸음은 매우 가벼웠을 것이다. 그 마음은 하늘을 나는 것 같았을 것이다. 하나님에게 인정 받은 자의 얼굴은 해와 같이 밝은 미소로 가득 찼을 것이다. 우리에게도 하나님의 시험은 다가온다. 아브라함과 같이 죽음의 결단을 필요로 하는 시험이 또는 욥과 같이 견딜 수 없는 육체적 고통의 시험이 다가올 수 있다. 이 때 우리는 당황하거나 주저하지 말고 살아 역사하는 하나님을 전적으로 신뢰하고 믿음의 용기 있는 행동을 할 수 있어야 한다. 하나님은 그런 자들을 위하여 행동하고 그들에게 복을 허락한다.

제13장
사라의 죽음, 그것은 새로운 시작 (창 23:1~20)

인간의 최종적 한계는 죽음이다. 현대 사회는 이 죽음의 한계를 극복하기 위해 많은 노력을 했다. 그러나 그 한계를 극복하지 못했다. 우리는 각자 땅에서 사는 시간의 정도 차이만 있을 뿐이지 우리는 모두 땅에 묻힌다. 그렇다고 죽음이 곧 삶의 종결을 의미하지 않는다. 성경은 그리스도 안에 있는 자들에게 영생 즉 영원한 삶을 가르친다. 따라서 그리스도 안에 있는 우리의 죽음은 영원한 삶으로 가는 하나의 관문이다. 그것은 새로운 시작이다.

창세기 23장은 사라가 죽어 아브라함이 애통하는 이야기로 시작한다. 그리고 사라가 가나안 땅 막벨라 굴에 장사되었다는 이야기로 마감한다. 저자는 사라의 죽음과 그 장지를 구입하는 이야기를 통해 우리에게 무엇을 말하려는 것일까? 그것은 우리에게 「더 나은 본향」에 대해 말해 준다. 사라 그는 약속의 사람이다. 하나님은 그가 낳은 아들을 통해서 큰 민족을 이루겠다고 약속했다. 또한 가나안 땅을 주겠다고 했다. 그러나 사라는 그 약속이 온전히 성취되기도 전에 127세의 나이로 죽는다. 이런 사라의 죽음에 대해 히브리서 11장 13절은 이렇게 말한다.

> 믿음을 따라 죽었으며 약속을 받지 못하였으되 그것들을 멀리서 보고 환영하며 또 땅에서는 외국인과 나그네로 증거하였다.

히브리서의 증언을 근거할 때 사라는 이 땅에서 믿음으로 산 나그네였다.

「이 땅에 사는 나그네」 그것은 아브라함의 고백에도 나타난다. 아브라함이 헷족속에게 말한다: 「나는 당신들 중에 나그네요 우거한 자이다」. 히브리어 본문은 「우거하는 나그네」를 문장 처음에 두어 강조한다. 「우거하는 나그네」란 표현은 「중언법으로 '장기 체류자'를 의미하는데, 법적으로 토지를 소유하지 않으며 땅을 살 권리가 없는 이방인(나그네)을 가리킨다」[65]. 이것은 다시 돌아갈 곳이 있는 자들을 가리키는 말이다. 과연 그곳은 어디인가? 아브라함의 고향, 그의 친족이 있는 곳, 메소포타미아인가? 본문은 아브라함이 생각하는 곳이 그곳이 아님을 말한다. 본문은 사라의 매장지로 「가나안 땅」을 강조한다. 어떤 학자는 이것을 주목하고 아브라함의 행동은 당시 근동의 장래 풍습과 다르다고 말한다. 일반적으로 고대 근동은 고향에 있는 가족 구성원들이 있는 곳에 장사한다. 그러나 아브라함은 그 관습을 따르지 않는다. 그는 사라를 「가나안 땅」에 묻는다. 히브리서는 이런 아브라함의 행동에 대해 이렇게 말한다

> 외국인과 나그네라고 말하는 자들은 본향 찾음을 나타냄이라. 저희가 나온 바 본향을 생각했다면 돌아갈 기회가 있었겠지만 저희가 이제는 더 나은 본향을 사모하니 곧 하늘에 있는 것이라(히 11:15~16).

성경은 분명히 사라와 아브라함에게 「더 나은 본향」이 있었다고 말한다. 그 「더 나은 본향」은 어디인가? 그곳은 바로 「하늘에 있는 것」이라고 기록한다. 아브라함과 사라에게 가나안은 약속의 땅이지만 그들에게 그곳은 영원한 정착지가 아니다. 그곳은 잠시 나그네로 거처한 곳에 불과했다. 그들이 궁극적

---

65) B.K. Waltke, *Genesis*, 317-18.

으로 돌아갈 곳은 하나님이 그들을 위해 예비한 하늘의 도성 영원한 하나님 나라였다.

우리는 또한 이 땅에서 믿음으로 사는 나그네들이다. 베드로는 그의 편지에서 하나님의 택함을 받은 그리스도인들을 「흩어진 나그네(벧전 1:1)」라고 말한다. 하나님은 이 땅에서 우리의 삶을 마감시킬 것이다. 그때 우리는 사라처럼 땅에 매장될 것이다. 그러나 그것은 끝이 아니다. 그것은 영원한 하나님의 도성 우리의 본향으로 돌아가기 위한 출발이다. 그 본향 그 하나님의 도성에서 우리는 진정한 하나님의 백성이 되어 하나님과 함께 살 것이다. 그 때 하나님은 우리의 눈물을 씻길 것이다. 그 때 우리는 하나님의 아들로, 유업을 받을 상속자로 설 것이다(계 21:3~4).

사라의 죽음, 그것은 하나님의 약속을 성취하는 새로운 시작이다. 그것은 사라의 죽음 때문에 매장지를 구입하는 아브라함의 행동에서 잘 드러난다. 창세기 23장 3절에서 18절은 아브라함이 사라의 매장지를 구하기 위해 헷 족속과 벌이는 협상이다. 협상은 당대 법적인 모든 요소를 갖춘 합법적 협상이었다. 협상은 세 번에 걸쳐 아브라함이 어떻게 「가나안 땅 막벨라 굴」을 구입하게 되는지 잘 보여준다.

첫번째 협상에서 아브라함은 헷 족속에게 「나에게 매장지를 주시오」라고 말한다. 그러자 헷 족속은 「당신은 우리 중 하나님의 방백이시니 우리 묘실 중에서 좋은 것을 택하여 죽은 자를 장사하소서」라고 대답한다. 여기서 우리는 헷 족속에게 아브라함이 어떻게 인식되고 있는지를 알 수 있다. 「하나님의 방백」이란 「하나님의 지도자」란 의미이다. 이것은 아브라함이 헷 족속 가운데 상당한 위치와 영향력을 가지고 있음을 보여준다.

그럼에도 불구하고 아브라함은 두번째 협상에서 「일어나 몸을 굽히며」 헷 족속에게 말한다. 이번에는 좀더 구체적으로 「막벨라 굴을 내게 주게 하되 대가를 받고 그 굴을 내게 주어…내 소유 매장지가 되게 하라」고 요청한다. 아브라함은 무례히 행동하지 않고 정중함과 예의를 갖추어 협상에 임한다. 그러자 땅의 주인 에브론은 이렇게 말한다. 「내 그 밭을 당신께 드리고 그 속의 굴도 내가 당신께 드리오니…당신의 죽은 자를 장사하소서」 에브론은 아브라함에게 대가를 요구하지 않는다. 그러나 아브라함은 세 번째 협상에서 「내가 그 밭값을 당신에게 주리니 당신은 내게서 받으시오」라고 합법적인 구입을 요청한다. 그러자 에브론은 「땅 값은 은 사백 세겔이니 그것이 나와 당신 사이에 무슨 문제가 되겠습니까」라고 말한다. 그래서 아브라함은 은 사백 세겔을 주고 그 땅을 합법적으로 사서 자신의 소유로 삼고 그곳에 사라를 장사했다.

학자들은 은 사백 세겔은 당대의 시가보다 훨씬 많은 비용이라고 말한다.[66] 그렇다면 아브라함이 많은 돈을 지불하며 그 땅을 사려고 한 이유는 무엇일까? 그것은 아브라함이 단순히 매장지를 구입하려 한 것만은 아니다. 그것은 하나님의 약속한 땅을 법적으로 소유하여 다가오는 미래를 준비하려는 것이다. 창세기 15장에서 하나님은 약속했다: 「네 자손이 이방에서 객이 되어 그들을 섬기겠고 …네 자손이 사대 만에 이 땅으로 돌아오리니」 아브라함은 이 약속을 믿었다. 장차 만들어질 이스라엘이 약속의 땅 가나안으로 돌아 올 수 있는 법적인 토대를 준비하고 있는 것이다. 그래서 그의 후손들이 그 약속의 땅과 관계가 끊기지 않도록 그 토대를 마련하는 것이다. 그들이 하나님의 약속의 자리로 돌아오도록 하는 준비이다. 따라서 사라의 죽음은 종결이 아니라

---

66) Gordon J. Wenham, *Genesis 16–50*, 128; Alter, *The Five Booksof Moses*(New York: W.W. No ton, 2004), 116. 그는 에브론이 「싸데」 대신에 「에레즈」를 사용한 것은 거대한 돈에 대한 수사적 경감조치라고 본다.

약속의 후손들을 위한 새로운 시작이었다.

　이것은 우리에게 중요한 교훈을 준다. 그것은 우리의 세대가 종결되기 전에 우리는 후손들이 약속의 사람들로 그 맥을 유지하며 살도록 그리고 그 약속의 자리를 기억할 수 있도록 토대를 마련해야 한다는 것이다. 세속적인 사람들은 자신의 후손들에게 명예와 높은 사회적 지위와 많은 물질을 남기려 한다. 그러나 그것은 우리의 후손들을 부패케 하는 요소로 작용할 수도 있다. 또한 그것들이 우리 후손들의 미래를 보장하지 않는다. 우리는 세속적 가치로부터 구별된 하나님의 백성들이다. 거룩한 하나님의 사람들은 그들의 후손이 하나님의 언약에서 떠나지 않고 그 약속을 붙잡고 살수 있는 토대를 남긴다. 그래서 그들의 후손들의 미래를 준비한다. 우리는 모두 죽는다. 그러나 그것은 우리의 후손들에게는 새로운 출발이다. 우리는 그들을 위해 무엇을 준비해야 하는가? 우리는 우리의 후손들이 믿음의 사람으로 살아가도록 하기 위해 무엇을 준비하는가?

제14장

이삭의 결혼 하나님의 인도(창 24:1~67)

내 인생 여정 끝내어 강 건너 언덕 이를 때 하늘 문 향해 말하리
예수 인도하셨네 매일 발걸음마다 예수 인도하셨네
나의 무거운 죄 짐을 모두 벗고 하는 말 예수 인도하셨네

이 복음송의 가사대로 우리가 남긴 인생의 발자국에는 하나님의 인도라는

마크가 찍혀 있다. 우리를 구속한 하나님은 우리를 인도하여 자신의 목적하신 곳까지 이르도록 한다(출 3:7~8). 이런 하나님의 인도가 구체적으로 잘 드러난 곳이 바로 창세기 24장 이삭의 결혼 장면이다. 창세기에서 가장 긴 구절을 가진 이삭의 결혼 장면은 우리에게 무엇을 말하려는 것일까?

그것은 하나님의 백성은 하나님의 약속이 다음 세대에까지 지속되도록 해야 할 책임이 있다는 것이다. 창세기 24장 1절에서 9절은 아브라함이 그의 늙은 종에게 자신의 환도뼈 밑에 손을 넣고 맹세를 요청하는 장면으로 시작한다. 그리고 그 요청대로 환도뼈 밑에 손을 넣고 맹세하는 장면으로 마감한다. 그 맹세의 내용은 무엇인가? 그것은 이삭의 아내를 가나안 족속에게서 택하지 말고 내 고향 내 족속에게서 택하라는 것이다. 특별히 우리가 주목할 것은 「여자가 이곳으로 오지 않는다면 내가 주인의 아들을 그 땅으로 인도하여 돌아가리이까」라는 종의 질문에 대한 아브라함의 대답이다. 아브라함은 「내 아들을 데리고 그리로 가지 말라」라고 말하면서 다음과 같이 말한다.

> 하늘의 하나님 여호와께서……내게 말씀하시며 내게 맹세하여 이르시기를 이 땅을 네 씨에게 주리라 하셨으니 그가 그 사자를 네 앞서 보내실지라……만일 여자가 너를 따라 오고자 아니하면 나의 이 맹세와 너와 상관이 없나니(창 24:7~8).

아브라함은 땅에 대한 하나님의 약속을 분명히 신뢰하고 있다. 또한 그는 그 언약이 다음 세대에 지속되도록 해야 할 책임을 느끼고 있다. 그는 맹세라는 형식을 통해 언약의 상속자 이삭의 아내를 택함에 있어서 하나님의 신실한 인도를 확신하고 있다.

이스라엘은 혈연 공동체가 아니라 언약 공동체이다. 교회 또한 예수 그리스도께서 그의 피로 값 주고 사신 언약 공동체이다. 우리는 언약 공동체의 한 구성원으로 하나님의 약속이 우리 자손들에게 이어지도록 해야 할 책임이 있다. 사사기 2장 10절은 「그 후에 일어난 다른 세대는 여호와를 알지 못하며 여호와께서 이스라엘을 위하여 행하신 일도 알지 못하였다」고 기록한다. 이스라엘은 하나님의 약속대로 가나안 땅을 정복했지만 그들은 차세대를 위한 언약의 책임을 인식하지 못하고 교육하지 못했기 때문에 온 이스라엘은 가나안 땅에서 바알과 아스다롯을 섬기는 언약 파기자로 전락하고 말았다. 그래서 그들은 하나님의 심판 아래 심한 고통 속에 살아야 했다. 하나님의 약속이 다음 세대에까지 지속되도록 하는데 아주 중요한 것이 바로 자녀들의 결혼이다. 결혼은 사랑하는 남자와 여자가 만나 한 가정을 이루는 하나의 사건이 아니다. 적어도 그리스도인에게 있어서 결혼은 「생육하고 번성하여 땅에 충만 하라」는 하나님의 거룩한 사명을 실현할 공동체를 형성하는 아주 중요한 사건이다. 뿐만 아니라 우리에게 주어진 하나님의 약속을 이어 받을 공동체가 탄생하는 매우 소중한 일이다. 따라서 아브라함이 이삭의 아내를 혼탁한 가나안 족속에게서 찾지 않고 자신의 족속에게서 찾으려 한 것처럼 우리는 배우자를 선택하고 결혼하는 일에 매우 신중해야 한다. 잘못된 결혼이 언약을 파기하여 믿음의 지속성이 중단될 수 있기 때문이다.

이삭의 결혼 이야기는 우리 삶의 배후에서 일하는 하나님을 신뢰하고 그의 인도를 구해야 함을 알려준다. 창세기 24장 7절에서 아브라함은 「그가 그 사자를 네 앞서 보내실찌라」고 말하면서 하나님의 인도를 확신한다. 하나님의 인도에 대한 확신은 이 엄중한 사명을 수행하는 신실한 종의 기도에서도 발견할 수 있다. 아브라함의 종은 여호와 하나님의 인도를 구한다. 좀더 그는 구체적으로 물 항아리의 물을 요청할 때 약대에게까지 물을 마시게 하는 자를 하나님께서 정하신 자로 알겠다고 기도한다. 이런 모습은 아브라함의 종이 구체적인 하나님의 인도를 요청하고 있음을 알려준다. 또한 그는 기도만 했을 뿐 아니라 구체적으로 하나님의 인도하심을 알려고 노력했다. 아브라함의 종이 기도를 마치기도 전에 「심히 아름답고 남자를 가까이 하지 아니한 처녀」 리브가가 물 항아리를 메고 왔다. 창세기 24장 21절은 아브라함의 종이 리브가에게 물 항아리의 물을 요청한 후 「그를 묵묵히 주목하며 여호와께서 과연 평탄한 길을 주신 여부를 알고자 했다」고 기록한다. 아브라함의 종은 하나님의 인도를 기도했을 뿐 아니라 그 앞에서 발생하는 사건 속에서 하나님의 인도하심을 알고자 했다. 그 사건 속에서 하나님의 인도를 확인하자 그는 하나님께 「여호와께서 길에서 나를 인도하셨다」고 찬송한다.

우리가 예배하는 하나님은 우리 삶을 인도한다. 출애굽기 3장 7절과 8절에서 하나님은 이집트에 노예로 있는 이스라엘 민족을 구원할 것을 천명하며 다음과 같이 말씀한다.

> 내가……내 백성의 고통을……보고……부르짖음을 듣고 그 우고를 알고 내가 내려와서 그들을……건져내고 그들을……인도하여 아름답고 광대한 땅에……이르려 하노라.

우리가 믿는 하나님은 하늘에서 우리를 바라만 보시는 분이 아니다. 그는 이 땅에서 내려와서 고통 받는 그의 백성을 구원하고 그 목적지까지 인도하는 분이다. 따라서 그 하나님은 지금도 우리 삶의 배후에서 일하며 우리를 인도한다. 우리는 삶 속에서 하나님의 인도를 구하며 성령의 인도함에 민감하게 반응하며 살아야 한다.

이삭의 결혼 이야기는 우리가 경험한 하나님의 인도를 주변인들과 함께 나눔으로 그들이 하나님의 뜻에 동참하도록 해야 함을 알려준다. 아브라함의 종의 사명은 언약의 상속자 이삭의 아내를 선택하는 것이다. 그는 엄중한 맹세로 약속한 이 거룩한 사역을 완성하기 위해 하나님의 인도를 구했다. 그는 하나님의 인도를 확신한 후 환대하는 라반에게 그 사실을 통보한다. 창세기 24장 28절에서 60절의 긴 이야기는 아브라함의 종이 라반과 그의 가족에게 이삭의 아내를 선택하기 위한 하나님의 인도하심을 설명하면서 리브가를 이삭의 아내로 설명하는 내용이다. 이 내용의 핵심은 아브라함이 이삭의 아내를 가나안 족속의 딸 중에서 택하지 말고 내 아비의 집에서 선택하라고 명한 것과 이 뜻을 이루기 위해 아브라함과 자신이 하나님께 인도를 구했다는 것이다. 그 결과 「여호와께서 나를 바른 길로 인도하사 나의 주인의 동생의 딸을 그 아들을 위하여 택하게 하셨음으로 자신이 하나님께 경배하고 찬송했다」는 것이다. 참으로 놀라운 것은 아브라함의 요청에 대한 라반과 브두엘의 대답이다. 「이 일이 여호와께로 말미암았으니 우리는 가부를 말할 수 없노라. 리브가가 그대 앞에 있으니 데리고 가서 여호와의 명대로 그로 그대의 주인의 아들의 아내가 되게 하라」. 라반과 브두엘은 하나님이 아브라함의 종을 인도한 이야기를 듣고, 이 일은 하나님이 명하신 일로 알고 그 뜻에 순종한다. 뿐만 아니라 그들은 리브가를 보내며 「우리 누이여 너는 천만인의 어미가 될 찌어다 네 씨로 그 원수의 성문을 얻게 할찌어다」라고 축복한다. 아브라함의 종의 간증은 리브가로 하여금 하나님의 뜻에 순종하여 언약 백성이 되게 했을 뿐 아니라 라반과 브두엘 또한 하나님의 뜻을 이루는데 동참하게 했다. 여기에 하나님의 놀라운 섭리가 담겨 있다.

하나님은 우리 삶의 배후에서 일한다. 그 하나님은 지금도 우리를 인도한다. 우리는 하나님께서 그의 인자하심과 성실하심으로 우리를 인도한 삶의 이야기를 어떻게 활용하는가? 우리 삶 속에 함께 계시며 우리를 인도하는 하나님의 일하심에 대해 우리는 주변인들과 함께 나누어야 할 필요성이 있다. 하나님은 자신의 일하심과 인도하심에 대한 우리의 고백을 통해 이 땅에 있는 많은 사람들이 하나님의 뜻 안으로 들어오기를 원한다. 우리 삶의 배후에서 일하시는 하나님의 섭리를 선포함으로 믿지 않는 자들이 주께로 오도록 해야 한다. 아브라함 언약의 상속자 이삭의 아내를 선택하기 위한 하나님의 섭리는 아주 세밀하다. 하나님은 자신의 뜻을 성취하기 위해 아브라함의 종의 발 걸음을 인도했다. 그 하나님은 현재 우리의 발걸음을 인도한다. 우리가 지나온 발걸음을 자세히 보면 그곳에 하나님의 인도가 있다.

제 IV 부
이삭에서 야곱에게로

- 창 25:19~36:43에 대한 성경신학적 묵상 -

하나님은 야곱을 이삭의 뒤를 잇는 언약의 상속자로 선택했다.
이런 하나님의 뜻은 여러 단계를 거쳐 벧엘에서 하신 하나님의 약속을 통해 확고하게 된다.

하나님은 「섬김을 받을 자」 야곱을 「섬기는 자」의 자리에 두어
그를 훈련하시고 그의 자손과 가축을 번성하게 하셨다.

하나님은 야곱을 이스라엘로 바꾸시고 에서와 화해를 이루셨다.

야곱 가족은 세겜에서 딸 디나의 사건 때문에 세겜의 통혼 제안으로 위기를 경험하고
할례를 이용해 세겜 사람들을 살해함으로 위기에 처한다.

하나님은 야곱에게 벧엘로 돌아가라고 명령하고 야곱은 순종하여 벧엘에 이르러
단을 쌓으므로 본래 자신의 자리로 돌아온다.

제1장
하나님의 주권적 선택(창 25:19~26)

  본문은 이삭이 40세에 리브가를 아내로 삼았다는 보고로 시작하고 야곱과 에서를 낳을 때 이삭의 나이가 60세라고 보고함으로 마감한다. 따라서 본문은 어떻게 이삭과 리브가가 에서와 야곱을 낳는지에 대한 설명이다. 저자는 결혼 후 20년 동안 자손이 없던 이삭에게 쌍둥이를 주는 이야기를 통해서 우리에게 중요한 메시지를 전달하려고 한다. 그 메시지는 무엇인가?

  그것은 언약 자손의 계승은 하나님의 초자연적인 창조 행위를 통해서 이루어진다는 것이다. 창세기 25장 19절은 이렇게 시작한다. 「아브라함의 아들 이삭의 후예는 이러하니라. 아브라함이 이삭을 낳았다」. 이 문장은 우리에게 매우 중요한 사실을 알려준다. 아브라함에게는 이스마엘과 이삭이 있다. 그러나 이 문장은 아브라함 언약의 계승자가 바로 이삭이라는 점을 분명히 한다. 특별히 한글개역성경에 「후예」로 번역된 히브리어 「톨르돗」은 「이야기」, 「기사」, 「역사」, 「세대」라는 다양한 의미를 가진다. 그러나 이 문장은 저자가 이제부터 아브라함 언약의 계승인 이삭의 이야기 혹은 이삭에 관한 기사를 시작하겠다는 의도를 담고 있다. 아브라함의 시대는 마감되고 이제 그의 아들 이삭의 시대가 열린 것이다.

  믿음의 조상 아브라함의 뒤를 이어 새 역사를 시작하는 이삭 기사는 하나님께 간구하는 장면으로 시작한다. 창세기 25장 21절은 「간구」했다는 말을 두번 사용하여 강조한다. 특별히 「간구」를 의미하는 히브리어 「아탈」은 모세가 중재자로서 하나님께 이집트에 내린 재앙을 멈추어 달라고 간청한 기도를 표현한다.[67] 이것은 이삭이 얼마나 애타게 하나님께 간구한지를 보여준다. 이삭이 하나님에게 간절한 기도를 한 이유는 무엇인가? 그것은 리브가의 불임 때문이다. 불임, 그것은 언약 자손이 하늘의 별처럼 바다의 모래처럼 많아지게 하겠다는 하나님의 약속의 위기이다. 이삭 자손의 중단 위기이다. 그러나 이삭의 행동은 아브라함과 사라의 행동을 따르지 않는다. 아브라함의 이야기도 사라의 불임으로 시작한다. 그러나 그들은 이 불임의 문제를 당대의 관습으로 문제를 해결하려고 했다. 그래서 그들은 엘리에셀을 상속자로 삼으려 했고, 또한 하갈을 통해서 자손을 얻으려 했다. 그러나 이삭은 관습에 지배되어 행동하지 않는다. 그는 창조주 하나님께 자신의 문제 해결을 위해 강한 집착을 가지고 하나님께 간청한다. 그 결과 창세기 25장 21절 하반절은 「여호와께서 그 간구를 들으셨으므로 그 아내 리브가가 잉태하였다」고 기록한다.

이 장면에서 우리는 두 가지 중요한 사실을 발견한다. 하나는 하나님은 자신의 언약을 이룰 그의 백성들을 초자연적인 능력으로 창조한다는 것이다. 사라의 불임과 이삭의 출생, 그것은 자연적 한계를 뛰어 넘어 새로운 생명을 창조하는 하나님의 놀라운 능력을 보여준다. 불임의 여인 리브가의 임신, 그것은 불가능한 자연적 질서를 역전시키는 하나님의 초월적 창조 행위이다. 사실 우리가 예수 안에서 아브라함의 자손이 된 것 또한 하나님의 창조 행위에서 비롯되었다. 에베소서 2장 1절에서 바울은 「너희의 죄와 허물로 죽었던 너희를 살리셨도다」라고 선언한다. 뿐만 아니라 고린도후서 5장 17절 「그런즉 누구든지 그리스도 안에 있으면 새로운 피조물이라」라고 선포한다. 이 두 구절은 하나님이 우리를 아브라함 언약의 자손이 되게 하기 위해서 죽음 가운데서 새

---

67) B. K Waltke, *Genesis*, 357.

생명을 창조했음을 잘 드러낸다. 우리는 하나님의 놀라운 능력과 지혜의 풍성함에 놀라지 않을 수 없다. 우리는 이 놀라운 하나님의 자비에 감사할 수 밖에 없다.

또 다른 하나는 하나님의 백성들은 자신의 문제를 하나님께 간청해야 한다는 것이다. 이삭은 아브라함처럼 세속적 방법으로 문제를 해결하려고 하지 않았다. 생명의 문제는 우리의 영역이 아니라 창조주 하나님의 영역이다. 이삭은 불가능한 문제를 위하여 하나님께 간청했고 하나님은 그 문제를 해결해 주었다. 하나님은 언제나 우리에게 요청한다. 바울은 우리에게 「쉬지 말고 기도하라(살전 5:17)」고 가르치고 예수님은 「너희가 내 안에 거하고 내 말이 너희 안에 거하면 무엇이든지 원하는 대로 구하라 그리하면 이루리라(요 15:17)」고 말씀한다. 뿐만 아니라 시편은 창조주 하나님이 우리의 기도에 귀를 기울이시고 우리의 심사를 통촉하는 분이라고 선포한다. 그렇다. 우리가 하나님의 백성으로서 취할 자세는 우리의 당면한 문제를 세속적으로 해결하지 않고 창조주 하나님께 늘 간구하는 것이다.

야곱과 에서의 출생 이야기는 하나님의 백성에 대한 주권적 선택을 강조한다. 하나님은 이삭의 간구를 듣고 리브가에게 생명을 주었다. 그런데 문제가 발생했다. 그것은 두 아들이 리브가 속에서 싸우는 것이다. 특별히 「싸운다」는 히브리어 「라짜츠」는 「짓밟다」, 「눌러 부수다」, 「밟아 으깨다」는 의미를 담고 있다.[68] 이것은 단순한 다툼을 의미하는 것이 아니라 주도권을 장악하기 위한 처절한 싸움을 가리킨다. 리브가는 태 속에서 일고 있는 이 처절한 싸움을 느끼면서 「이 같으면 내가 어찌할꼬」라고 반응한다. 히브리어를 직역하면 「왜

---

68) Gordon J. Wenham, *Genesis 16~50*, 175.

이것이 나인가」이다. 다른 말로 하면 「왜 이런 일이 나에게 일어났는가」이다. 리브가는 자신의 아들의 출생에 담긴 신비를 느낀다. 그래서 그는 그 의미를 알기 위해 여호와께 묻는다. 창세기 25장 23절은 리브가에 대한 여호와의 대답을 기록한다.

> 두 민족이 네 태 중에 있다. 두 백성이 네 복중에서 나뉠 것이다.
> 한 백성이 다른 백성보다 강해 질 것이다. 큰 자가 작은 자를 섬길 것이다.

여기서 우리는 두 민족이 구분될 것과 한 백성이 다른 백성보다 강하여 섬기게 될 것임을 알 수 있다. 문맥에서 강한 자, 섬김을 받는 자는 큰 자가 아니라 작은 자, 즉 장자가 아니라 차자라는 것을 알 수 있다. 리브가의 태중에 잉태된 두 아들의 출생의 신비는 드러났다. 그것은 장자가 차자를 섬기는 것이다. 이것이 하나님의 뜻이라는 것이다. 「창세기 25장 25절과 26절은 쌍둥이 출산을 기록한다.」 장자는 붉고 전신이 털 옷 같아서 이름을 에서라 했고 차자는 에서의 발꿈치를 잡았으므로 그 이름을 야곱이라고 불렀다. 리브가에 대한 하나님의 대답을 근거로 우리는 에서가 야곱을 섬기게 될 것이라는 사실을 알 수 있다. 이것은 당대 고대 근동의 관습을 뛰어넘는다. 이것은 하나님의 계획이 세상의 관습과 종교적 특징에 매이지 않음을 알려준다. 하나님의 주권적 선택은 자연적 질서의 권리를 넘어 자신의 의지에 따라 이루어진다. 바울은 로마서에서 이 점을 잘 주목하고 있다. 그는 에서와 야곱의 출생에 담긴 하나님의 주권적 선택에 대해서 이렇게 말한다.

> 그 자식들이 아직 나지도 아니하고 무슨 선이나 악을 행하지 아니 한 때

에 택하심을 따라 되는 하나님의 뜻이 행위로 말미암지 않고 오직 부르
시는 이에게로 말미암아 서게 하려 하사 리브가에게 이르시되 큰 자가
어린 자를 섬기리라 하셨나니 기록된 바 내가 야곱은 사랑하고 에서는
미워하였다 하심과 같으니라(롬 9:11~13).

하나님의 선택에 민족적 우월성이나 혈통적 우월성이 작용하지 않는다. 단
지 하나님의 긍휼하심만이 존재한다. 더 나아가 바울은 이렇게 말한다.

그런즉 우리가 무슨 말하리요. 하나님께 불의가 있느뇨 그럴 수 없느니
라. 모세에게 이르시되 내가 긍휼이 여길 자를 긍휼히 여기고 불쌍히 여
길 자를 불쌍히 여기리라 하셨으니 그런즉 원하는 자로 말미암음도 아니
요 달음박질 하는 자로 말미암음도 아니요 오직 긍휼히 여기시는 하나님
으로 말미암음이니라(롬 9:14~16).

만약 우리가 하나님의 백성이 되고 아브라함의 언약의 자손이 되는 것이 하
나님의 주권적 선택이 아니라 우리의 행위와 혈통적 근거로 된다면 우리에게
는 절망밖에 없다. 그러나 하나님의 주권적 선택은 우리로 하여금 언약의 자
손이 되어 소망 가운데 살도록 했다. 이것은 창조주께서 우리에게 베푸신 놀
라운 은혜요 긍휼이다. 단지 우리에게는 감사와 찬양만이 존재하는 것이다.
특별히 바울은 우리가 하나님의 아들들이 된 이 놀라운 사건이 창세 전에 그리
스도 안에서 자신의 기쁘신 뜻을 따라 선택하신 결과(엡 1:5)라고 말한다. 우리
는 우리에 대한 하나님의 선택이 일시적인 것이 아니라 창세 전에 하신 계획이
었다는 사실에 놀라지 않을 수 없다.

제2장
여호와께 복을 받은 자 이삭 (창 26:1~33)

복 그것은 모든 사람들이 원하는 것이다. 마치 사슴이 시냇물을 찾듯 사람들은 복 받기를 갈망한다. 힘과 뜻과 정성을 다하여 복 받기를 사모한다. 하나님 또한 우리에게 복 주시길 원한다. 뿐만 아니라 하나님은 복을 얻는 방법에 대해 말씀한다. 그것은 하나님의 명령과 규례와 법도를 지켜 행하는 것이다. 신명기 7장 12절과 13절에서 하나님은 분명히 약속한다. 「너희가 이 모든 법도를 듣고 지켜 행하면…너를 사랑하시고 복을 주사 너로 번성케 하리라」. 하나님의 약속을 믿고 준행하여 복을 받은 자가 바로 이삭이다. 오늘 본문은 이삭이 어떻게 하나님의 복을 받았으며 동시에 아비멜렉에게 「너는 여호와께 복받은 자」라고 칭찬을 듣게 되는지 보여준다.

본문은 「그 땅에 기근이 있었다」라는 말로 시작한다. 기근, 그것은 우리의 삶과 생명을 위협하는 매우 중요한 사건이다. 그래서 사람들은 기근을 만날 때 그들의 생명을 유지하고 삶을 보호하기 위해 양식을 찾아 헤맨다. 약속의 사람 이삭 또한 아브라함이 기근을 만났던 것처럼 기근을 만났다. 그는 기근의 때, 사람들이 자연스럽게 행동하는 것처럼 그와 그의 가족의 생명을 위해 당대 피난처로 여겨졌던 이집트로 가기 위해 그랄 땅 블레셋 왕 아비멜렉에게로 갔다. 그때, 여호와께서 이삭에게 나타나 명령한다.

너는 애굽으로 내려가지 말라. 너는 내가 말한 그 땅에 거하라. 이 땅에
거하면 내가 너와 함께 있을 것이고 내가 너를 축복할 것이다.

또한 하나님은 자신의 약속을 견고히 하기 위해 아브라함과 맺은 약속을 상기시키며 아브라함이 자신의 계명과 명령과 율례를 지킨 것을 상기시킨다. 이삭은 「현실과 믿음」이란 갈림길에 직면하게 되었다. 당대 사람들은 기근을 만날 때 이집트로 내려가 생명을 유지하기 위해 양식을 얻었다. 아브라함이 기근을 만나 이집트로 내려간 것도 현실적인 선택이다. 야곱이 기근을 만나 이집트에서 양식을 구하기 위해 아들들을 보낸 것도 그와 같은 이유였다. 이것이 현실이다. 이삭이 기근 때문에 생명을 위해 이집트로 내려가는 것, 그것이 곧 사는 길이다. 그런데 지금 하나님은 이삭에게 이집트로 내려가지 말고 이 땅, 곧 그랄 땅에 거하라는 것이다. 하나님은 암담한 현실 속에서 믿음을 요구한다. 현실적인 것을 선택할 것인가? 아니면 하나님의 약속의 말씀을 따를 것인가? 바로 이 문제가 우리로 하여금 갈등하게 만든다. 이때 우리가 현실을 선택하게 되는 이유는 현실 문제가 믿음의 문제보다 더 크게 보이기 때문이다. 뿐만 아니라 현실을 다스리고 지배하는 하나님이 우리와 함께 하신다는 놀라운 사실을 망각하기 때문이다. 현실과 믿음 이 문제는 평생 동안 우리에게 도전으로 다가올 것이다.

이삭은 어떻게 반응하는가? 그는 현실을 선택하지 않고 암울한 현실 속에 약속의 말씀을 믿고 행동한다. 창세기 26장 6절은 「이삭이 그랄에 거했다」고 기록한다. 이삭은 하나님의 명령대로 약속을 믿고 행동한다. 기근의 때 그의 믿음의 길이 순탄한 것만은 아니었다. 그랄 땅에 머물면서 다가온 가장 큰 문제가 있었다. 그것은 아내 리브가의 아름다움 때문에 사람들이 자신을 죽일 것이라는 두려움이었다. 그래서 그는 아내를 누이라고 속였다가 아비멜렉에게 책망을 받는다. 이런 현실적인 문제를 겪으면서도 이삭은 주목할 만한 두 가지 행동을 한다.

하나는 창세기 26장 12절의 기록이다: 「이삭이 그 땅에 씨를 뿌렸다」. 들의 초목이 마르고 메마른 땅이 갈라지는 기근, 그때 땅에 씨를 뿌린다는 것, 그것은 비현실적이고 어리석은 행동처럼 보인다. 그러나 이삭의 행동은 어리석은 행동이 아니라 그랄 땅에 머물라 말씀한 여호와의 약속을 믿는 믿음의 행동이다. 본문은 놀랍게도 「그 해에 백배나 수확을 했다」고 기록한다. 이삭은 약속을 믿고 관망만하며 아무것도 하지 않는 사람이 아니라 그는 약속을 믿고 자신이 할 수 있는 최선의 행동을 하는 사람이었다. 그가 가뭄의 땅에 믿음으로 씨를 뿌렸을 때 여호와께서 그에게 복을 주셨다. 본문은 그 결과 이삭이 거부가 되었다고 기록한다.

다른 하나는 창세기 26장 15절에서 22절의 기록이다. 이삭은 기근의 때 그랄 골짜기에서 우물을 팠다. 사람과 가축에게 물은 생명이다. 더욱이 중동지역에서 물은 더욱더 그러하다. 그런데 기근의 때 물은 천하보다 더 중요한 것이다. 그것은 창세기 26장 19절에 기록된 이삭의 종들의 외침 속에서 발견할 수 있다. 그들은 우물을 파서 물을 발견한 후 이삭에게 「우리가 거기서 생명의 물을 발견했다」고 보고 한다. 「생명의 물」, 물은 이토록 소중하기에 우물을 놓고 그랄의 목자들과 이삭의 종들 사이에 다툼이 일어난 것이다. 그들은 「물은 우리의 것이다」고 서로 주장하며 갈등을 일으킨 것이다. 그러나 이삭은 이 다툼에 휘말리지 않고 계속 우물을 판다. 그는 블레셋 사람들이 메웠던 아브라함의 우물을 다시 판다. 뿐만 아니라 그랄의 목자들이 물의 소유를 주장하면, 다른 곳에서 다시 우물을 판다. 에섹과 싯나 그리고 르호봇이 바로 그 증거이다. 그런데 놀라운 것은 기근의 때, 이삭이 우물을 파는 동안 그의 지경이 넓어진 것이다. 그것은 창세기 26장 22절에 기록된 이삭의 고백에서 발견할 수 있다: 「이제 여호와께서 우리를 위하여 넓히셨기 때문에 우리가 땅에서 번성하리라」.

하나님은 약속대로 믿음으로 행동하는 이삭의 지경을 넓히시고 번성케 한 것이다.

우리의 믿음은 종종 동적이지 않고 너무 정적인 경우가 많다. 우리는 어려운 현실에 직면하여 하나님에게 기도만 하는 경우가 있다. 우리는 행동하지 않고 누군가 나를 위해 무엇인가를 해주기를 기대한다. 그러나 진정한 믿음으로 사는 사람은 행동하는 사람이다. 우리는 이삭처럼 기근의 때 자신이 할 수 있는 최선의 일을 해야 한다. 때로 현실의 두려움이 우리를 엄습할 수 있다. 이삭에게 두려움이 다가온 것처럼 현실의 공포가 우리를 힘들게 할 수 있다. 그때 우리는 하나님이 이삭에게 한 말을 기억해야 한다: 「너는 두려워 말라. 내가 너와 함께 있을 것이다」. 우리를 위해 십자가에 죽고 부활한 주님이 약속했다: 「내가 세상 끝날까지 너희와 함께 있으리라」. 암울한 현실에서 이 세상을 창조하신 하나님이, 나를 구속하기 위해 생명을 주신 주님이 나와 함께 세상 끝날까지 함께 하신다는 이 사실만큼 큰 위로가 어디에 있겠는가? 따라서 우리는 이 약속을 굳게 붙잡고 용기 있는 행동을 해야 한다.

기근의 때에 이삭이 약속의 말씀을 따라 행동을 했다. 그리고 하나님은 약속대로 그를 축복하여 거부가 되게 했다. 뿐만 아니라 하나님의 이 놀라운 축복은 이삭을 그랄 땅에서 내보내었던 아비멜렉도 인정하는 놀라운 사건이 되었다. 아비멜렉은 이삭을 찾아와 평화의 언약을 요청하면서 이렇게 고백한다: 「우리가 확실히 보았다 여호와께서 너와 함께 하심을…너는 이제 여호와의 복을 받은 자다」. 이방인도 인정하는 복, 그가 바로 하나님의 참다운 복을 받은 자가 아닌가? 하나님이 함께 하심을 이방인이 인정하는 자, 그가 바로 하나님의 복을 받은 자이다. 아비멜렉은 이삭의 행동과 삶 속에서 여호와의 함께 하심을 확실하게 본 것이다. 이삭은 참으로 하나님의 복을 받은 사람이다.

과연 우리의 주변인들은 우리의 행동과 삶을 보면서 무엇을 발견할까? 무엇인가 믿음으로 산다고 하는데 어딘가 모르게 물질에 집착하는 세속적인 사람은 아닐까? 또는 믿음은 외치지만 윤리적 삶을 외면하는 비도덕인 사람은 아닐까? 아니면 세속과 믿음 사이를 왔다 갔다 하며 줄 타기 하는 이율배반적인 사람은 아닐까? 아니면 욕망과 믿음을 분별할 줄 모르는 어리석은 사람은 아닐까? 우리 모두가 이삭처럼 우리의 행동과 삶 속에서 여호와의 함께 함을 사람들이 인정하는 복된 사람들이 되어야 한다. 그것은 이삭이 약속의 말씀을 붙잡고 믿음의 행동을 한 것처럼 우리 또한 변치 않는 하나님의 약속 위에 굳게 서서 믿음으로 행동을 할 때 가능하다.

제3장
야곱과 에서 (창 25:27~34; 27:1~28:9)

창세기는 누가 하나님의 언약의 상속자인가에 대해 말한다. 하나님은 아브라함과 언약을 맺고 아브라함의 후손을 통해 큰 민족을 이루겠다고 약속했다. 그 언약의 상속자로 하나님은 이스마엘이 아니라 이삭을 정했다. 이제 아브라함 언약의 상속자 이삭에게 에서와 야곱이 태어났다. 과연 누가 그 언약의 상속자로 설 것인가? 에서는 장자이다. 그러나 하나님은 에서와 야곱의 출생의 때에 에서가 아니라 야곱이 그 언약의 상속자임을 분명히 했다. 이런 하나님의 계획은 야곱과 에서의 성장에 따라 점차적으로 구체화되어 야곱이 언약의 상속자로 굳게 서게 된다. 이 사실을 염두에 두고 에서와 야곱에 대해 살피려 한다.

우선 에서이다. 창세기 25장 34절은 「에서가 장자의 명분을 경홀히 여김이었더라」라고 말한다. 여기서 「경홀히 여기다」라는 히브리어 「바자」는 좀더 강한 의미를 가진다. 「바자」는 「경멸하다」, 「멸시하다」라는 뜻이다. 에서는 장자권을 평가절하 함으로 대수롭지 않은 것으로 멸시했다. 이 같은 모습은 창세기 25장 27절에서 34절에 잘 드러난다. 그는 들에서 돌아왔다. 그는 굶주려 기진맥진한 상태였다. 그는 야곱에게 「내가 곤비하니 그 붉은 것을 나로 먹게하라」고 요청한다. 이때 야곱은 에서에게 장자의 명분을 요청한다. 에서는 자신이 죽음으로 가는데 이 장자권이 무슨 필요가 있느냐고 말한다. 그러자 야곱은 에서에게 맹세를 요청한다. 에서는 맹세하고 장자권 대신 붉은 죽을 선택한다. 그런데 본문은 에서가 붉은 죽을 먹는 모습을 네 동사를 사용해 연속적으로 표현한다: 「그가 먹었다. 마셨다. 일어났다. 그리고 갔다」 이것은 마치 굶주린 동물이 음식을 급히 먹고 나가는 모습을 연상케 한다. 에서는 소중한 장자권을 경멸히 여기며 굶주린 배를 채우는, 물질에 집착하는 동물과 같은 사람이었다.

장자권을 한 그릇의 물질보다 더 천하게 여기는 에서의 행동은 이미 하나님의 축복을 저버리기에 충분했다. 그 결과는 창세기 27장에서 상세하게 나타난다. 이삭은 자신이 눈이 어둡고 죽음에 가까웠음을 인식하고 에서를 축복하기 원한다. 그래서 그는 에서에게 별미를 만들어 나로 먹게하고 죽기 전에 내 마음껏 네게 축복하게 하라고 말한다. 「마음껏 네게 축복하게 하라」라는 말은 「내 영혼이 너를 축복하게 하라」는 말이다. 이것은 이삭이 자신의 영혼 깊은 곳으로부터 온 힘을 다해 하나님에게 에서를 축복하도록 요청하겠다는 말이다. 그러나 이삭은 온 힘을 다해 에서를 축복한 것이 아니라 야곱을 축복했다.

그것은 야곱이 이삭을 속였기 때문이다. 뒤에 이 사실을 깨달은 후 에서는 방성대곡하며 통곡한다. 그러면서 이삭에게 남은 축복이라도 해달라고 간청한다. 이삭은 에서에게 이렇게 말한다.

> 너의 주소는 땅의 기름짐에서 뜨고 내리는 이슬에서 뜰 것이며
> 너는 칼을 믿고 생활하겠고 네 아우를 섬길 것이며
> 네가 매임을 벗을 때에는 그 멍에를 네 목에서 떨쳐 버리리라.

이것은 에서가 텅 빈 삶을 살 것을 말하며 동시에 전쟁과 약탈 속에 살아갈 것을 말한다. 뿐만 아니라 에서는 야곱의 종이 되어 섬기게 될 것이라는 선언이다. 다시 말하면 에서는 언약의 자손에서 떨어지며 야곱을 섬기게 될 것이라는 직접적 선언이다. 히브리서 기자는 이 장면을 생각하며 우리에게 다음과 같이 경고한다.

> 한 그릇 식물을 위하여 장자의 명분을 판 에서와 같이 망령된 자가 있을까 두려워하라. 너희의 아는 바와 같이 저가 후에 축복을 기업으로 받으려고 눈물을 흘리며 구하되 버린 바 되어 회개할 기회를 얻지 못하였느니라(히 12:16~17).

이것은 예수 그리스도를 믿는 자들 중 그 영적인 특권을 소중히 여기지 않고 옛 생활로 돌아가려는 자들에게 하는 말이다. 이미 하나님의 은혜를 맛보고 축복을 경험했으면서도 그것을 소중히 여기지 못하고 현실과 물질에 집착하여 그 은혜를 저버리려는 자들을 가리켜 에서와 같이 망령된 행동을 하는 자라고 경고하는 것이다. 우리는 어떠한가? 우리는 예수 안에서 하나님의 아들

들이 되었다. 하나님께서 이스라엘을 「내 장자」라고 말한 것처럼 우리 또한 예수로 말미암아 하나님의 나라를 상속받을 수 있는 후사가 되었다. 그런데 이 놀라운 영적 축복을 등한히 여겨 물질과 현실에 집착하여 마치 에서와 같이 행동하고 있지는 않는가? 우리는 하나님께서 우리에게 주신 영적 특권을 소중히 여기며 살아야 한다.

그렇다면 야곱은 어떠한가? 야곱은 들의 사람 에서와 달리 종용하고 장막에 거한 사람이었다. 장막에 거한다는 것은 단순히 텐트 안에 머물며 가사 일을 돕는 사람을 의미하지 않는다. 장막에 거한다는 말은 좀더 깊은 의미가 있다. 장막에 거한다는 말은 창세기 10장 27절에 나타난다: 「하나님은 셈의 장막에 거하게 하시고」. 이것은 영적인 의미를 담고 있다. 따라서 저자는 「장막에 거한다」는 말을 통해서 야곱이 에서와 같이 야생적인 사람이 아니라 영적인 특권을 누린 사람임을 은근히 드러낸다. 이런 특성은 굶주린 에서에게 장자권을 빼앗는데서 나타난다. 그는 장자의 영적인 특권에 대해 강하게 집착한다. 그는 영적 축복의 소중함을 아는 자였다. 영적 특권에 대한 강한 집착은 창세기 27장에서 속임수를 통해서 부친 이삭으로부터 축복을 받는 데서 드러난다. 리브가는 이삭이 에서를 축복하려 한다는 사실을 듣게 되었다. 그래서 하나님의 축복이 에서가 아닌 야곱에게 있음을 아는 리브가는 야곱과 속임수를 꾸민다. 리브가는 별미를 만들고 염소새끼 가죽으로 야곱의 손과 목을 꾸며서 야곱이 에서인 것처럼 분장시킨다. 이렇게 이삭을 속여 축복을 받아낸다. 이삭은 야곱에게 이렇게 축복한다.

하나님은 하늘의 이슬과 땅의 기름짐이며
풍성한 곡식과 포도주로 네게 주시기를 원하노라.

만민이 너를 섬기고 열국이 네게 굴복하리니
네가 형제들의 주가 되고 네 어미의 아들들이 네게 굴복하며
네게 저주하는 자는 저주 받고
네게 축복하는 자는 복 받기를 원하노라.

이 축복은 아브라함과 이삭의 축복이 그대로 야곱에게 이어지고 있음을 보여준다. 더 나아가 창세기 28장 1절부터 5절에서 이삭은 야곱을 밧단 아람으로 보내면서 야곱을 다시 축복한다. 이 축복은 야곱이 리브가의 태중에서 하나님의 계시를 통해 약속된 것처럼 아브람과 이삭의 뒤를 잇는 언약의 상속자임을 확고히 한다.

전능하신 하나님이 네게 복을 주어 너로 생육하고 번성케 하사
너로 여러 족속을 이루게 하시고
아브라함에게 허락하신 복을 네게 주시되
너와 너와 함께 한 자손에게 주사
너로 하나님이 아브라함에게 주신 땅
곧 너의 우거하는 땅을 유업으로 받게 하시길 원하노라

우리는 야곱의 이런 행동과 결과에서 두 가지 중요한 점을 생각해야 한다. 하나는 하나님의 주권적인 선택과 계획은 사건 속에서 반드시 성취된다는 점이다. 뿐만 아니라 우리는 그 하나님이 허락한 영적인 특권을 간절히 사모해야 한다는 것이다. 하나님은 우리를 이 땅에 언약의 상속자로 세웠다. 그렇기 때문에 우리는 그 영적 특권을 누리기 위하여 애쓰고 노력해야 한다.

다른 하나는 우리의 인간의 속임수가 공동체를 파괴한다는 것이다. 야곱이

이삭의 축복으로 언약의 상속자로 서고 있음은 틀림이 없다. 그러나 리브가와 야곱의 속임수로 가족은 갈등을 겪는다. 에서는 분노를 품고 야곱을 죽이려 한다. 이것은 참으로 비극이다. 평온하던 가정이 폭풍의 도가니로 들어갔다. 뒤따르는 이야기를 자세히 살피면 야곱 또한 속임수의 대가를 치른다. 그는 라반에게 속고 또한 그의 아들들에게 속는다. 그가 이삭을 염소새끼로 속였는데(창 27장), 그는 그의 아들들에게 동일한 방식으로 염소새끼로 속임을 당하며 통곡한다(창 37장). 목적이 선하다면 방법 또한 선해야 한다. 우리가 하나님의 선하신 뜻을 인정한다면 인위적으로 그 뜻을 이루려하기 보다 하나님의 때를 기다릴 필요가 있다. 우리 안에 은근히 자리하고 있는 수단과 방법을 가리지 않고 목적을 달성하려는 그릇된 의식이 많은 문제를 일으킬 뿐 아니라 하나님의 영광을 가릴 수도 있음을 기억해야 한다.

야곱을 사랑하고 에서를 미워한(말 1:2~3) 그 주권적 하나님의 선택이 우리를 하나님의 자녀되게 했다. 우리는 에서처럼 이 놀라운 특권을 경히 여기는 어리석은 행동을 하지 말아야 한다. 야곱 처럼 하나님의 영적인 특권을 사모하면서도 함께 하는 자들의 평화를 위해 인내하며 그 뜻이 이루어지기를 기다리는 자들이 되어야 한다. 우리는 하나님이 세운 아브라함의 자손이며 하나님 나라를 유업으로 받을 언약의 상속자라는 사실을 잊지 말아야 한다.

제4장
야곱이 꿈에 본 하나님 (창 28:10~22)

우리는 「주여 지난 밤 내 꿈에 뵈었으니 그 꿈 이루어 주옵소서」라고 찬송한다. 우리는 때로 꿈에서라도 하나님을 뵈옵기 원하고 그 하나님과 영원히 함께 살기를 간절히 소망한다. 더욱이 우리의 현실이 절박한 상황이라면 더욱 그러하다. 야곱, 그는 우리가 그토록 뵙기 원하는 하나님을 꿈에 만났다. 과연 그 하나님은 어떤 분인가?

야곱이 꿈에 본 하나님은 하늘에 계신 여호와였다. 본문은 야곱이 브엘세바에서 하란으로 떠나는 이야기로 시작한다. 야곱은 언제 돌아올지 또 앞으로 어떤 일이 일어날지 모르는 여행을 시작한다. 미래가 불확실한 이 도중에 야곱은 이름을 알 수 없는 한 장소를 만난다. 그리고 그곳에서 밤을 만났다. 「이름 모를 장소」와 「해가 진 후 찾아온 밤」, 그 자체가 야곱에게 두려움이요 공포가 아닌가? 야곱은 「그 장소」에서 돌을 취하여 베개를 삼고 자리에 누웠다. 두려움과 공포가 엄습하는 그 밤에 야곱은 꿈을 꾸었다.

본문은 주의 집중의 용어 「힌네, 보라」를 사용하여 우리가 야곱의 꿈에 집중하도록 한다: 「보라! 사닥다리가 땅에서 서서 그 머리가 하늘에 도달했도다」. 땅과 하늘을 연결한 사닥다리 그것이 야곱의 눈을 하늘로 향하게 했다. 두 번째 본문의 소리이다. 「보라! 하나님의 사자들이 그 위에서 오르락 내리락 하도다」. 하나님의 사자들이 사닥다리를 타고 하늘과 땅을 왕래한다.[69] 세 번째 소리이다. 「보라 여호와께서 그 위에 서 계신다」. 사닥다리가 인도한 것은 하늘이 아니라 그 사닥다리 위에 서 있는 여호와였다. 인생과 언약을 맺으신 여호와, 그 뜻을 성취하는 여호와, 그 뜻을 성취하기 위해 일을 행하는 여호와(렘 33:1 2), 사닥다리는 야곱을 바로 그 여호와에게 인도한 것이다.

꿈에 사닥다리가 야곱을 여호와께로 인도했다면 우리를 그 여호와께로 인도할 이는 누구인가? 그는 바로 예수 그리스도이다. 요한복음 1장에서 빌립은 나다나엘에게 「내가 모세가 율법에 기록하고 여러 선지자가 기록한 그 사람 나사렛 예수를 만났다」고 소개한다. 그때 나다나엘은 「나사렛에서 무슨 선한 것이 날 수 있느냐」고 비아냥댄다. 그럼에도 불구하고 빌립은 나다나엘을 예수님에게 초청한다. 이때 예수님은 나다나엘을 보고 「빌립이 너를 부르기 전에 네가 무화과 나무 아래 있을 때에 보았노라」라고 말한다. 그러자 나다나엘은 「당신은 하나님의 아들이시요 당신은 이스라엘의 왕이십니다」라고 고백한다. 이때 예수님은 나다나엘에게 매우 중요한 선언을 한다: 「내가 너를 무화가 나무 아래서 보았다 하므로 믿느냐 이보다 더 큰 일을 보리라」. 과연 「이보다 더 큰 일」이란 무엇인가? 예수님은 그 큰 일에 대해 이렇게 말씀한다.

진실로 진실로 너희에게 이르노니 하늘이 열리고 하나님의 사자들이
인자 위에 오르락 내리락 하는 것을 보리라.

아니, 이것은 야곱이 본 꿈의 내용이 아닌가? 그런데 여기에 매우 중요한 변화가 있다. 그것은 「사닥다리」가 「인자」로 대치되었다. 야곱은 꿈에 사닥다리

---

69) 박철현, 「야곱: 우리와 성정이 같은 사람」, (서울: 킹덤북스, 2010), 171~72.; B. K. Waltke, 390; 박철현은 창세기 라바(Genesis Raba, 88:12)나 라쉬의 해석을 통해서 흥미로운 해석을 제안한다. 그들의 해석은 올라가는 천사들은 야곱이 브엘세바에 있을 때 야곱을 보호하던 천사들이고 내려오는 천사들은 하란에서 보호할 천사들이라는 것이다. 따라서 박철현은 하나님은 이제 장소를 바꿔 다른 곳에서 살아야 하는 야곱에게 그를 보호하는 천사들이 그의 거주지의 변화에 따라 임무교대를 하고 있는 모습을 보여준다고 말한다.

가 자신을 여호와에게 인도하는 것을 보았지만 이제는 실제로 살아계신 하나님의 아들 예수가 우리를 여호와께로 인도한다는 선언이다. 예수, 우리를 위해 십자가에 죽으시고 부활한 예수님만이 우리를 하늘에 계신 여호와에게 인도한다.

야곱이 꿈에 본 하나님, 그는 언약의 하나님이셨다. 야곱이 사닥다리를 따라 하늘에 계신 여호와를 보았을 때 여호와는 「나는 네 조상 아브라함의 하나님, 이삭의 하나님 여호와다」라고 자신을 소개한다. 야곱이 본 하나님 그는 조상들과 언약을 맺은 하나님이었다. 그 놀라운 언약의 하나님이 야곱에게 세 가지를 약속한다.

> 네가 누워 있는 그 땅을 내가 너와 네 후손에게 줄 것이다.
> 네 후손이 땅의 먼지처럼 많아 질 것이다.
> 땅의 모든 족속이 너와 네 후손으로 인해 복을 받게 될 것이다.

이 약속은 하나님이 아브라함에게 한 약속이고 그의 아들 이삭에게 한 약속이다. 이제 하나님은 그 약속을 야곱을 통해 이루겠다고 선언한다. 야곱, 그는 지금 어떤 상황에 있는가? 그는 형 에서를 피해 도망 길에 있다. 미래, 그 자체가 불투명이다. 그는 혈혈단신이다. 그럼에도 불구하고 여호와는 자신의 계획을 야곱과 그 후손을 통해 이루시겠다고 한다. 하나님은 야곱을 통해 온 인류를 향한 그의 뜻을 이루겠다는 것이다.

현재 우리가 야곱 같이 절박한 상황에 있지는 않는가? 현재 나의 현주소를 알 수도 없고 칠흙 같은 어둠만이 앞에 놓여 있지 않은가? 이러지도 못하고 저러지도 못하는 그런 현실의 장벽 앞에 괴로워하고 있지 않은가? 이때, 야곱에게 약속한 여호와를 기억하라. 여호와께서 야곱을 통해 자신의 뜻을 이루기 원했다면 오늘날 우리를 구속한 그 하나님은 우리를 통해서 그 뜻을 이루기 원한다. 그럼에도 불구하고 우리가 여전히 두려움 속에 있다면, 야곱에게 한 이 약속을 기억하길 원한다.

> 보라! 내가 너와 함께 있을 것이고 네 가는 모든 길에서 내가 너를 지킬 것이다. 내가 너를 이 땅으로 돌아오게 할 것이다. 왜냐하면 내가 너에게 말한 것을 이루기까지 내가 너를 떠나지 아니할 것이기 때문이다(사역).

이와 같은 약속은 가나안 땅을 정복하는 여호수아에게도 했다: 「마음을 강하게 하라 담대하라 너는 이 백성으로 내가 그 조상에게 맹세하여 주리라 한 땅을 얻게 하리라…네가 어디로 가든지 네 하나님 여호와가 너와 함께 하느니라」. 여호와는 우리와 약속만 하시지 않는다. 그는 우리와 동행한다. 그는 우리를 지키고 인도하신다.

그러므로 우리에게 필요한 것이 무엇인가? 그것은 임마누엘의 하나님을 늘 인식하는 것이고 그 약속에 믿음으로 반응하며 사는 것이다. 야곱, 그가 꿈에서 깨어난 후 고백한 내용은 바로 이것이다: 「정말로 여호와께서 이 장소에 계셨도다. 그러나 나는 알지 못하였도다」. 이름을 알 수 없었던 「그 장소」, 두려운 밤 돌을 베개 삼고 누웠던 「그 장소」, 바로 「그 장소」의 실체는 바로 여호와가 계신 자리였다. 야곱이 이 사실을 깨달은 순간 두려움이 일어났다. 그래서 그는 「얼마나 두려운가! 이 장소가. 이곳은 하나님의 집이요 하늘의 문이로다」. 하나님 앞에서 두려움 그것은 공포가 아니라 하나님을 바로 섬기도록 하는 출발점이다. 우리는 우리가 알 수 없는 현실에 정처 없이 머무는 그 자리에

조차 하나님께서 계신다는 것을 인식해야 한다. 그 하나님께서는 우리가 어떤 환경에 처해있든지 간에 우리와 함께 계신다. 이것을 인식하는 것, 그 자체가 우리로 하여금 하나님을 바로 섬기도록 한다.

야곱은 임마누엘의 하나님을 인식했을 뿐 아니라 그 사건에 대한 믿음의 반응을 보인다. 그는 일찍 일어나 베고 잔 돌을 기둥으로 세우고 기름을 부었다. 그리고 그 곳을 「하나님의 집」이란 뜻으로 벧엘이라 불렀다. 그 후 야곱은 하나님에게 맹세를 한다.

> 하나님이 나와 함께 있어 내가 가는 이 길에서 나를 보호하시고 나에게
> 먹을 양식과 입을 옷을 주신다면 내가 평안히 내 아비의 집으로 돌아온
> 다면 여호와는 나에게 하나님이 될 것이다. 내가 기둥으로 세운 이 돌이
> 하나님의 집이 될 것이고 하나님께서 내게 주신 모든 것에 십분의 일을
> 하나님께 드릴 것이다.

우리는 야곱처럼 우리가 가는 길에 주의 인도를 구하며 우리 삶에 필요한 양식을 구해야 한다. 그리고 하나님의 인도에 대한 믿음의 반응이 필요하다. 그렇다. 임마누엘의 하나님을 인식하고 믿음으로 반응하는 삶 그런 삶이 있을 때 우리 발걸음이 가볍고 기쁘지 않겠는가? 우리 삶 자체가 야곱처럼 기약 없는 길을 걷는 것과 같다. 그러나 예수 그리스도는 그의 죽음과 부활을 통해 우리를 여호와께로 인도했다. 그는 우리와 언약을 맺고 우리 안에 그의 계획을 두셨다. 그는 야곱과 그 후손을 통해 모든 족속이 복을 받게 하겠다고 약속한 것처럼 오늘 이 세대에 우리를 통해 모든 족속이 복을 받기를 원한다. 그리고 그 계획을 이루기까지 우리와 함께 계실 것을 약속하셨다. 따라서 우리에게

필요한 것은 현재 우리 삶의 자리가 하나님이 계신 자리라는 인식이다. 우리 삶의 자리에 하나님께서 계신 것을 인식할 때 우리 안에 도사리고 있는 걱정과 두려움은 없어지고 삶의 소망이 찾아올 것이다. 우리에게 그 자체가 행복이요 기쁨일 것이다.

제5장
야곱을 번성하게 하다 (창 29~31장)

야곱이 꿈을 꾸었다. 그때 여호와께서 이렇게 약속했다: 「네 자손이 땅의 티끌같이 될 것이다…내가 네게 허락한 것을 다 이루기까지 너를 떠나지 아니하리라」. 이 약속은 혈혈단신 하란으로 가는 야곱에 대한 하나님의 계획을 담고 있다. 야곱은 에서를 피하여 도망하지만 그 도망에 하나님의 뜻과 계획이 담겨있다. 그것은 야곱을 번성하게 하는 것이다. 본문은 야곱이 홀로 하란으로 들어가는 이야기로 시작하여 야곱이 많은 자손과 가축을 이끌고 그곳에서 나오는 이야기로 마감한다. 따라서 본문은 어떻게 하나님이 야곱을 그 약속대로 번성하게 했는지 말하고 있다.

하나님은 야곱을 번성케 하기 전에 그를 섬기는 자로 만들었다. 야곱은 벧엘에서 하나님을 만난 후 「동방 사람의 땅에 이르러」 한 우물가에 도착했다. 그곳에서부터 야곱은 남을 위해 일하는 자로 살아야 했다. 창세기 29장 10절은 이렇게 기록한다. 「야곱이 그 외삼촌 라반의 딸 라헬과 그 외삼촌 양을 보고 나아가서 우물 아구에서 돌을 옮기고 외삼촌 라반의 양떼에게 물을 먹였다」. 이것은 앞으로 야곱이 「라헬」과 「라반의 양떼」를 위하여 돌을 옮기는 것과 같은 수고를 할 것임을 암시적으로 보여준다. 창세기 29장과 30장은 야곱이 라헬과 외삼촌 라반을 위해 얼마나 수고했는지 보여 준다.

창세기 29장은 야곱이 라헬을 위하여 십사 년간 봉사했다고 강조한다. 「봉사하다」라는 히브리어 「아바드」는 노동을 통한 섬김을 말한다. 특별히 야곱은 라헬을 위해 칠 년 동안 외삼촌을 섬길 것을 스스로 고한다. 그런데 야곱이 라헬을 위하여 칠 년을 섬긴 후 그에게 다가온 것은 라헬이 아닌 레아였다. 이때 야곱이 라반에게 이렇게 말한다. 「왜 당신은 나를 속입니까」. 이것은 형 에서의 소리를 담고 있다. 야곱이 속임수로 부친에게 장자의 축복을 빼앗자 에서는 분노하며 이렇게 말한다: 「그가 나를 속인 것이 이것이 두 번째입니다」. 속이는 자 야곱이 이제 속은 후 분노한다. 이때 라반은 이렇게 대답한다: 「형보다 아우를 먼저 주는 것은 우리 지방에서 하지 않는 바이라」. 이 히브리어 본문을 직역하면 「우리 지방은 차자를 장자 앞에 주는 그런 일은 하지 않는다」이다. 이 말은 야곱의 과거 행위를 은근히 비꼬고 있다. 따라서 야곱은 라헬을 위해 칠년을 더 섬겨 도합 십사 년간을 라반을 섬겼다.

야곱이 라반을 위해 어떤 일을 했는가? 그는 외삼촌의 짐승을 돌보았다. 창세기 30장 29절에서 야곱은 외삼촌 라반에게 이렇게 말한다. 「외삼촌은 알고 있지 않습니까? 내가 어떻게 외삼촌을 섬겼고 어떻게 외삼촌의 짐승을 쳤는지 아시지 않습니까」. 이 말 속에서 야곱이 힘을 다해 라반을 섬겼음이 드러난다. 그러나 그는 계속 라반에게 속임을 당한다. 야곱은 아내들에게 말한다: 「그대들도 알거니와 내가 힘을 다하여 그대들의 아버지를 섬겼거늘 그대들의 아버지가 나를 속여 품삯을 열 번이나 변역하였느니라」. 야곱은 외삼촌 라반의 속임 속에서도 힘을 다해 그를 섬겼다.

야곱, 그는 누구인가? 창세기 25장 23절은 「큰 자는 어린 자를 섬기리라」고 했다. 이 말에 의하면 야곱은 섬김을 받을 자이다. 그러나 하나님은 야곱을 섬김을 받는 자리가 아닌 남을 위해 수고하여 섬기는 자리로 몰아 넣었다. 하나님은 이런 훈련을 통해 야곱을 참다운 언약의 상속자로 만들려는 것이다. 야곱은 거듭되는 라반의 속임을 경험하며 자신 안에 있는 악한 습성과 성격을 돌아보고 제거하는 훈련을 했을 것이다. 하나님은 이 과정을 통해서 야곱의 모난 성품을 하나 하나 다듬어 갔다. 우리가 주목할 것은 우리 또한 속고 속이는 이 세상에서 섬기는 자로 살아야 한다는 것이다. 예수님은 「인자가 온 것은 섬김을 받으려 함이 아니라 도리어 섬기려 하고 자기 목숨을 많은 사람의 대속물로 주려 함이니라」(막 10:45)라고 했다. 그리고 우리에게 「십자가를 지고 나를 따르라」고 말씀했다. 섬김의 자리, 이것은 우리를 참다운 하나님의 백성으로 만드는 하나님의 사역의 장이다.

　　하나님은 「속이는 자 야곱」을 「속이는 자 라반」에게 두어 그를 섬기게 했다. 그런데 놀라운 것은 이런 현실 속에서 하나님은 야곱을 번성케 했다는 것이다. 우선 하나님은 야곱의 자손을 번성케 했다. 창세기 29장 31절에서 30장 24절은 야곱이 두 아내와 두 첩 사이에서 열한 명의 아들과 한 명의 딸을 낳았다고 기록한다. 이 장면은 마치 아이 낳기 시합을 하는 듯한 느낌을 준다. 서로 시기와 경쟁 속에 신속하게 자손을 출생한다. 그러나 야곱 자손의 번성은 하나님의 역사이다. 그것은 레아와 라헬의 잉태와 출산에 대한 보고에서 알 수 있다. 창세기 29장 31절은 「여호와께서 레아에게 총이 없음을 보시고 그의 태를 여셨으나 라헬은 무자하였더라」라고 기록한다. 본문은 레아의 출산과 라헬의 불임에 하나님의 개입을 분명히 한다. 더 나아가 창세기 30장 22절은 「하나님이 라헬을 생각하신지라 하나님이 그를 들으시고 그 태를 여신고로 그가 잉태하여 아들을 낳고…」라고 기록한다. 하나님은 라헬의 태를 열고 아들을 주셨다. 야곱 자손의 번성은 하나님의 사역이었다. 그것은 하나님이 「네 자손이 땅의 티끌 같이 되리라」는 약속을 친히 성취한 것이다.

하나님은 야곱의 소유를 번성케 했다. 우선 하나님은 야곱을 통해서 라반의 소유를 번성케 했다. 그것은 「모든 족속이 너와 네 자손을 인하여 복을 얻으리라」는 하나님의 약속의 성취였다. 라반도 이 사실을 인정한다. 그는 「여호와께서 너로 인하여 내게 복 주신 줄 내가 깨달았다」고 고백한다. 그렇다. 야곱은 하나님의 축복의 통로로서 그 역할을 충실하게 담당했다. 이런 야곱을 하나님은 축복했다. 야곱은 외삼촌 라반에게 제안한다. 그는 아롱진 것과 점 있는 것은 자신의 것이 되고 남은 것은 라반의 것이 될 것을 제안한다. 라반이 이 사실을 수용한 것을 보면, 아롱진 것과 점 있는 양이 태어난 것은 자연스런 것이 아님을 보여준다. 그러나 그 결과는 「그 사람, 즉 야곱이 심히 풍부하여 양떼와 노비와 나귀가 많았더라」라고 기록한다. 야곱은 라반의 아들들의 말처럼 거부가 되었다. 야곱이 거부가 된 것은 「버드나무와 살구나무와 신풍나무의 껍질 벗겨진 가지」의 효력 때문인가? 야곱은 그렇게 말하지 않는다. 그는 「하나님이 이같이 그대들의 아버지의 짐승을 빼앗아 내게 주셨느니라」라고 고백한다. 하나님은 속고 속이는 현실 속에서 약속대로 야곱의 소유를 번성케 했다.

밧단 아람, 그곳은 야곱의 자손과 소유를 번성케 하기 위한 훈련의 장소였다. 하나님은 이 목적이 성취되자 야곱에게 「네 조상의 땅 네 족속에게로 돌아가라」고 명령한다. 하나님은 약속대로 야곱과 함께 있었고 그 약속대로 야곱을 약속의 땅으로 돌이키고 있다. 그런데 문제가 발생했다. 그것은 라헬이 그 부친 라반의 드라빔을 도적질 한 것과 야곱이 라반에게 말하지 않고 도망한 것이다. 이 사건에 분노한 라반은 야곱의 뒤를 추격한다. 위기의 상황이다. 그러나 이 위기의 상황을 화평으로 이끌어낸 분이 있다. 그는 바로 야곱과 함께한 하나님이다. 하나님은 꿈에 라반에게 「너는 삼가 야곱에게 선악 간 말하지 말라」라고 명령한다. 라반은 이 명령에 순종하여 야곱을 만나 이 사실을 전달하고 언약을 맺는다. 그리고 그곳을 여갈사하두다, 갈르엣, 미스바라 불렀다. 하나님은 야곱과 라반 사이에 개입하여 그 관계를 화평으로 이끌어 내었다.

여기서 우리는 속이는 자 야곱을 훈련하고 약속을 성취하는 놀라운 하나님의 사역을 볼 수 있다. 어쩌면 우리는 하나님의 백성임에도 불구하고 야곱처럼 우리의 이익을 위하여 속이는 일에 익숙한 자들인지 모른다. 우리는 속고 속이는 현실 속에 살고 있다. 하나님은 우리를 이런 현실에 두심으로 우리의 성품과 생활 습관들을 바꾸길 원한다. 이 훈련을 통해 우리가 언약의 상속자로서 합당한 성품을 소유하길 원한다. 또한 하나님은 이런 복잡한 삶의 과정을 통해서 우리 안에 담긴 자신의 뜻을 성취한다. 밧단아람, 그곳은 하나님께서 혈혈단신 야곱을 통해 이스라엘의 기초를 이룬 열두 아들과 소유의 번성을 이루기 위해 선택한 장소였다. 그렇다면 우리 삶의 현장은 어떤 의미가 있겠는가? 그곳은 하나님이 우리를 훈련하고 우리를 통해 많은 사람이 복을 얻도록 하기 위해 선택한 장소가 아니겠는가? 하나님은 우리의 현실에서 일하고 삶의 현장을 통해서 역사한다.

제6장
야곱을 변화시키다(창 32~33장)

하나님은 야곱이 밧단아람으로 가는 도중에 이렇게 약속한다. 「내가 너와 함께 있어 네가 어디로 가든지 너를 지키며 너를 이끌어 이 땅으로 돌아오게 하리라」. 하나님은 야곱을 번성시킨 후 이렇게 명령한다. 「네 조상의 땅 네 족속에게로 돌아가라 내가 너와 함께 있으리라」. 하나님은 그 약속대로 야곱이 약속의 땅을 향하여 발을 내딛도록 한다. 뿐만 아니라 그는 하나님의 천사가 그의 귀환 길을 보호하고 지키도록 했다. 야곱도 이 사실을 마하나임에서 확인한다. 그러나 야곱에게는 피할 수 없는 한 가지 문제가 남아 있다. 그것은 형 에서와 관계된 문제이다. 야곱이 언약의 상속자가 되었다고 할지라도 형제간의 불화는 반드시 해결되어야 할 문제이다. 그래서 하나님은 야곱이 에서와 피할 수 없는 사건을 만나도록 했다. 그것은 에서가 사백 인을 이끌고 야곱을 향하여 다가오도록 한 것이다. 이 두렵고 고통스러운 상황에 대해 야곱은 어떻게 행동하는가?

야곱은 최선의 방책을 준비한다. 그 최선의 방책은 무엇인가? 그 방책은 자신의 소유를 두 떼로 나누어 피해를 최소화 하는 것이다. 또한 에서에게 예물을 보내어 그의 마음을 누그러뜨리는 것이다. 특별히 창세기 32장 20절은 예물을 보내는 야곱의 의도를 잘 보여준다. 그는 「내가 내 앞에 보내는 예물로 형의 감정을 푼 후에 대면하면 형이 혹시 나를 받으리라」라고 생각했다. 또한 그는 자신을 「당신의 종」이라고 거듭 강조하며 자신을 최대한 낮추어 말할 것을 종들에게 명령한다. 그는 그의 종들과 소유와 아내와 자식들을 나누어 먼

저 얍복 강을 건너게 한다. 그러나 이 방책이 문제 해결의 결정적인 열쇠가 아니라는 것은 야곱 또한 잘 알고 있다. 그가 많은 꾀를 내고 작전을 세우고 그 작전대로 실천을 하지만 왠지 여전히 불안하고 두려움의 공포가 다가온다. 왜 그런가? 그것은 그 문제 해결의 열쇠가 화평케 하는 하나님에게 있기 때문이다.

그래서 야곱은 하나님에게 기도한다. 간사하고 속임수로 삶을 일관했던 그가 하나님을 찾는다. 자신의 힘과 능력으로 집착하던 그가 이제 하나님을 찾는다. 속이는 자 야곱이 기도한다.

> 내 조부 아브라함의 하나님 나의 아버지 이삭의 하나님 여호와여! 내게 네 고향 네 족속에게로 돌아가라…하셨나이다. 나는 주께서 베푸신 모든 은총과 모든 진리를 조금이라도 감당할 수 없사오나 내가 내 지팡이만 가지고 요단을 건넜더니 지금은 두 떼나 이루었나이다. 내가 주께 간구하오니 내 형의 손에서 에서의 손에서 나를 건져내시옵소서. 나는 그가 와서 나와 내 처자를 칠까 두렵습니다.

야곱은 자신이 하나님의 은총을 입을 수 없는 비천한 존재임을 고백한다. 또한 그는 자신의 부가 자신의 능력의 산물이 아니라 하나님의 은혜의 선물임을 고백한다. 절박한 상황에서 자신의 비천함을 인정하고 하나님의 은혜를 기억할 수 있는 자, 그는 복된 자이다. 이런 절박한 상황에서 여호와의 구원을 요청할 수 있는 자는 더욱 복된 자이다. 「나를 건져내시옵소서」라는 간청은 시편에서 의인들이 악인의 압제로 고통 당하는 현실 속에서 부르짖는 소리이다. 특별히 주목할 것은 「나를 건져내시옵소서」라는 간청이 여기에 처음 등장한다는 것이다. 즉 야곱의 기도는 절박한 상황에서 구원을 요청하는 기도의 효

시가 되었다.

우리는 피할 수 없는 절박한 상황에서 어떻게 행동하는가? 우리의 지혜와 전략으로 이 상황을 모면하려고 하거나 우리에게 있는 물질로 해결하려고 하지는 않는가? 하나님께 기도할 수 밖에 없는 절박한 상황인데도 이것을 깨닫지 못하지는 않는가? 지금 우리가 「나를 건져내시옵소서 」라는 절규의 기도가 필요하지 않는가? 하나님은 지금도 살아 역사한다. 그는 기도할 수 밖에 없는 상황을 통해 자신의 백성을 변화시키기 원한다.

「나를 건져내시옵소서…나는 두렵습니다」라는 간구에 하나님은 야곱에게 씨름을 걸어오셨다. 모두 얍복 강을 건너고 홀로 남은 밤이었다. 「밤」, 두려움과 공포로 가득 찬 「밤」, 그 「밤」에 야곱은 새벽이 올 때까지 그의 환도뼈가 위골 될 때 까지 하나님과 씨름을 한다. 그리고 야곱이 간구한다. 「당신이 나를 축복하지 않으면 당신을 보낼 수 없습니다」. 이때 하나님이 묻는다. 「네 이름이 무엇이냐」. 그가 대답한다. 「야곱입니다」. 「야곱」, 간사하고 속임수에 능한 자 그 이름 야곱, 복을 쟁취하기 위해 지금까지 살아온 야곱, 바로 그 야곱이 맞다. 그런데 「야곱입니다」라는 대답에 하나님은 놀라운 선언을 한다. 「네 이름을 다시는 야곱이라 부르지 않을 것이다. 네 이름은 이스라엘이라 불릴 것이다」. 아브람을 아브라함으로, 사래를 사라로 바꾸신 하나님, 이제 그가 야곱을 이스라엘로 바꾸고 있다. 하나님은 야곱의 문제와 상황을 바꾸는 것이 아니라 지금 야곱 자체를 바꾸고 있다. 그가 언약의 상속자로서 약속의 땅으로 돌아가기 전에 반드시 필요한 것은 에서의 문제보다 바로 야곱 자신의 문제였다. 속이는 자, 간사한 자, 움켜 잡는 자, 야곱이 새 사람이 되는 것이다. 이것이 바로 하나님이 씨름을 걸어온 목적이다. 「야곱」이 「이스라엘」이 되었다. 그는 새 사람이다.

우리는 언제나 상황에 집착하여 산다. 우리에게 고통과 두려움을 주는 상황이 변하기를 원한다. 오랫동안 상황이 변하지 않으면 스스로 지쳐 낙망하고 좌절한다. 우리는 자신을 변화시켜 달라고 기도하기보다 다른 사람의 마음을 변하게 해달라고 기도한다. 그러나 하나님은 상황을 바꾸기보다 우리를 바꾸길 원한다. 다른 사람을 바꾸기보다 나 자신이 언약의 상속자로 합당하게 살도록 바꾸길 원한다. 지금도 하나님은 모든 극한 상황에서 우리가 온전한 그리스도의 형상으로 변화되기를 간절히 원한다.

밤새도록 씨름한 야곱에게 찾아온 것은 힘있게 솟아오르는 밝은 태양이었다. 창세기 32장 31절은 「그가 브니엘을 지날 때 그 태양이 나타났다」고 기록한다. 칠흑 같은 어둠을 물리치고 떠오른 태양, 그 자체가 야곱에게 새로운 희망을 강렬하게 제시한다. 그 희망의 메시지는 야곱의 태도 변화에서 강력하게 들려온다. 모든 아내와 자식과 재물을 앞서 보내고 맨 뒤에 머물렀던 야곱, 이제 그는 그들 앞에 서서 몸을 일곱 번 땅에 굽히며 그 형 에서에게 담대히 나아간다. 정말 야곱이 변했다. 「나를 건져내시옵소서…. 나는 두렵습니다」라고 외치며 떨던 야곱, 그가 모든 것보다 앞서 겸손히 엎드리며 형에게 나아간다. 형 에서는 어떻게 반응했는가? 창세기 33장 4절은 이렇게 기록한다. 「에서가 야곱의 이름을 부르며 달려왔다」. 이것은 자신의 분노를 풀기 위한 달림이 아니고, 앙갚음을 위한 돌진이 아니다. 이것은 동생 야곱에 대한 견딜 수 없는 사랑이다. 그들은 서로 껴안고 얼굴을 비비며 입맞추고 감격스러워 서로 운다. 에서가 변했다. 하나님이 변화시켰다. 그 변화된 얼굴을 보면서 야곱은 이렇게 고백한다. 「내가 형님의 얼굴을 뵈온즉 하나님의 얼굴을 본 것 같습니다」. 이 얼마나 아름다운 고백인가? 더욱이 자신을 「종」으로 자처하며 형님의 얼굴에서 은혜를 발견하길 간구하며 예물을 드리는 동생 야곱과 그 예물을 거절하는 형 에서의 모습에서 우리는 긴장과 갈등과 분노를 찾아 볼 수 없다.

야곱을 변화시킨 하나님은 야곱에 대한 분노로 가득 찬 에서의 마음을 변화시켰다. 야곱은 속임수로 불화를 만들었는데 하나님은 야곱과 에서를 변화시켜 그 불화를 화평으로 만들었다. 이것이 바로 야곱이 언약의 상속자로서 약속의 땅으로 돌아가기 전에 해결해야 할 문제였다. 야곱은 상황에 집착했지만 하나님은 그 상황을 이용해 야곱 자신을 바꾸고 형 에서를 바꾸셨다. 하나님은 화평케 하는 분이다. 우리에게 피할 수 없는 극한 상황들이 찾아온다. 우리는 그 상황을 피하고 모면하기 위해 온갖 인간적인 수단과 방법을 찾는다. 때로 우리는 지혜를 총동원하여 최선의 방책을 강구한다. 그러나 우리들은 극한 상황을 준 하나님의 뜻을 물어야 한다. 그 상황을 통해 우리를 변화시키려는 하나님의 계획이 담겨 있을 수 있다. 하나님은 야곱을 변화시키고 에서를 변화시켰다. 그 하나님은 또한 우리를 변화시키길 원한다. 우리의 변화를 통해 세상의 화평을 이루시기를 원한다.

제7장
위기 더 큰 위기(34:1~31)

인생은 예측할 수 없는 일기와 유사한 것 같다. 밝은 햇살이 비취는가 하더니 갑자기 내린 폭우 사태로 우리는 고통을 겪기도 한다. 예상하지 못했던 자연재해가 우리 삶을 아수라장으로 만들기도 한다. 창세기 34장의 야곱 가족이 그렇다. 창세기 33장에서 에서와의 화해로 밝은 햇살을 얻고 태양이 솟는 것처럼 희망찬 삶으로 나가는 듯 했다. 그래서 야곱 가족은 가나안 땅 세겜 성 앞에 장막을 치고 밭을 사고 단을 쌓는다. 그런데 창세기 34장에서 야곱 가족은 디나의 강간 사건으로 인해 치욕스런 고통을 경험한다. 이 치욕스런 사건은 야곱 가족의 위기를 만들었다. 그 위기는 어떤 위기인가?

야곱 가족에게 다가온 위기는 정체성의 위기이다. 창세기 34장은 「디나가 그 땅의 딸들을 보기 위하여 나갔다」는 말로 시작한다. 많은 사람들은 「왜 디나가 나갔는가」에 관심을 갖지만 본문의 초점은 디나에게 있지 않고 하몰의 아들 세겜에 있다. 창세기 34장 2절은 이렇게 기록한다: 「세겜이 그녀를 보았다…그녀를 취했다…그녀를 강제로 눕혔다…그가 그녀를 욕되게 했다」. 저자가 세겜의 행동을 이렇게 상세히 보고한 것은 세겜의 행동이 그의 권력과 힘을 내세워 욕망을 채우는 더럽고 추악한 행동임을 고발하는 것이다. 또한 이런 행동은 디나에게 굴욕감을 주는 것임을 드러낸다. 더 나아가 창세기 34장 7절은 세겜의 강간에 대해 「이스라엘에게 부끄러운 일」이라고 했다. 이 사건은 야곱 가족에게 부끄러운 불명예를 가져다 주었다. 그래서 야곱의 아들들은 고통스러워하며 매우 분노한다.

이 사건은 야곱 가족이 분노하도록 하는데 멈추지 않는다. 야곱 가족의 정체성 위기로 몰아넣고 있다. 그것은 세겜의 마음이 디나에게 붙잡혀서 사랑하여 아내로 삼고자 했기 때문이다. 그래서 하몰은 야곱에게 디나를 세겜의 아내로 줄 것을 요청한다. 그런데 우리가 주목할 것은 하몰의 제안이 단순히 세겜과 디나의 결혼 요청이 아니라는 점이다. 세겜은 더 나아가 야곱에게 「통혼」을 요청한다. 「통혼」 그것은 야곱 족속과 히위 족속이 서로 섞여 「한 민족」이 되는 것이다. 오경의 관점에서 볼 때 하나님은 이스라엘 백성에게 가나안 족속과 결혼하지 말 것을 명령한다. 그것은 이스라엘이 언약 백성으로서 그 정체성을 상실하고 이방 신들을 따를 것이기 때문이다. 역사적인 측면에서 이스라엘은 이 명령에 불순종하고 그 정체성을 상실하여 하나님의 심판을 받았다. 지금 언약의 백성 야곱 가족에게 그 정체성을 파괴할 수 있는 달콤한 제안이 제시되고 있는 것이다. 이것은 야곱 가족의 위기이다.

우리는 이 사건을 주목하면서 두 가지를 기억해야 한다. 하나는 우리의 욕망을 채우기 위한 절제되지 못한 행동이 상대방과 그 가족에게 큰 아픔을 준다는 것이다. 우리 안에 타락한 욕망이 자리하고 있다. 또한 우리는 타락한 욕망으로 사는 사람들 가운데 살고 있다. 세겜은 디나를 보고…취하여…눕히고…욕되게 했다. 그의 행동 어디에서도 절제된 이성을 찾아 볼 수 없다. 단순히 굶주린 짐승 같다. 우리에게 필요한 것이 무엇인가? 그것은 타락한 욕망을 제지할 수 있는 냉철한 이성과 판단과 절제된 행동이다. 그것이 우리를 부끄럽게하지 않고 또한 상대방을 자유하게 할 수 있다. 또 다른 하나는 그리스도인의 정체성 위기에 대한 경각심이다. 사단은 우리를 무력한 그리스도인으로 만들기 위해 수단과 방법을 가리지 않는다. 그는 우리의 정체성을 빼앗기 위해 매우 부드럽고 감미로운 방법을 사용해 우리가 아무런 의식도 하지 못하고 그 정체성을 잃어버리도록 한다. 만일 우리가 그리스도인의 정체성을 상실하면 우리는 무기력한 하나님의 백성이 된다. 따라서 우리는 늘 근신하고 깨어 있어야 한다.

야곱 가족의 위기는 하나님의 특별한 은혜의 표징을 자신들의 목적 성취의 도구로 사용한 것이다. 하몰은 「통혼」을 요구하며 세겜에게 디나를 아내로 준다면 그 어떤 대가도 치르겠다고 말한다. 이 요청에 대해 창세기 34장 13절은 이렇게 기록한다. 「야곱의 아들들이 세겜과 그 아비 하몰에게 속여 대답하였다」. 야곱의 아들들이 「속이는 자」 야곱, 그의 부친의 길을 따르고 있다. 그런

데 야곱의 아들들은 그의 부친 야곱보다 더 과감한 속임수를 행한다. 그들은
다음과 같이 요구한다.

> 우리는 할례 받지 아니한 사람에게 우리 누이를 줄 수 없다…너희 중 남
> 자가 다 할례를 받고 우리와 같이 되면…우리 딸을 너희에게 주며 너희
> 딸을 우리가 취하며…한 민족이 될 것이다.

「할례」 그것은 언약의 표징이다. 그것은 아브라함의 자손이 하나님과의 특
별한 언약관계에 있음을 나타내는 증표이다. 뿐만 아니라 그것은 하나님의 언
약을 지켜 행한다는 고백의 증표이기도 하다. 그렇기에 「할례」는 하나님의 특
별한 은혜의 선물이다. 지금 야곱의 아들들은 이 놀라운 하나님의 은혜의 증
표를 남을 「속이는 도구」로 이용하여 자신들의 목적을 성취하려고 하고 있다.
그들은 하나님의 언약의 증표를 몸에 지니고 하나님의 언약을 준행하는 것이
아니라 그 언약의 표징을 가지고 자신들의 목적을 이루려고 한다. 하몰과 세
겜은 이런 속임수를 전혀 알 수 없었다. 그러나 그들 또한 그 「할례」를 도구 삼
아 자신들의 목적을 이루려고 한다. 그들은 이렇게 말한다.

> 이 사람들은 우리와 친목하고 이 땅은 넓어 그들을 용납할 만하니 우리
> 가 그들의 딸들을 아내로 취하고 우리 딸도 그들에게 주자. 우리 중에 모
> 든 남자가…할례를 받아야 그 사람들이 우리와…한 민족이 되기를 허락
> 할 것이다. 그리하면 그들의 생축과 재산과 그 모든 짐승이 우리의 소유
> 가 되지 않겠느냐?

하몰과 세겜 또한 「할례」를 도구로 「통혼」하여 한 민족을 이루고 야곱의 모

든 소유를 자신의 소유로 만들겠다는 야심을 족속들에게 드러낸다. 이 얼마나 비참한 현실인가? 하나님의 특별한 언약의 「표징」이 사람들의 욕심을 채우는 도구로 전락되고 있다. 우리는 어떠한가? 하나님이 우리를 구속하신 목적은 우리가 「그 은혜의 영광을 찬미」하도록 하는 것이다. 뿐만 아니라 우리가 「그 영광의 찬송이 되도록」하는 것이다(엡 1:3~14). 그런데 혹시 우리는 「하나님의 은혜의 영광을 찬미」하기보다, 우리 삶을 통해 「하나님의 영광」을 드러내기보다 하나님의 은혜를 우리 자랑과 목적 성취의 수단으로 사용하고 있지는 않은가? 우리가 「하나님의 일」을 운운하며 또 「예수 그리스도의 이름」을 사용하여 남을 속이는 어리석은 일을 하고 있지는 않는가? 우리는 언약의 백성으로 거룩하고 순결하게 살아야 한다.

야곱의 아들들은 「할례」를 이용하여 자신의 목적을 채웠다. 그러나 그 결과는 평화가 아니었다. 그 결과는 가족 공동체 안에 대립과 갈등이었다. 하몰과 세겜의 요청대로 세겜 사람들이 할례를 받고 고통 중에 있을 때, 시므온과 레위는 그들의 본색을 드러내기 시작한다. 그것은 하몰과 세겜을 죽이는 것이다. 이어서 야곱의 아들들은 성을 노략하여 모든 재물을 빼앗고 자녀들과 아내들을 사로잡았다. 창세기 18장 19절에서 여호와는 분명히 말한다. 「내가 여호와의 도를 지켜 의와 공도를 행하게 하려고 아브라함을 택하였다」. 아브라함의 후손 야곱의 아들들은 하나님의 거룩한 목적을 무시하고 있다. 그들은 의와 공의를 포기하고 살인과 약탈이라는 보복에 혈안이 되어 있다. 그 목적을 성취한 시므온과 레위에게 돌아온 것은 무엇인가? 그것은 아버지 야곱의 책망이다.

너희는 나를 고통스럽게 한다. 나로 이 땅 사람들에게 악취를 풍기게 하는구나! 나는 수가 적은즉 그들이 모여 나를 치고 나를 죽이리니 그리하면 나와 내 집이 멸망하리라.

야곱의 아들들의 행동은 야곱에게 기쁨을 안겨 준 것이 아니라 고통과 수치와 두려움을 주었다. 창세기 34장은 야곱의 책망에 대한 시므온과 레위의 대답으로 끝을 맺는다. 「그가 우리 누이를 창녀같이 다루지 않았습니까」. 여전히 그들에게 분노가 남아있다. 야곱 가족 공동체 안에 심각한 갈등이 표출되고 있다.

제8장
야곱이 돌아왔다(창 35:1~15)[70]

인간의 위험은 창조주에게 죄를 짓는 것이다. 인간의 더 큰 위험은 죄를 짓고도 감각 없이 사는 것이다. 그러나 이보다 더 큰 위험은 자신이 추악한 죄인임에도 불구하고 정결한 종교인으로 자처하며 사는 자만이다. 이런 인간의 유일한 희망은 창조주가 베푸는 긍휼이다. 그것은 타락한 인간이 창조주께서 베푸신 긍휼을 붙잡고 믿음으로 반응하며 본래 자신의 자리로 돌아갈 수 있기 때문이다. 창세기 35장 1절에서 15절은 야곱과 그 공동체가 벧엘로 돌아가는 이

---

70) 이 글은 필자가 「성서마당」 제13호(2007)에 게재했던 글을 토대로 다시 작성한 것이다. 창세기 35장에 대한 구조와 목회적 적용에 대해서는 「성서마당」에 있는 필자의 글을 참고하라.

야기이다. 이 이야기는 참된 회개가 무엇인지를 알려준다.

참된 회개, 그것은 우리가 인간 본연의 자세로 돌아가는 것이다. 창세기 35장은 세 개의 명령으로 시작한다:「일어나 벧엘로 올라가라」,「벧엘에 거하라」,「벧엘에서 단을 만들라」. 이 명령의 궁극적인 목적은 벧엘에서 하나님께 단을 쌓는 것이다. 특별히 단을 쌓는 것은 예배와 섬김의 표현이다. 하나님께서 야곱을 벧엘로 돌아오게 하심은 하나님을 예배하고 섬기도록 하는데 있다. 하나님을 예배하고 섬기는 것, 그것은 우리가 취했어야 할 본래의 모습이다. 하나님께서 사람을 만드신 목적도 우리로 하여금 창조주를 섬기도록 하는데 있었다. 또한 하나님이 우리를 그의 아들 예수 그리스도를 통해 구원한 목적도 창조주 하나님을 섬기게 하기 위함이다. 따라서 일어나 벧엘로 올라가 단을 쌓으라는 하나님의 명령은 야곱에게 본래의 자리로 돌아가라는 요청이다.

창조주 하나님은 지금 타락한 인간 야곱을 예배와 섬김의 자리로 초청하고 있다. 참된 회개는 단순한 입술의 고백이 아니다. 참된 회개는 입술의 고백 차원을 넘어 창조주에게 돌아가 그 본연의 의무를 다하는 것이다. 지금도 하나님은 우리에게 하나님의 백성의 자리로 돌아가라고 명령한다. 하나님은 예레미야를 통해서 우리에게 말씀한다.

> 배역한 이스라엘아 돌아오라. 나의 노한 얼굴을 너희에게로 향하지 아니하리라 . 나는 긍휼이 있는 자라 노를 한 없이 품지 아니하느니라(렘 3:12).

하나님은 우리가 긍휼을 베푸시는 하나님께로 돌아와 그를 섬기는 본연의 의무를 다하기를 원한다. 지금 우리가 있는 자리는 어디인가? 만약 그 자리가 죄악의 자리라면 늦기 전에 창조주에게 돌아가야 한다.

그러면 우리가 창조주 하나님께 돌아가기 위해 어떻게 해야 하는가? 우선 우리는 타락한 세상의 가치와 습관을 제거해야 한다. 창세기 35장 2절에서 야곱은 그의 공동체에게 세 가지 명령을 한다. 「이방 신들을 버려라」 좀더 정확히 번역한다면 「이방 신들을 제거하라」이다. 「이방 신들」이란 신들을 형상화한 장신구의 차원을 훨씬 뛰어 넘는다. 그것은 야곱의 사람들이 의지하고 따랐던 종교적 체계를 의미한다. 즉 그들의 삶을 지배하고 통제했던 원리를 말한다. 즉 그들이 자신들의 욕망을 채우는 도구로 취했던 것들이다. 과연 우리가 이 달콤한 욕망의 가치와 습관을 쉽게 버릴 수 있을까? 쉽지 않을 것이다. 그렇기 때문에 본문은 악한 가치와 습관을 고통을 감수해서라도 제거하라는 것이다. 우리가 창조주에게 돌아가 우리 본연의 모습을 찾기 위해서는 마음의 고통과 아픔을 감수하고 악한 습관과 가치를 제거해야 한다.

뿐만 아니라 우리는 스스로 정결케 해야 한다. 야곱은 그의 공동체에게 「스스로 정결케 하라」고 명령한다. 우리가 창조주를 예배하고 섬기는 자리로 돌아가기 위해 옛 습관과 가치를 제거할 뿐 아니라 더 나아가 자신을 스스로 정결케 하는 것이 필요하다. 이것은 좀더 적극적으로 욕망에 지배되거나 악을 행하여 자신을 더럽히는 것으로부터 자신을 보호하는 것이다. 정결은 몸과 마음을 지켜 거룩함을 유지하는 것이다. 히브리서는 「예수 그리스도의 보혈이 우리를 정결케 한다(히 9:14)」고 한다. 예수 그리스도는 자신을 제물로 드려 우리의 죄를 속하여 정결케 하고 거룩하게 했다. 이제 우리에게 필요한 것은 그 거룩함을 보존하고 유지하기 위해 세상의 죄악과 유혹에서 우리를 지키는 것이다.

우리가 창조주에게로 돌아가는 참된 회개는 우리 삶의 체계를 바꾸는 것이다. 야곱은 그의 공동체에게 「너희 옷을 바꾸어 입으라」고 명령한다. 「옷을 바꾸어 입는다」는 것은 과거 삶의 습관을 청산하고 새로운 삶의 방식으로 변화하는 것을 의미한다. 바울은 로마에 있는 교회에 이렇게 편지한다. 「우리가 어두움의 일을 벗고 빛의 갑옷을 입자(롬 13:12)」. 과연 「어둠의 일」이란 무엇인가? 바울은 어둠의 일이란 「음란과 호색과 투쟁과 시기(롬 13:13)」라고 말한다. 오늘날 많은 사람들이 이 어둠의 일에 지배되어 그 삶의 방식을 벗지 못하고 있다. 또한 많은 그리스도인들도 빛의 자녀이지만 어둠의 일에 매료되어 벗어나지 못하고 있다. 바울은 우리에게 「오직 주 예수 그리스도로 옷 입고 정욕을 위하여 육신의 일을 도모하지 말자(롬 13:14)」고 권면한다. 야곱은 그의 공동체에게 지금 내면에서 행동까지 확장되는 철저한 갱신을 요청하고 있는 것이다.

「일어나 벧엘로 올라가자」는 야곱의 요청에 그의 공동체는 어떻게 행동하는가? 그들은 이방 신들과 귀고리를 야곱에게 준다. 야곱은 이것을 상수리 아래 묻는다. 이것은 그들의 삶을 이방 종교적 토대와 단절을 선언하는 것이다. 창조주에 대한 예배는 세속적 문화와 관습과 단절하고 하나님에게 돌아오는 데서 출발한다.

이렇게 믿음으로 반응하는 야곱 공동체를 위해 하나님은 어떻게 행동하는가? 하나님은 사방의 성읍에 두려움을 주어 야곱 자손의 뒤를 추격하지 못하게 한다. 창세기 34장 30절에서 야곱은 공포와 두려움에 있었다. 그러나 하나님은 그 두려움을 주변 성읍에 있게 하여 야곱 공동체를 보호하여 목적지인 벧엘에 이르게 한다. 그곳에서 야곱은 하나님의 명령대로 단을 쌓고 그 이름을 「엘 벧엘」이라 불렀다. 야곱이 그 자리의 이름을 「엘 벧엘」이라 한 것은 벧엘에서 나타나셨던 그 하나님이 다시 나타났기 때문이다. 야곱이 돌아왔다. 그는 하나님의 명령대로 하나님을 예배하고 섬기는 자리로 돌아왔다.

하나님의 부르심에 응답하여 돌아온 야곱에게 하나님의 반응은 무엇인가?

하나님은 야곱을 축복하고 언약의 책임 있는 당사자로 서도록 했다. 하나님은 벧엘로 돌아와 단을 쌓은 야곱을 축복한다. 특별히 하나님은 자신을 「보이시고(창 35: 1, 7, 9)」, 「대답하시고(창 35:3)」, 「말씀하시는(창 35: 13, 14, 15)」분으로 소개한다. 이것은 야곱과 창조주 사이의 내적 관계가 회복되었음을 드러내고 있다. 하나님을 예배하고 섬기는 자리는 창조주와 그의 백성의 전인격적 교제의 장이다.

하나님은 전인격적 교제의 장에서 야곱을 축복한다. 그 축복의 내용이 무엇인가? 첫째, 하나님은 직접 야곱을 이스라엘이라 부른다. 이것은 하나님께서 창세기 32장 28절에서 약속하신 것을 스스로 성취하고 있음을 보여준다. 둘째, 하나님은 야곱과 언약을 갱신한다. 하나님은 자신을 전능한 하나님으로 소개하고 야곱에게 「생육하고 번성하라」고 명령한다. 이 명령은 창조된 인간의 본래적 사명(창 1:28)을 가리킨다. 이것은 야곱이 창조 목적을 실현할 자로 서고 있음을 보여준다. 또한 하나님은 야곱에게 「국민과 많은 국민이 네게서 나고」라고 약속한다. 이것은 아브라함의 약속이 야곱에게 전달되고 있음을 보여준다. 또한 하나님은 「아브라함과 이삭에게 준 땅을 네게 주고 내가 네 후손에게 그 땅을 줄 것이다」라고 언급한다. 야곱이 아브라함과 이삭의 뒤를 잇는 언약의 계승자임을 확고히 한다. 그렇다. 야곱이 벧엘로 돌아옴은 언약의 상속자로서 그의 본질적 사명의 자리로 돌아온 것이다.

야곱은 하나님의 약속대로 약속의 땅으로 돌아왔으며 하나님의 집(벧엘)으로 돌아왔다. 그 하나님의 집은 하나님을 예배하는 자리이고 그를 향한 하나님의 언약을 확증 받는 자리였고 그의 사명을 확인하는 장소였다. 하나님은 우리가 돌아오기를 원한다. 인간 본연의 자리 즉 하나님을 예배하고 섬기는 자리로 우리가 돌아오길 원한다.

제9장
역사, 그것은 출생과 죽음의 연속 (창 35:16~29)

역사는 생(生)과 사(死)의 연속이다. 따라서 죽음은 한 세대를 마감하면서 동시에 새 세대를 여는 새로운 희망이다. 생과 사의 연속인 역사, 그 역사는 개인이든 혹은 국가이든 간에 매우 중요하다. 그것은 그 역사 속에 하나님의 주권적 계획이 드러나고 성취되기 때문이다. 본문은 야곱의 아내 라헬의 죽음으로 시작해서 이삭의 죽음 보고로 마감한다. 그 가운데 베냐민의 출생과 야곱의 아들들의 이름을 기록한다. 저자는 이 역사 기록을 통해서 무엇을 말하려는 것인가?

역사는 고통과 희망을 함께 담는다. 그것은 라헬의 죽음과 베냐민의 출생 기록에서 찾을 수 있다. 창세기 35장 16절은 라헬이 「해산하여 심히 신고하더니」라고 기록한다. 「신고하다」는 말은 「매우 고통스럽다」는 뜻이다. 라헬은 임신의 고통과 출산의 고통을 함께 겪는다. 그 고통의 절정은 라헬의 죽음에서 나타난다. 라헬은 아들을 출산하고 죽으면서 그 이름을 「베노니」라고 불렀다. 그 뜻은 「내 슬픔의 아들, 내 고통의 아들」이란 의미이다. 라헬의 역사는 「고통과 슬픔」으로 마감한다.

우리가 주목할 것은 저자가 단순히 라헬의 고통만을 언급하려는 것이 아니라는 점이다. 라헬의 고통은 장차 이스라엘의 고통을 예기한다. 선지자 예레미야는 예루살렘의 파멸을 「라헬이 그 자식을 위하여 애곡하는 것(렘 31:15)」으로 표현한다. 더 나아가서 예수의 탄생 때문에 헤롯은 베들레헴과 그 모든 지경 안에 있는 두 살 아래의 모든 남자 아이를 죽인다. 특별히 「베들레헴」은 라헬의 매장지 「에브랏」과 동일시 된다. 이 엄청난 고통의 사건에 대해 마태복음은 선지자 예레미야 예언의 성취라고 기록한다.

> 라마에서 슬퍼하며 크게 통곡하는 소리가 들리니 라헬이 그 자식을 위하여 애곡하는 것이라(마 2:18).

저자는 베냐민의 출생을 기록하면서 라헬의 고통을 부각시킨다. 그리고 이 고통을 통해 장차 민족의 고통과 많은 사람이 겪을 고통을 담아 낸다. 인간의 역사는 고통의 역사이다. 많은 사람들이 라헬의 고통처럼 산고의 고통을 치르는 듯한 역사를 기록한다.

그러나 이 고통의 역사는 또 다른 역사에 대한 갈망을 담고 있다. 그것은 위로와 희망의 역사이다. 에브랏에서 겪은 라헬의 고통은 새로운 희망의 역사를 예고한다. 선지자 예레미야는 예루살렘의 파멸을 라헬의 애곡으로 표현함과 동시에 이를 토대로 이스라엘에 대한 하나님의 위로를 선포한다.

> 나 여호와가 이같이 말하노라 네 소리를 금하여 울지 말며 네 눈을 금하여 눈물을 흘리지 말라 네 일에 갚음을 받을 것인 즉 그들이 그 대적의 땅에서 돌아오리라 여호와의 말이니라(렘 31:16).

더 나아가 선지자 미가는 라헬을 매장한 장소 베들레헴 에브라다에서 이스라엘의 위로와 소망인 메시야가 출생할 것을 선언(미 5:2)한다. 그 메시야가 바로 예수 그리스도이시다. 여호와 하나님은 고통 중에 있는 자신의 백성을 구원하기 위해 고통의 땅 베들레헴 에브라다에 메시야 예수 그리스도를 보냈다.

그리고 예수 그리스도의 고난을 통해 환란 중에 있는 그의 백성을 위로했다. 그리스도의 십자가의 수난은 죄와 허물로 인한 고통을 제거하고 우리에게 위로와 희망을 준다.

현재 우리는 삶을 통해 역사를 기록하는 중이다. 우리의 역사는 어떠한가? 고통의 역사인가? 현실의 역사가 고통이라면, 우리의 고통을 두르고 감싸며 함께 하는 예수 그리스도의 고난을 통한 위로를 생각해 보라. 칠흙 같은 고통으로 신음하는 나에게 한 줄기 빛으로 다가오는 예수 그리스도를 바라보라. 그리고 그의 소리를 들어보라. 「수고하고 무거운 짐 진 자들아 다 내게로 오라 내가 너희를 쉬게 하리라(마 11:28)」. 우리 고통의 배후에 그리스도의 고난이 있다. 창조주 하나님의 위로가 있다. 우리의 고통, 그것은 하나님의 위로를 향한 새로운 출발이다. 우리의 고통에 하나님의 위로가 있다.

인간의 역사는 우리의 타락한 죄성이 만들어낸 죄악의 흔적을 기록한다. 창세기 35장 22절은 이렇게 기록한다: 「이스라엘이 그 땅에 유할 때에 르우벤이 가서 그 서모 빌하와 통간하매 이스라엘이 이를 들었더라」. 본문의 기록 「가서…통간했다」는 서술은 르우벤의 의도적 행위를 부각시킨다. 왜 르우벤이 이렇게 어리석은 범죄를 했을까? 르우벤의 주최할 수 없는 정욕 때문일까? 아니면 또 다른 이유인가? 「가서…통간했다」는 말이 의도적 행위를 부각 시킨다면 단순히 정욕적인 문제는 아니다. 이 사건에 대해 많은 학자들은 르우벤의 정치적 의도가 있다고 말한다. 그것은 라헬과 레아 사이에 벌어지는 기득권에 대한 문제이다. 르우벤은 라헬이 죽자 그의 시녀였던 빌하를 범함으로 그 기득권을 차지 하려고 했다는 것이다.[71] 만약 그렇다면 르우벤의 행위는 참으로

---

71) B. K. Waltke, 478. 그는 "고대 근동의 문화적 관습에 의해서 아버지의 첩을 취함으로 르우벤은 야곱의 리더십을 붙잡으려고 했다"고 해석한다.

추악한 행동인 것이다. 르우벤은 야곱의 장자로서 특권을 가진 자이다. 그러나 그의 행동은 추잡하고 더러운 범죄였다. 르우벤은 라헬의 죽음을 기회로 삼아 자신의 위치를 확보하려고 했지만 이 사건은 오히려 그의 장자의 권리를 상실하는 원인이 되었다.

지금까지 우리가 만든 역사의 흔적은 어떠한가? 우리의 욕망을 채우고 우리의 위치를 확보하기 위해 행했던 죄악의 흔적이 가득하지 않는가? 우리가 걸어온 발자국에 남을 해하고 기만하고 억압한 흔적을 남기지는 않았는가? 또 그 죄악의 흔적 때문에 근심하며 괴로워하고 있지는 않는가? 만약 그렇다면 예수 그리스도에게로 돌아오라. 주님이 우리에게 이렇게 약속했다: 「저희 죄와 저희 불법을 내가 다시 기억하지 아니하리라(히 10:17)」. 지금까지의 우리의 역사는 우리의 죄성 때문에 남긴 죄악의 흔적을 담고 있지만 이제 이후로는 예수 그리스도 안에서 성령의 인도를 따른 아름다운 발자취를 남길 수 있다.

인간의 역사는 단순히 한 개인의 삶의 기록이 아니다. 그 역사에는 하나님의 섭리와 하나님의 일하신 흔적이 있다. 창세기 35장 23절에서 29절은 그 사실을 반영한다. 창세기 35장 23절에서 26절은 야곱의 열두 아들의 이름을 기록한다. 이것은 단순한 족보 목록이 아니라 하나님이 야곱을 위하여 일한 흔적의 기록이다. 하나님은 창세기 28장에서 야곱에게 자손을 약속했고 또한 그 자손이 땅의 티끌같이 될 것을 약속했다. 따라서 이 목록은 하나님께서 야곱에게 하신 자손의 약속을 성취했음을 선언하고 있는 것이다. 이 이름들은 장차 이스라엘의 기초를 이루는 초석들이다. 하나님이 자신의 목적을 성취하기 위하여 장차 이스라엘의 초석이 될 자들을 친히 준비한 것이다.

또한 우리가 주목할 것은 이삭의 죽음을 기록하기에 앞서 기록한 문구이다. 「야곱이 기럇 아르바의 마므레로 가서 그 아비 이삭에게 이르렀으니」. 하나님은 창세기 28장 15절에서 「내가 너와 함께 있어 네가 어디로 가든지 너를 지키며 너를 이끌어 이 땅으로 돌아오게 할지라」라고 약속했다. 따라서 「야곱이…그 아비 이삭에게 이르렀다」는 말은 하나님께서 약속대로 야곱을 인도하고 이끄셨다는 점을 분명하게 드러내고 있다. 야곱의 역사는 자신의 의지와 뜻대로 행한 일들로 가득하다고 생각할 수 있지만 성경 저자는 야곱의 역사에서 야곱을 위하여 일한 하나님의 흔적을 드러내고 있는 것이다. 우리의 역사에 고통이 있고 때로 죄악으로 얼룩진 수치스러운 흔적이 있지만 그 속에 또한 우리를 위해 일하신 하나님의 흔적이 있다. 야곱의 발걸음이 하나님의 약속의 성취로 가는 발 걸음이었다면 우리의 발걸음 또한 하나님께서 자신의 계획과 목적을 성취하기 위해 이끄시는 역사의 흔적인 것이다. 따라서 우리는 우리의 역사를 믿음의 눈으로 바라 보아야 한다. 아직 우리에게 기록될 역사가 남아 있다.

제10장

에서의 계보 (창 36:1~43)

에서, 그는 이삭의 장자이지만 그의 동생 야곱에게 장자권을 판 자이다. 그는 오랫동안 동생 야곱에 대한 원한을 가지고 살았다. 그렇지만 하나님의 특별한 은혜로 그들은 화해한다. 창세기 35장 29절은 이렇게 기록한다: 「이삭이 나이 많고 늙어 기운이 진하매 죽어 자기 열조에게 돌아가니 그 아들 에서와 야곱이 그를 장사하였더라」. 에서와 야곱은 함께 부친의 장래를 치렀다. 이제 이삭의 역사는 마감되었고 에서와 야곱의 시대가 열렸다. 그런데 저자는 창세기 37장에서 50장까지 계속되는 야곱의 가족 이야기 앞에서 에서와 그의 후손들의 역사를 한 장의 계보형식으로 간략하게 정리한다. 그렇다면 에서의 계보는 우리에게 무엇을 전달하려고 하는 것일까?

에서의 계보는 모든 사람들에게 베푸시는 하나님의 은혜를 알려준다. 에서는 이스마엘처럼 비선택 계열이다. 그런데 에서의 계보에는 독특한 특징이 있다. 그것은 바로 에서의 번성이다. 창세기 36장 1절은 「에서 곧 에돔의 대략이 이러하니라」라고 기록한다. 저자는 에서와 에돔을 연결함으로 에서와 그 후손들을 통해 세워지는 에돔 왕국을 말하려고 한다. 우선 창세기 36장 6절과 7절은 에서가 약속의 땅 가나안을 떠나야 하는 이유를 기록한다.

> 에서가 자기 아내들과 자기 자녀들과 자기 집의 모든 사람과 자기의 가족과 자기 모든 짐승과 자기가 가나안 땅에서 얻은 모든 재물을 이끌고 그 동생 야곱을 떠나 타처로 갔으니 두 사람의 소유가 풍부하여 함께 거할 수 없음이러라 그들의 우거한 땅이 그들의 가축으로 인하여 그들을 용납할 수 없었더라.

이 기록은 롯을 생각나게 한다. 롯이 아브라함을 떠났던 이유도 그의 소유가 풍부하여 함께 땅에 거할 수 없었기 때문이다. 이것은 에서가 거부가 되었음을 보여준다. 그래서 에서는 세일산에 거했다. 또한 에서의 계보는 에서의 후손을 기록하며 호리 족속을 통합하는 일과 그 후손으로부터 에돔 땅을 다스리는 왕들이 나왔음을 기록하면서 에서의 왕국, 즉 에돔의 왕국이 건설되었음을 기록한다. 이것은 에서의 번성을 말하는 것이다.

예레미야 45장 4절은 이렇게 기록한다: 「여호와께서 이같이 말씀하시기를 보라 나는 나의 세운 것을 헐기도 하며 나의 심은 것을 뽑기도 하나니 온 땅에 이러하거늘」. 이 선언은 여호와께서 온 땅의 주권자이심을 선포하는 것이다. 따라서 에서의 번성과 그의 왕국 건설은 하나님이 그에게 베푼 은혜의 결과라 할 수 있다. 우리는 하나님은 오직 믿는 자들만의 하나님이고 믿는 자들에게 만 은혜를 베푼다고 잘못 생각할 수 있다. 그러나 우리가 믿는 하나님은 우주 의 통치자이고 세상 모든 사람들에게 은혜를 베푸신다. 마태복음 5장 45절은 「하나님이 그 해를 악인과 선인에게 비춰게 하시며 비를 의로운 자와 불의한 자에게 내리우심이니라」고 선언한다. 하나님은 이 세상의 모든 자들에게 은 혜를 베푼다. 우리는 이것을 일반 은혜라 부른다. 이것은 세상의 모든 사람들 에 하나님의 땅에서 삶을 유지하도록 하신 하나님의 공평하심이다.

그리스도인은 모든 사람들에게 베푸신 하나님의 일반적인 은혜를 바라보면 서 하나님의 은혜에 더욱 감사해야 한다. 그것은 하나님의 백성들에게는 일반 적인 사람들에게 베풀지 않은 특별한 은혜가 있기 때문이다. 그것이 바로 하 나님의 놀라우신 구속이다. 하나님은 그의 아들 예수 그리스도의 보혈로 죄와 사망 가운데 있는 우리를 사셔서 그의 백성 삼았다. 또한 하나님은 우리를 지 금 친히 인도하고 보호한다. 하나님은 우리를 시냇가에 심기운 나무처럼 때와 시절을 따라 열매를 맺도록 한다. 하나님은 모든 사람들에게 은혜를 베풀지만 하나님의 백성인 우리에게는 특별한 은혜를 주신다.

에서의 계보는 또한 장차 세워질 이스라엘 왕국과 더 나아가 메시야 왕국을 바라보도록 한다. 창세기 36장은 에서 곧 에돔 땅을 다스리는 왕들을 기록하 면서 31절에 다음과 같이 기록한다. 「이스라엘 자손을 다스리는 왕이 있기 전 에 에돔 땅을 다스리는 왕이 이러하니라」. 이 기록의 목적은 단순히 에돔 땅을 다스리는 왕들에 대한 정보를 제공하려는데 있지 않다. 그것은 이스라엘 자손을 통해 세워질 왕국에 대한 기대를 은근히 드러낸다. 우리가 한 가지 주목할 것은 창세기 25장 23절의 기록이다. 「두 국민이 태 중에 있구나. 두 민족이 네 복중에서부터 나누이리라. 이 족속이 저 족속보다 강하겠고 큰 자는 어린 자를 섬기리라」. 이 말씀에 근거하면 에돔의 왕국은 하나님의 약속의 성취임을 알려주며 동시에 차자 야곱, 즉 이스라엘을 통해 세워질 나라에 기대를 가지게 한다. 민수기 24장 17절에서 19절은 이렇게 기록한다.

> 한 별이 야곱에게서 나오며 한 홀이 이스라엘에게서 일어나서 모압을 이 편에서 저 편까지 쳐서 파하고 또 소동하는 자식들을 다 멸하리로다. 그 원수 에돔은 그들의 산업이 되며 그 원수 세일도 그들의 산업이 되고 그 와 동시에 이스라엘은 용감히 행동하리라. 주권자가 야곱에게서 나서 남 은 자들을 그 성읍에서 멸절하리라.

이 말씀은 창세기 25장 23절의 약속처럼 에돔이 이스라엘의 다스림 아래 있게 될 것을 선언한다. 특별히 오바댜 1장 21절에서는 「구원자들이 시온산에서 올라와서 에서의 산을 심판하리니 나라가 여호와께 속하리라」고 선포한다. 성경은 에서 곧 에돔이 큰 왕국을 건설했을지라도 장차 건설될 이스라엘 왕국과 메시야 왕국의 심판과 다스림을 받을 것을 선언한다. 이것은 우주를 다스리시고 통치하시는 하나님의 주권이며 그의 약속의 실행이다. 그렇지만 하나님은 에돔의 남은 자들에 대한 미래를 열어 놓는다. 아모스 선지자는 이렇게 선포한다.

> 그날에 내가 다윗의 무너진 천막을 일으키고 그 틈을 막으며 그 퇴락한 것을 일으켜서 옛적과 같이 세우고 저희로 에돔의 남은 자와 내 이름으

로 일컫는 만국을 기업으로 얻게 하리라. 이는 이를 행하시는 여호와의 말이니라(암 9:12).

아모스는 여호와의 주권적 행위로 세워질 메시야 왕국에서 에돔의 남은 자들이 하나님의 나라 백성이 될 것을 선언한다. 사도행전 15장은 예루살렘의 회의를 기록한다. 이 때 이방인의 구원에 대한 논의가 있었다. 이때 야고보는 아모스 9장 12절의 예언을 인용한다. 그러면서 이방인들의 구원이 합당한 사건임을 선언한다.

하나님이 에서를 야곱의 다스림 아래 두신다고 약속한 것은 단순히 그들에 대한 심판만을 말하는 것이 아니다. 에돔의 남은 자들이 하나님의 백성이 되어 영원히 메시야의 다스림 안에 거하게 될 것을 선언하는 것이다. 이것은 만왕의 왕 예수 그리스도께서 다스리는 메시야 왕국의 건설이 모든 민족 속에 남겨 놓으셨던 그의 백성들을 모으시는 사건임을 보여준다. 하나님의 뜻은 하늘에 있는 자들과 땅에 있는 자들과 땅 아래 있는 자들로 모든 무릎을 예수의 이름에 꿇게 하는 것이다. 그들이 모든 입으로 예수 그리스도를 주라 시인하여 하나님 아버지께 영광을 돌리게 하는 것이다.

에서의 계보는 모든 사람들에게 베푸는 하나님의 은혜를 보여준다. 우리는 알 수 없지만 하나님은 믿지 않는 사람들에 대한 계획을 가지고 있다. 특별히 하나님은 에돔 왕국이 메시야 왕국의 지배 아래 있을 것을 선언하면서 그 남은 자들이 하나님의 백성이 될 것을 약속한다. 이 약속은 에돔과 같은 이방인 중의 하나였던 우리에게 주시는 하나님의 특별한 은혜이다. 이 특별한 하나님의 은혜 때문에 우리가 하나님의 백성이 되었다.

제 V 부
야곱에서 이스라엘에게로
- 창 37~50장에 대한 성경신학적 묵상 -

야곱 가족은 야곱의 편애와 요셉의 말과 꿈 때문에 화평하지 못한다.
결국 형제들은 요셉을 미디안 상인에게 판다.
오랜 시간이 지나 형제들은 용서를 구하고 용납함으로 화해에 이른다.

유다는 자손의 위기를 모면하기 위해 다말을 내어 보내지만
하나님은 다말과 유다의 관계에서 자손이 이어지도록 한다.
하나님은 유다의 후손에서 메시아가 올 것을 예언한다.

요셉은 보디발 집의 관리자에서 이집트 땅의 관리자가 되어 양식을 준비하고
이집트 사람들과 야곱과 그의 아들들에게 양식을 공급한다.

요셉과 유다의 역할로 야곱 가족은 고센 땅에 정착하게 되어
창세기 15장에서 하나님이 약속했던 그 약속을 성취한다.

요셉은 장차 하나님이 이스라엘을 방문할 것과 가나안 땅으로 올라가게 될 것을 유언함으로
이스라엘이 가나안 땅을 고대하게 한다.

제1장
화목에 이르는 길(창 37: 1~36; 50:15~21)

「불화」는 우리에게 고통을 준다. 그러나 「화목」은 우리를 행복하게 한다.[72] 잠언은 「마른 떡 한 조각만 있고도 화목 하는 것이 제육이 집에 가득하고 다투는 것 보다 나으니라(잠 17:1)」고 말한다. 우리는 화목을 원한다. 그러나 불화의 그림자는 늘 옆에 있다. 여러 가지 불화의 원인이 있지만 그 원인은 외적 환경 요인보다 내적 관계에 있다. 가족 불화는 부모와 형제 사이의 부적절한 관계에서 발생한다. 깨어진 가족 관계는 많은 고통을 치른다. 잠언이 「노엽게 한 형제와 화목하기가 견고한 성을 취하기 보다 어렵다(잠 18:19)」고 말하는 것처럼, 깨어진 형제 관계의 회복은 쉽지 않다.

야곱 가족, 그들은 하나님이 선택한 가족이다. 그러나 그들은 심각한 가족 불화를 겪는다. 그 원인은 아버지의 편애였다. 야곱은 여러 아들보다 요셉을 더욱 사랑했다. 그래서 그는 요셉을 위해 채색 옷을 만든다. 「채색 옷」이 어떤 종류의 옷이든지 간에 그 옷 자체가 요셉에 대한 야곱의 특별한 사랑의 증거였다.[73] 요셉에 대한 야곱의 사랑은 노년에 얻은 아들이기 때문에 자연스러운 것 같다. 그러나 본문은 「그의 모든 아들들보다」라는 비교급을 사용해 그 사랑에 문제가 있음을 보고한다. 야곱의 편애의 결과는 무엇인가? 그것은 곧 형

---

72) 창세기 37~50장에서 나타나는 용서와 화해에 대해서는 필자가 「그 말씀」, 2009년 9월호에 기고한 "야곱 가족의 불화, 용서와 화해"를 보라.

73) 강규성, 「야곱의 '톨레돗' 구조속에 나타난 요셉과 유다의 역할」, 총신대학교대학원, 박사학위 논문, 57. '채색옷' 과 관련된 논의는 Ron Pirson의 *The Lord of Dreams*, 33~35을 보라.

제들의 미움이었다. 형들은 요셉에 대한 아버지의 사랑을 보고 요셉을 미워했다. 그래서 그들은 편안히 말할 수 없었다. 불행히도 그 미움은 멈추지 않고 증오의 불이 되어 타오른다. 창세기 37장 5절과 8절은 「형들이 요셉을 더욱 미워했다」고 강조한다. 형제들의 미움은 더욱 쌓였다. 더욱이 창세기 37장 11절은 「형들이 요셉을 시기했다」고 보고한다. 「시기했다」라는 히브리어 「카나」는 「정도를 넘을 경우 과격한 행동으로 나타나기 쉬운 감정」을 표현한다.[74] 형들의 증오는 극에 달했다. 본문은 그 이유가 「요셉의 꿈과 그의 말」때문이라고 밝힌다.

요셉의 꿈은 무엇인가? 요셉의 두 꿈은 내용상 하나이다. 그것은 형들의 곡식 단이 요셉의 단에 절하고 해와 달과 열한 별이 요셉에게 절하는 내용이다. 야곱 가족이 요셉에게 절하는 것이다. 이 자체만으로 요셉이 형들의 미움을 사기에 충분했다. 그런데 요셉의 말과 태도는 형들을 더욱 분노케 했다. 요셉은 꿈 전달에 집요한 집착을 보인다. 본문은 「주의 집중」의 「힌네」즉 「들으시오」라는 말을 세 번이나 사용한다. 요셉은 형들에게 꿈 내용을 집중해서 듣기를 강요한다. 이에 형들은 분노한다. 「네가 정말 우리의 왕이 되겠느냐 정말 우리를 다스리겠느냐」. 부친 또한 꾸짖는다. 「나와 네 모와 네 형들이 정말 가서 땅에 엎드려 네게 절하겠느냐」. 이런 요셉의 꿈과 태도는 형들의 감정을 폭발 직전으로 만들었다.

그 감정의 폭발은 「도단」에서 발생했다. 형제들은 다가오는 요셉을 보고 음모를 계획한다. 그 음모는 「가서…요셉을 죽여…구덩이에 던져…짐승이 먹었다고 하자」는 것이다. 그들은 잔인한 계획을 신속하게 진행하려고 한다. 그런

---

74) G. Wenham, 352.

데 르우벤과 유다의 예기치 않은 갈등이 나타난다. 르우벤은 이 사건을 기회로 실추된 자신의 권위를 회복하려고 한다. 그래서 르우벤은 상당히 권위적으로 명령한다.

> 너희는 생명을 해하지 말라⋯너희는 피를 흘리지 말라⋯너희는 그에게
> 손을 대지 말라⋯그를 구덩이에 던지라.

본문은 그 이유를 「그가 요셉을 구원 하여⋯아비에게 돌리려 함이었다」고 밝힌다. 르우벤의 계획은 요셉의 구원이 아니라 자신의 권위 회복이다. 그런데 창세기 37장 29절에서 르우벤은 옷을 찢고 「아이가 없도다 나는 나는 어디로 갈까」라고 탄식한다. 르우벤의 계획이 수포로 돌아갔다. 왜 이런 일이 발생했는가? 그것은 유다 때문이다. 유다는 말한다.

> 우리가 우리 동생을 죽이고 그 피를 은닉한들 무엇이 유익하겠느냐? 그
> 를 이스마엘 사람에게 팔자. 우리 손을 그에게 대지 말자. 그는 우리 동생
> 이요 우리의 골육이다.

이런 그의 연설에 형제들은 동의하여 요셉을 팔았다. 여기서 요셉을 두고 벌어지는 형제들 사이의 은근한 갈등을 볼 수 있다. 하나님이 선택한 가족, 야곱의 공동체가 형제를 죽이려 하고 인신매매라는 극단적인 인권유린을 자행한다. 또한 그 속에서 주도권을 잡기 위한 보이지 않는 다툼을 벌이고 있다. 참으로 불행이다. 그러나 더 큰 불행은 부친을 속이는 아들들의 잔인성이다. 형제들은 사랑의 증표인 채색 옷을 염소의 피에 적셔 야곱에게 죽음의 증표로 제

시한다: 「우리가 이것을 얻었으니 아버지의 아들의 옷인가 아닌가 보소서」. 그들은 부친에게 요셉의 죽음을 확신 시키기 위해 노력한다. 결과는 무엇인가? 야곱의 탄식이다. 그는 옷을 찢고 베로 허리를 묶고 애통한다. 야곱 공동체는 철저하게 파괴되고 있다. 비극이다.

이 비극이 현재 우리 형제 자매들에게 현실로 나타난다. 무엇 때문인가? 그것은 공정하지 못한 행동 때문이다. 편애 그것은 공정치 않은 자녀 사랑이다. 그것이 형제와 자매 관계를 시기와 질투로 몰아 넣는다. 만약 자녀들이 이 공정치 못한 사랑을 어렸을 때부터 경험하며 성장했다면 자녀들의 마음에 깊은 상처를 남길 뿐 아니라 성격 또한 장애를 받을 수 있다. 이때 얻은 상처와 분노는 장성한 어른이 된 후에도 온전치 못한 형제 관계로 발전할 수 있다. 심지어 자녀들이 평생 부모 형제에 대한 원망과 증오심 때문에 괴로워하며 살 수 있다. 요셉을 둘러싼 형제들의 증오가 우리 삶 속에 만연되어 있고 또한 가족 공동체 안에서 자신의 위치를 확보하기 위한 보이지 않는 갈등과 다툼이 우리 공동체를 병들게 한다.

현재 우리 가족은 어떠한가? 화목한가? 아니면 늘 대립과 갈등 속에 있는가? 만약 그렇다면 그 원인은 어디에 있는가? 공정하지 못한 나 자신에게 문제가 있지 않은가? 하나님은 공평하다. 그는 우리가 공정한 판단으로 질서와 조화를 이루는 삶을 살기 원한다. 공정한 사랑이 화목한 가정을 만든다. 만약 가족이나 우리가 속해 있는 공동체가 대립과 갈등 속에 있다면 그 해결책은 무엇일까? 그것은 서로 용서하고 용납하는 일이다. 야곱 가족의 문제가 형제들이 요셉을 팔아 제거함으로 해결된 것이 아니다. 요셉이 기근으로 어려움을 겪는 야곱 가족을 이집트 고센 땅으로 초청하여 거하게 함으로 해결된 것이 아니다. 요셉과 형제들의 관계는 드러나지 않을 뿐이지 여전히 해결되지 않았다.

형제들은 요셉에게 행한 허물과 죄 때문에 늘 두려움에 있다. 창세기 50장 15절은 이렇게 기록한다. 「요셉의 형제들이…말하되 요셉이 혹시 우리를 미워하여 우리가 그에게 행한 모든 악을 다 갚지나 아니할까 하고」. 특별히 여기에 사용된 「미워하다」는 용어는 「원한을 갖다」는 의미이다. 이것은 형제들과 요셉 사이에 불화가 해결되지 않았음을 보여준다. 이런 상황에서 요셉의 형제들이 취한 행동이 무엇인가? 그들은 용서를 구했다. 형들은 사람을 보내어 부친의 말을 전하며 용서를 구한다.

> 당신의 아버지가 돌아가시기 전에 명하여 이르시기를 너희는 이같이 요셉에게 이르라 네 형들이 네게 악을 행하였을 찌라도 이제 바라건대 그 허물과 죄를 용서하라 하셨다 하라 하셨나니 당신의 아버지의 하나님의 종들의 죄를 이제 용서하소서.

더 나아가 형들은 친히 와서 엎드려 「우리는 당신의 종입니다」라고 고한다. 요셉은 어떻게 반응하는가? 그는 「두려워 마소서 내가 하나님을 대신 하리이까…당신들은 두려워 마소서 내가 당신들과 당신들의 자녀들을 기르리이다」라고 위로했다. 요셉이 형제들을 용서하고 용납할 수 있었던 근본적인 이유는 무엇인가? 그것은 하나님의 섭리와 인도에 대한 바른 인식이다. 그는 고백한다.

> 당신들은 나를 해하려 하였으나 하나님은 그것을 선으로 바꾸사 오늘과 같이 만민의 생명을 구원하게 하려 하셨나이다.

야곱 가족은 용서와 용납을 통해 그동안 그들을 괴롭혔던 불화를 몰아내고 화목한 가족을 이루고 있다. 우리에게 필요한 것이 무엇인가? 그것은 바로 용서를 구하는 것이다. 우리는 하나님께 용서를 구하면서 우리 부모, 형제, 자매에게 용서를 구하는 것은 소홀히 여긴다. 우리가 용기를 내어 용서를 구할 때 그곳에서 내적 평강이 싹트기 시작한다. 뿐만 아니라 우리에게 필요한 것이 바로 용서하고 용납하는 것이다. 만약 우리가 부모, 형제, 자매를 용서하고 용납하지 못한다면 그것은 자신 안에 분노의 불을 피워 스스로 괴롭히는 것이다. 마태복음 6장 14절과 15절에서 예수님은 이렇게 말씀한다. 「너희가 사람의 과실을 용서하면 너희 천부께서도 너희 과실을 용서하시려니와 너희가 사람의 과실을 용서하지 아니하면 너희 아버지께서도 너희 과실을 용서하지 아니하시리라」. 또한 바울은 「서로 용납하여 피차 용서하되 주께서 너희를 용서하신 것 같이 너희도 그리하라(골 3:13)」고 권면한다.

　하나님은 공평하기 때문에 우리가 공정한 사랑을 하길 원한다. 하나님은 사랑이기에 우리가 사랑으로 살기를 원한다. 하나님은 우리가 불화 속에 고통스러워 하는 것을 원치 않고 화목하게 살기를 원한다. 우리에게 필요한 것은 바로 서로 용서하고 용납하는 것이다. 이것이 바로 화목한 가정으로 가는 길이다.

제2장
인간의 계획과 하나님의 계획[75] (창 38:1~30)

사람이 마음으로 자기 길을 계획할지라도 그 걸음을 인도하시는 자는 여
호와시니라(잠언 16:9). 사람의 마음에는 많은 계획이 있어도 오직 여호
와의 뜻이 완전히 서리라(잠언 19:21).

이 구절들은 사람이 세운 계획의 불완전함과 하나님의 계획의 완전함을 대
비적으로 보여준다. 창세기 38장은 유다 가문의 자손 위기가 어떻게 극복되는
지 설명한다. 이 이야기에 자손의 위기를 극복하기 위한 유다의 계획과 실패,
그리고 다말의 의로운 행위를 통한 하나님의 계획이 드러난다. 그렇다면 어떻
게 유다 가문이 자손 위기를 만나게 되는가?

그것은 유다의 잘못된 행동과 자손들의 죄 때문이다. 본문은 유다의 결혼
자체가 언약 자손다운 행동이 아니었음을 은근히 지적한다. 유다는 동생 요셉
을 이스마엘 사람들에게 팔도록 선동한 후 형제들을 떠나 아둘람 사람 히라에
게 간다. 그곳에서 가나안 사람 수아의 딸을 아내로 맞이한다. 「가나안 사람
수아의 딸」이란 문구 자체가 유다의 행동이 조상들의 행위를 따르지 않음을
보여 준다. 아브라함은 이삭의 결혼 상대자로 가나안 여인을 선택하지 않았
다. 이삭은 에서가 가나안 여인을 취한 것을 기쁘게 여기지 않고 야곱에게 「너
는 가나안 사람의 딸들 중에서 아내를 취하지 말라」고 했다. 그런데 유다는 그

---

75) 창세기 38장에 대한 학문적 토론은 필자의 논문 "유다 자손의 위기와 극복", 「구약논집」 제1집; Steven D.
Mathewson, "An Exegetical Study of Genesis 38", BS(1989); Anthony J. Lambe, "Genesis 38:Structure and
Literary Desgin", The World of Genesis: Persons, places, perspectives, ed,. Philip R. David, J. A. Clines,
JSOTSupp. 257(1998)을 참고하라.

소중한 믿음의 행위를 깨뜨린다. 뿐만 아니라 유다의 결혼 문구 「…보고…취하여…동침했다」는 표현은 유다의 결혼 자체가 자신의 정욕에 지배된 결혼이었음을 드러낸다. 이것은 유다의 결혼 자체에 문제가 있음을 보여 준다.

그렇지만 창세기 38장 3절에서 6절은 자손의 출생으로 유다 가문이 지속되고 번성함을 보인다. 유다는 엘, 오난, 셀라를 낳았다. 이제 유다는 그의 가문을 지속적으로 번성케 하기 위해 엘을 위해 「다말」을 택하여 아내로 삼았다. 그런데 창세기 38장 11절에서 유다는 며느리 「다말」에게 수절을 요청하며 친정으로 보낸다. 왜 그런가? 그것은 엘과 오난의 죽음으로 인한 자손의 위기가 왔기 때문이다. 유다는 마지막 아들 「셀라」까지 죽을까 하여 다말을 사실상 추방한다. 이것은 자손 중단의 위기를 막기 위한 유다의 전략을 보여준다. 그렇다면 왜 「엘」과 「오난」이 죽었는가? 그것은 여호와께서 그들을 죽였기 때문이다. 엘이 죽은 이유는 무엇인가? 본문은 그의 죽음의 이유를 「엘이 여호와의 목전에 악함으로」라고 기록한다. 성경에서 「악」은 하나님의 심판의 대상이다. 엘의 행동이 구체적으로 묘사되지 않았지만 「여호와 목전에서 악했다」는 표현만으로 그의 죽음이 하나님의 심판이었음을 잘 드러낸다. 갑작스런 엘의 죽음에 유다는 당대의 관습대로 오난을 형수 다말에게 들어가게 하여 「씨」를 잇도록 했다. 그러나 불행하게도 창세기 38장 10절은 「그 일이 여호와의 목전에 악하므로 여호와께서 오난도 죽이셨다」고 기록한다. 「그 일」이란 어떤 일인가? 그것은 오난이 형수에게 들어가서 씨 잇기를 거부하고 땅에 설정한 것이다. 오난의 행동은 자신의 육체적 만족은 취하면서 관습에 규정된 의무는 준수하지 않는 행동이다. 이런 모습이 하나님 앞에 악한 것이다. 결국 유다 가문은 위기에 처한 것이다. 그래서 유다는 마지막 최후의 수단으로 다말을 내어보내어 다말의 권리를 박탈하고 셀라를 보존하여 자손의 위기를 막아보려는 계획을 세웠다.

유다 가문의 자손 위기는 유다의 올바르지 못한 행동과 그의 아들들의 죄 때문이었다. 그러나 유다는 그 사실을 전혀 인식하지 못한다. 그는 관습을 따라 그 위기를 해결하려고 한다. 더 나아가 그는 자손을 유지하기 위해 한 인간, 다말의 권리도 박탈하고 있다. 우리에게 위기가 온다. 자손의 위기, 재물의 위기, 생명의 위기가 찾아 올 수 있다. 이 때 우리는 그 위기를 모면하기 위해 많은 전략과 계획을 세운다. 이 때 반드시 우리가 점검할 것은 바로 자신이다. 위기를 느낄 때 환경과 남을 탓하기 전에 자신 안에 자리하고 있는 욕망과 죄악을 살펴야 한다. 뿐만 아니라, 우리가 위기를 모면하기 위해 세운 계획이 하나님 안에서 바른 것인지 살펴야 한다. 그 계획이 타인의 가슴에 아픔을 주지는 않는지 살펴야 한다.

자손의 위기 극복을 위한 유다의 계획은 수포로 돌아갔다. 그러나 하나님은 그 실패의 늪에서 유다 가문을 일으키기 위한 새 역사를 준비했다. 그것은 다말의 의로운 행위를 통한 자손의 출생이다. 다말은 셀라가 장성했음에도 불구하고 자신을 그의 아내로 주지 않자 자신의 권리를 찾기 위한 행동을 한다. 다말은 유다가 딤나에 올라왔을 때 변장을 하고 길곁 에나임 문 곁에 앉았다. 그러자 유다는 그 여인을 창녀로 여겨 「내가 네게 들어가게 하라」고 요청한다. 다말은 대가의 약조물을 요청한다. 이에 유다는 「도장과 그 끈과 지팡이」를 약조물로 주었다. 성경은 「유다가 그것들을 그에게 주고 그에게로 들어갔더니 그가 유다로 말미암아 잉태하였더라」라고 기록한다. 특별히, 본문의 표현 「과부의 의복을 벗고 면박을 얼굴을 가리고」에서 「그 면박을 벗고 과부의 의복을 도로 입으니라」는 유다가 완벽하게 속았음을 알려 준다.

다말이 시아버지와 성적 관계를 맺음으로 임신을 한 사건은 현대 도덕적 개념으로 수용하기 어렵다. 과연 다말의 행동이 정당한가? 학자들은 다말의 행동은 당대의 도덕적 관습에서 수용되었음을 인정한다. 당시 힛타이트와 중기 앗시리아 법률은 만약 결혼한 남자가 죽고 그의 형제들이 죽었다면 그의 아버지는 그녀를 취해도 처벌이 없다고 제정하고 있다. 모세의 율법에도 다말의 행동은 원리상으로 상반되지 않는다. 신명기 25장 5절에서 10절은 가문의 대를 잇기 위한 계대 결혼을 설명하면서 이렇게 기록한다. 「그 죽은 자의 아내는 나가서 타인에게 시집가지 말 것이요」. 이런 성경의 원리와 당대의 관습에서 볼 때 다말의 행동은 자신의 권리를 찾기 위한 행동이었다고 볼 수 있다.

그러나 계대 결혼의 의무를 충실히 이행할 책임이 있는 유다는 그렇지 않았다. 그는 셀라가 장성했음에도 불구하고 그를 다말에게 주지 않았다. 다말에게 들어가는 그의 모습 또한 자신의 정욕을 채우기 위한 것이었다. 특별히 그의 비열한 행동은 다말의 임신 사실 알았을 때 그의 태도에서 드러난다. 유다는 다말이 행음하여 임신했다는 소식을 듣자 「그를 끌어내어 불사르라」고 명령한다. 이것은 자신의 행동은 정당하고, 며느리의 행동은 정당하지 못하다고 정죄하는 바르지 못한 행동이다. 언약의 상속자 유다는 철저하게 세속적인 사람의 모습을 보인다. 그때 다말은 유다에게 「도장과 그 끈과 지팡이」를 보이며 이것이 누구의 것인가라고 묻는다. 이때 유다가 그것을 알아본다. 그는 이렇게 말한다: 「그는 나보다 옳도다」. 이 문장은 「그녀가 의롭다 나는 아니다」라고 번역이 가능하다. 유다는 그 약조물 앞에서 그동안 자신의 행동이 옳지 못했을 고백한다. 그리고 다말의 행동이 죽음에 이르는 도덕적 범죄가 아니라 바른 행동 즉 의로운 행위임을 인정한다.

하나님은 욕망과 정욕에 사로잡혀 있는 유다의 계획을 통해서 유다 가문의 위기를 극복하도록 하지 않았다. 그의 계획의 실패의 자리에서 의로운 다말의 행위를 통해서 유다 가문이 중단되지 않고 지속되도록 했다. 우리는 이 사건에서 한 가지 주목할 것이 있다. 그것은 본문이 자신의 행동이 도덕적으로 심각한 문제가 있음에도 죄악으로 인식하지 않고, 타인의 행동은 정죄하고 비난하며 사는 우리 삶의 태도를 지적하고 있는 것이다. 우리는 마치 유다와 같은 삶의 방식으로 살 때가 많다. 그러나 우리는 우리가 정죄하고 비난하는 사람들이 나보다 의로운 자들이고 또한 하나님은 그들을 통해서 그의 놀라운 계획을 이루실 수 있다는 사실을 인식해야 한다. 너무 늦기 전에 유다의 「그녀가 의롭다. 나는 아니다.」는 고백이 우리 안에서 일어나 우리 삶의 개혁이 있어야 한다.

더 놀라운 것은 하나님은 이토록 문제 많고 허물 많은 인간 유다의 후손을 통해 장차 인류의 구속을 위해 오실 메시야의 길을 준비했다는 것이다. 다말은 쌍둥이를 출산했다. 이때 산파들이 구별하기 위해 먼저 나오는 자의 손에 홍사를 매었다. 그런데 그가 다시 들어가고 그 형제가 나온 것이다. 그의 이름을 베레스라 했다. 바로 그가 다윗 가문의 조상이 되었고 메시야 예수는 그 다윗의 후손으로 이 땅에 오셨다. 하나님은 장차 인류의 구속을 위해 야곱의 열두 아들들 중에서 유다를 선택했다. 유다는 동생 요셉을 팔도록 주동했던 범죄자였다. 그는 자신의 정욕을 채우기 위해 아브라함과 이삭의 믿음의 원리를 벗어난 탈선자였다. 그는 자신의 행동은 의롭고 타인의 행동은 정죄하고 비난하는 위선자였다. 그럼에도 불구하고 하나님은 그를 선택하여 다윗 가문과 메시야의 길을 준비했다. 이것이 바로 하나님의 계획이며 하나님의 긍휼이다. 그 하나님의 계획과 긍휼이 지금 우리에게도 머물고 있다.

제3장
하나님이 함께 한 사람 요셉(창 39:1~23[76])

　우리는 개성을 가지고 독립적으로 사는 것 같지만 실상은 늘 관계 속에서 산다. 우리의 행복과 불행, 기쁨과 슬픔, 고통과 희망은 사람들과의 관계에서 발생한다. 따라서 우리가 누구와 함께 생활하는가는 매우 중요하다. 세상에서 가장 큰 행복은 창조주께서 우리와 함께 하는 것이다. 하나님이 함께 하는 자의 삶이 얼마나 귀한 것인지는 이집트에 팔려온 요셉의 삶을 보면 알 수 있다.

　요셉, 그는 하나님이 함께 하는 사람이었다. 형들은 그를 이스마엘 사람들에게 팔고 이스마엘 사람들은 그를 이집트 바로의 시위대장 보디발에게 팔았다. 그런데 창세기 39장 4절과 5절은 「그 시위 대장 보디발이 요셉을 그 가정의 총무를 삼고 자기 소유를 다 그 손에 위임 하고…자기 집과 그 모든 소유물을 주관하게 했다」고 기록한다. 그 원인은 무엇인가? 우리가 주목할 것은 본문이 요셉을 노예로 묘사하지 않고 「여호와께서 요셉과 함께 있었다. 그는 번성케 하는 자였다」라고 묘사하는 점이다. 요셉의 아이덴티티는 「여호와께서 함께 하는 사람」, 「번성케 하는 사람」이었다. 그런데 보디발은 여호와께서 요셉과 함께 하심과 그의 범사에 번성케 하심을 보았다. 그래서 그를 자신의 집의 관리자로 삼고 모든 소유를 주관하도록 했다. 그 결과 여호와께서 요셉을 위하여

---

76) 창세기 39장은 창세기 39:1~41:47의 문맥에서 다루어져야 한다. 창세기 39:1~41:57은 요셉이 어떻게 보디발 집의 관리자에서 이집트 땅의 관리자가 되어 양식을 준비하여 이집트의 번성을 가져오는가를 설명한다. 창세기 39:1~5은 요셉을 번성하게 하는 자로 설명하는데 창세기 41:47~57은 일종의 '코다' 로서 이집트의 번성을 가져온 양식의 공급자 요셉을 노래한다. 이런 줄거리 안에 보디발 아내, 감옥에서 바로의 신하들을 섬김, 바로의 꿈에 대한 하나님의 뜻을 전달하는 이야기를 다룬다. 이 모든 사건은 요셉이 보디발의 집에서 이집트 땅의 관리자로 옮기는 중요한 전환을 일으키는 사건들이다. 창세기 41:47~57에서 양식을 가진 요셉은 자연스럽게 창세기 42장에서 47장까지 흐르는 양식을 얻기 위한 이동과 연결된다.

애굽 사람의 집에 복을 내려 그의 집과 밭에 있는 모든 소유에 미쳤다.

하나님이 함께 한 사람 요셉, 그는 충실한 청지기였다. 그는 보디발 집의 관리자로서 번성케 하는 자였다. 하나님은 창세기 12장 3절에서 「땅의 모든 족속이 너를 인하여 복을 얻을 것이다」고 약속했다. 그 약속대로 하나님은 요셉을 통해 보디발의 집에 복을 주셨다. 이 하나님의 약속은 지금도 유효하다. 현재 우리는 어떻게 살고 있는가? 우리는 이렇게 서로 축복하며 찬송한다: 「당신은 하나님의 언약 안에 있는 축복의 통로, 당신을 통하여서 열방이 주께 돌아오게 되리」. 이 찬송은 이상이 아닌 현실이 되어야 한다. 그러나 이 찬송을 부르는 자들에게 반드시 필요한 것이 있다. 그것은 우리가 이 세대를 위한 하나님의 충실한 청지기라는 의식이다. 우리는 현재 내가 서 있는 위치에 대한 자각이 있어야 한다. 지금 내가 서 있는 곳이 직장이든 가정이든 교회이든지 간에 하나님은 우리를 그 공동체의 청지기로 세웠다. 우리에게 필요한 것은 환경과 여건에 대한 불평이 아니라 주어진 환경과 여건에서 청지기로 충실하게 사는 것이다. 우리가 충실한 청지기로 살 때 요셉을 통해 보디발의 집에 복을 주신 것처럼 하나님은 우리가 섬기는 그 공동체에게 복을 주실 것이다.

하나님이 함께 한 사람 요셉에게도 유혹이 다가왔다. 창세기 39장 6절 하반절은 이렇게 기록한다: 「요셉은 용모가 준수하고 아담하였더라」. 이 문장은 요셉의 외모가 여성의 주목을 받을 만한 신체 요건을 갖추고 있음을 표현한다. 따라서 요셉은 보디발의 아내에게 집요한 유혹을 받는다. 본문은 보디발의 아내의 유혹의 집요성과 철저함을 잘 드러낸다. 보디발 아내의 전략 1단계는 관심 전달이다. 그녀는 기회 있을 때마다 요셉에게 「눈짓을 한다」. 전략 2단계는 직접 요청이다. 그녀는 눈짓을 보내다가 이렇게 직접 요청한다: 「나와 함께 눕자」. 제3단계 전략은 집요한 간청이다. 본문은 「날마다 요셉에게 청했다」라고 기록한다. 마지막 제4단계는 폭력적인 힘을 사용하는 것이었다. 보디발의 아내는 집에 사람이 아무도 없음을 확인하고 요셉의 옷을 잡고 「나와 동침하자」고 끈질기고 집요하게 유혹한다. 특별히 어떤 학자는 「옷을 잡다」는 단어에서 그녀의 폭력성을 주목한다. 보디발의 아내는 폭력적인 행동과 힘으로 자신의 욕망을 채우려 했다.

보디발 아내의 집요하고 철저한 유혹에 대해 요셉은 어떻게 반응하는가? 요셉은 주인에 대한 신실함과 하나님 앞에서라는 「존전의식」으로 반응한다. 요셉은 눈짓하며 동침하기를 요청하는 보디발의 아내에게 그 제안을 거절하며 이렇게 말한다.

> 내 주인이 집안의 모든 소유를 간섭하지 아니하고 다 내 손에 주었습니다. 이 집에는 나보다 큰 이가 없고 주인이 아무것도 내게 금하지 아니하였어도 금한 것은 당신 뿐이니 당신은 그의 아내입니다. 그런즉 내가 어찌 이 큰 악을 행하여 하나님께 죄를 지으리이까.

우리는 요셉의 말에서 충실한 청지기 의식을 발견한다. 그는 그가 섬기는 주인에 대한 신실한 태도를 지닌다. 뿐만 아니라 그의 행동을 하나님의 관점에서 생각하고 있다. 그는 보디발 아내의 제안에 동침하는 것은 하나님 앞에 「큰 악을 행하는」 것으로 여기고 있다. 요셉, 그는 하나님 앞에 존전의식을 가졌을 뿐 아니라 행동으로 실천하는 사람이었다. 그는 「날마다 동침하기를 요청하는」 보디발의 아내를 거절했을 뿐 아니라 함께 있지도 않았다. 보디발의 아내가 그의 옷을 붙잡고 간청했을 때에도 그는 수치심을 무릅 쓰고 옷을 버리고 도망했다.

하나님이 함께 한 사람 요셉은 하나님 앞에서 사는 존전의식으로 살아 자신을 정결케 한 사람이다. 보디발의 아내는 요셉을 넘어 뜨리기 위해 집요하고도 철저한 유혹을 했다. 이와 같이 우리를 넘어뜨리기 위한 사단의 유혹은 다방면에서 철저하고 집요하다. 바울은 「마귀가 우는 사자 같이 두루 다니며 삼킬 자를 찾는다」고 말한다. 그러면서 그는 「근신하여 깨어 있으라」 「마귀로 틈을 타지 못하게 하라」고 권면한다. 그는 「마귀의 궤계를 능히 대적하기 위하여 하나님의 전신 갑주를 입으라」고 명령한다. 현재에도 마귀는 하나님의 백성들을 넘어 뜨리기 위해 「성적으로」, 또는 「물질관계로」 그리고 「권력의 문제」 등을 앞세워 우리 욕망을 부추긴다. 그것도 달콤하고도 집요하게 우리에게 다가온다. 이때 우리는 유혹에 빠져 옳고 그름의 판단 능력을 상실해서는 안 된다. 우리는 하나님 존전의식을 가지고 냉철한 이성으로 현실을 바르게 판단하여 스스로를 정결케 해야 한다.

하나님이 함께 한 사람 요셉이 하나님 존전의식으로 자신을 지켰을 때 그는 어떻게 되었는가? 그는 불행히도 감옥에 갇혔다. 그것은 보디발의 아내가 자신의 계획이 철저하게 거부당하자 역으로 요셉이 성희롱 했다고 고발했기 때문이다. 보디발의 아내는 「요셉의 옷」을 성희롱의 증거로 제시하며 「히브리종이 자신을 희롱했다」고 거듭 강조하며 주장한다. 그 결과 주인 보디발은 노하여 요셉을 감옥에 넣었다.

우리는 이 장면에서 「불공평함」이란 단어를 떠올리지 않을 수 없다. 참으로 「불공평한 세계」이다. 악인이 의인이 되고 의인이 악인이 되는 현실이다. 우리는 힘있는 자의 행동이 정당화 되고 약자들의 신실한 행동이 오히려 악이 되어 돌아 올 때 탄식한다. 이것이 바로 타락한 세계에서 발생하는 일이다. 따라서 성경의 의인들은 이 불공평한 세계를 보며 탄식하며 하나님의 공의로운 통치를 간구했다. 그러나 우리는 불공평한 세계에서 좌절하거나 실망할 필요가 없다. 그것은 우리의 하나님이 공정한 분이기 때문이다. 그는 의인들의 고난을 간과하지 않기 때문이다. 처음에 형들은 요셉을 「구덩이」에 던졌다. 그 자리는 절망의 자리였다. 그러자 형들은 요셉을 이스마엘 사람들에게 팔아 약속의 땅 가나안에서 추방시켰다. 이스마엘 사람들은 요셉을 보디발에게 팔았고 보디발이 요셉을 그 집의 관리자로 삼았다. 그러나 이제 보디발 아내의 간계로 요셉은 다시 「감옥」, 절망의 자리로 던져졌다. 하나님은 이렇게 비참한 현실을 경험한 요셉을 어떻게 했는가? 하나님은 요셉과 함께 했다. 본문은 이렇게 기록한다.

> 여호와께서 요셉과 함께 하고 그에게 인자를 더하사 전옥에게 은혜를 받게 하셨다…여호와께서 요셉과 함께 하심이라. 여호와께서 그의 범사에 형통케 하였더라.

가나안 땅에서 요셉과 함께 했던 하나님, 그는 이집트까지 함께 내려 오셨고, 이제 감옥까지 요셉과 함께 오신 것이다. 동행, 그것이 요셉의 억울한 현실에 함께 한 하나님의 흔적이었다. 그 결과 요셉은 감옥에서 죄수를 돌보는 관리자가 되었다. 우리가 불공평한 세계에서 불공평한 일을 만나 억울한 일로 괴로워하는 순간에도 잊지 말아야 할 사실은 하나님이 우리와 함께 한다는 것이다.

임마누엘, 「하나님이 우리와 함께 계시다」는 이 단어의 의미가 요셉의 삶 속에서 실현되었음을 우리는 알 수 있다. 그 임마누엘의 실현은 예수 그리스도로 말미암아 하나님의 백성인 우리의 삶에서 현재 실현되고 있다. 따라서 우리는 불공평한 세계에서 임마누엘의 하나님과 동행함을 의식하며 정결하게 살아야 한다. 하나님은 바로 정결한 우리의 삶을 통해 세상의 많은 사람들이 복을 얻기를 원한다.

제4장
최악의 상황, 최선의 섬김(창 40:1~23)

최악의 상황이 우리에게 찾아온다. 그 상황을 맞는 사람에 따라 그 정도는 다를 수 있지만 우리가 견디기 어려운 상황이 찾아 온다. 과연 그때 그 최악의 상황에서 우리는 무엇을 할 수 있을까? 하나님이 함께 한 자 요셉, 그가 성희롱이란 누명을 쓰고 간 곳은 감옥이다. 감옥 그곳은 사람이 물리적, 심리적으로 곤고함을 느끼는 최악의 장소이다. 시편 105편 18절과 19절은 요셉이 경험한 상황을 이렇게 기록한다: 「요셉이 종으로 팔렸도다. 그 발이 착고에 상하여 그 몸이 쇠사슬에 매였으니 곧 여호와의 말씀이 응할 때까지라. 그 말씀이 저를 단련하였도다」. 시편기자는 요셉이 감옥에서 물리적으로 심리적으로 곤고함에 있었음을 보고한다. 이 최악의 상황에서 요셉은 무엇을 했는가?

요셉, 그는 최악의 상황에서 다른 사람을 성실히 섬겼다. 창세기 40장 4절은 이렇게 기록한다: 「시위대장이 요셉으로 그들에게 수종하게 하매 요셉이 그들을 섬겼더라」. 여기서 우리는 한 가지 주목할 것이 있다. 그것은 「수종하게 하매」라는 단어이다. 이 단어는 창세기 39장 4절 「그가 요셉으로 가정 총무를 삼고 자기 소유를 다 그 손에 위임하니」에서 「위임하다」와 동일한 단어이다. 보디발이 요셉에게 모든 소유를 전적으로 위임한 것처럼 시위대장이 죄수들을 요셉에게 전적으로 위임하여 돌보게 한 것이다. 본문은 「요셉이 그들을 섬겼더라」라고 기록한다. 요셉이 창세기 39장에서 충실한 청지기로 보디발의 모든 소유를 관리한 것처럼 그는 최악의 상황 감옥에서 죄수들을 성실하게 섬겼다. 좀더 우리가 주목할 것은 창세기 37장 2절의 기록이다. 「요셉이…그 형제와 함께 양을 칠 때에…」 이 본문은 「요셉이 양떼들 속에 있는 그 형제들을 돌보고 있었다」라고 번역할 수 있다. 요셉의 직무는 양을 치는 것이 아니라 양치는 형들을 돌보는 임무였다. 여기서 「돌본다」는 말은 형들의 필요한 것을 공급하는 역할을 말한다. 이 상황을 주목하면 우리는 아주 중요한 사실을 발견하게 된다. 그것은 요셉이 상황에 매인 사람이 아니라 상황을 초월하여 언제나 충실한 청지기로 살았음을 알 수 있다. 사랑 받는 아들 요셉, 그는 형들을 돌보았고, 보디발 집의 관리자 요셉, 그는 보디발 모든 소유를 돌보았고, 감옥의 죄수 요셉, 그는 지금 죄수들을 충실하게 돌보고 있는 것이다. 상황이 변해 인생의 최악을 경험하지만 그는 여전히 충실한 청지기이다.

상황에 매이지 않고 상황을 초월한 충실한 청지기, 그것이 바로 하나님께서 우리에게 원하는 것이다. 요한복음 12장 26절에서 예수님은 이렇게 말씀한다: 「사람이 나를 섬기려면 나를 따르라 나 있는 곳에 나를 섬기는 자로 거기 있으리니 사람이 나를 섬기면 내 아버지께서 저를 귀히 여기시리라」. 예수님은 나를 섬기려면 나를 따르라고 말씀한다. 예수님이 간 길은 무엇인가? 그것은 예수님이 한 알의 밀로 땅에 떨어져 죽는 죽음의 길이다. 십자가의 죽음이다. 십자가의 죽음 그것은 인간이 경험할 수 있는 최악의 상황이다. 예수님은 그 최악의 상황 십자가 상에서 세상의 모든 죄인들을 섬겼다. 그는 죽음으로 죄인들을 섬겼다. 예수님은 마가복음 10장 45절에서 「인자의 온 것은 섬김을 받으려 함이 아니라 도리어 섬기려 하고 자기 목숨을 많은 사람의 대속물로 주려 함이니라」라고 했다. 예수님은 최악의 상황에 죄인들을 섬긴 하나님의 충실한 청지기였다.

기독자인 우리는 어떠한가? 우리는 하나님의 충실한 청지기 예수 그리스도의 제자들이다. 그럼에도 불구하고 우리는 상황에 매여 우리 본연의 자세를 취하지 않는다. 우리는 상황을 논하며 섬기려 하지 않고 오히려 영광만을 취하려 하지 않는가? 하나님은 우리가 처한 환경이 최악의 상황이라 할지라도 최선의 섬김으로 살기를 원한다. 이것이 하나님께서 우리를 부르신 목적이다. 최악의 상황에서 요셉이 최선의 섬김을 한 내용은 무엇인가? 그것은 함께 하는 자들의 필요를 채우는 것이었다. 요셉이 섬긴 사람들은 바로의 「술 맡은 관원장과 떡 굽는 관원장」이었다. 창세기 40장 6절은 이렇게 기록한다. 「아침에 요셉이 들어가 보니 그들에게 근심 빛이 있는지라」. 그들의 얼굴에 수심이 가득찬 이유는 무엇인가? 창세기 40장 8절 상반절은 그 이유를 이렇게 기록한다: 「우리가 꿈을 꾸었으나 이를 해석할 자가 없도다」. 당대의 꿈은 신적 계시로 인식 되었기 때문에 이 사건은 그들에게 매우 심각한 것이었다. 따라서 그들의 진정한 필요는 「꿈 해석」이다. 이때, 요셉은 어떻게 행동하는가? 그는 주저하지 않고 그들의 필요를 채우기 위해 적극적인 태도를 취한다. 그는 말하기를 「해석은 하나님께 있지 않는가? 나에게 상세히 말해 보시요」라고 한다. 요셉은 이 문제 해결의 열쇠가 자신에게 있다고 말하지 않는다. 그는 그 문제 해결의 열쇠가 하나님께 있음을 분명히 한다. 그는 하나님의 충실한 청지기로 자신 있게 그들을 돕고자 한다. 이와 같은 태도가 우리에게 필요하다.

이런 요셉의 적극적인 태도에 그들은 어떻게 반응하는가? 그들은 요셉을 의지한다. 술 맡은 관원장이 그 꿈에 대해 말한다. 「내 앞에 포도나무가 있는데 그 나무에 세 가지가 있고 싹이 나서 꽃이 피고 포도송이가 익었고 내 손에 바로의 잔이 있기로 내가 포도를 따서 그 즙을 그 잔을 바로의 손에 드렸노라」. 요셉은 당신이 사흘 안에 전직을 회복할 것이라고 선언한다. 이번에는 떡 굽는 관원장이 말한다. 「나도 꿈에 보니 흰떡 세 광주리가 내 머리에 있고 그 윗 광주리에 바로를 위하여 만든 각종 구운 식물이 있는데 새들이 내 머리의 광주리에서 그것을 먹더라」. 요셉은 사흘 안에 바로가 당신의 머리를 끊고 당신을 나무에 달리니 새들이 당신의 고기를 뜯어 먹을 것이다라고 해석한다. 과연 요셉의 해석은 어떻게 되었는가? 창세기 40장 20절과 21절은 요셉의 꿈대로 바로의 탄일에 술 맡은 관원장은 전직을 회복하고 떡 굽는 관원장은 매달리게 되었다고 기록한다. 본문의 강조점은 요셉의 꿈 해석 자체가 초점이 아니다. 그것은 요셉이 꿈으로 인해 근심하는 술 맡은 관원장과 떡 맡은 관원장을 어떻게 돌보았는가에 있다. 요셉은 하나님께서 그에게 주신 해석으로 그들을 돌보았다. 하나님은 최악의 상황에서 그들을 섬길 수 있는 능력을 요셉에게 주신 것이다. 요셉은 그 능력을 통해서 그들을 섬기며 도운 것이다.

현재 우리는 어떤 상황에 있는가? 우리와 함께 하고 있는 자들이 우리에게 무엇을 요청하고 있는가? 혹시 우리는 환경이 좋지 않다고 상대방을 도울 능력이 없다는 핑계로 그들의 도움을 외면하지는 않는가? 현재 우리 주변에 있는 사람들이 필요로 하는 것은 무엇인가? 사도행전 16장 9절에서 바울은 환상 중에 마게도냐 사람이 「마게도냐로 건너와서 우리를 도우라」는 소리를 듣는다. 그때 바울은 마게도냐로 떠나기를 힘썼다고 말한다. 바울이 왜 그런 행동을 취했는가? 그것은 하나님이 저 사람들에게 복음을 전하라고 우리를 부르신 줄로 인정했기 때문이다. 마치 이와 같이 우리 주변에서 들리는 소리들은 하나님이 우리에게 그들을 도우라는 메시지는 아닐까? 우리는 주변의 도움을 외면하지 말고 요셉처럼 하나님께서 주신 능력으로 적극적으로 도울 수 있어야 한다.

우리가 주어진 상황에서 섬기는 자로 살 때 직면하는 문제는 현실의 문제이다. 요셉의 현실의 문제는 억울한 감옥살이다. 그래서 그는 술 맡은 관원장에게 이렇게 요청한다.

> 당신이 득의하거든 나를 생각하고 내게 은혜를 베풀어서 내 사정을 바로에게 고하여 이 집에서 나를 건져내소서. 나는 히브리 땅에서 끌려온 자요 여기서도 옥에 갇힐 일은 행하지 아니하였나이다.

그러나 불행히도 창세기 40장 23절은 「술 맡은 관원장이 요셉을 기억지 않고 잊었더라」고 기록한다. 여기서 요셉의 모든 행위가 헛수고가 된 것처럼 보인다. 술 맡은 관원장이 요셉을 기억하지 않고 잊었다고 요셉의 인생이 끝나는 것이 아니다. 그것은 요셉의 인생이 하나님의 장중에 있기 때문이다. 그가 충실한 청지기로서 최악의 상황에서 다른 사람을 돌 본 그 선한 행위를 하나님이 기억한다. 그가 아직 감옥에 있다. 그러나 그것은 술 맡은 관원장이 요셉을 잊었기 때문이 아니라 요셉에 대한 하나님의 놀라운 계획이 절정에 도달하지 않았기 때문이다. 아직 요셉에 대한 하나님의 때가 이르지 않았기 때문이다. 그 때가 되면 그는 더 큰 일로 하나님의 일을 감당하게 될 것이다. 우리에게도 하나님의 계획이 담겨 있다. 그 절정의 시간에 우리를 통한 하나님의 놀라운 뜻이 성취 될 것이다. 요셉은 상황에 매이지 않았다. 그는 최악의 상황에서 최선으로 섬겼다. 우리 주님 또한 최악의 상황인 십자가에서 죄인인 우리를 섬겼다. 현재 하나님은 우리가 그런 삶을 살기를 원한다. 우리 모두 상황에 매이지 말고 현재 상황이 어떠하든지 간에 최선의 섬김을 통해 하나님의 영광을 드러내어야 한다.

제5장
세상의 주관자 하나님 (창 41:1~45)

　세상의 역사는 우연의 법칙에 따라 움직이는 것이 아니라 창조주 하나님의 주권적 의지에 따라 움직인다. 현상적으로 볼 때 세상 역사는 열강과 약소국의 힘의 역학 관계에 의해서 움직이는 것처럼 보인다. 그러나 그 세상의 역사는 하나님이 역사의 주관자임을 드러낸다. 하나님은 세상에 대한 자신의 계획을 정하고 그것을 행한다. 문제는 타락한 인간이 이 하나님의 주권적 통치를 이해할 수 없고 또한 알 수 없다는 것이다. 창세기 41장은 이 사실을 분명히 드러낸다. 감옥의 요셉이 이집트 땅의 관리자가 되는 이 이야기는 세상의 주권자 하나님을 분명하게 선포한다.

　세상 왕국의 한계와 무능은 세상을 주관하는 하나님의 뜻을 알 수 없는 데서 드러난다. 이것은 당시 고대 근동의 강대국인 이집트 왕의 꿈과 해석이 분명히 증거한다. 본문은 바로의 두 꿈을 소개한다. 첫째 꿈은 아름답고 살진 일곱 암소가 갈대 밭에서 풀을 뜯고 있는데 흉하고 파리한 일곱 암소가 살진 암소 일곱을 먹은 것이다. 둘째 꿈은 줄기가 무성하고 충실한 일곱 이삭을 쇠약한 일곱 이삭이 삼킨 것이다. 이 꿈에 대한 당대 최고의 세계 통치자 바로의 반응은 무엇인가? 창세기 41장 8절은 「아침에 그 마음이 번민하였다」고 기록한다. 바로는 이 꿈 때문에 매우 고통스럽고 불안했다. 특별히 고대 근동에서 왕의 꿈은 신과 왕 사이의 특별한 계시로 생각되었다. 따라서 그 꿈의 의미를 알 수 없음은 매우 심각한 문제였다. 따라서 바로는 이집트의 술객과 박사들에게 희망을 가지고 그의 꿈을 해석하게 했다. 「술객과 박사」는 이집트의 마술사와 지혜자로 그들은 매우 잘 훈련된 전문가요 숙련된 활동가들이다.[77] 결과는 어떠한가? 창세기 41장 8절은 「그것을 바로에게 해석하는 자가 없었다」라고 기록한다.

우리는 여기서 세상 지혜의 한계를 발견한다. 당대 최고의 힘을 자랑하는 이집트 왕국과 바로의 한계와 무능을 본다. 세계를 호령하는 통치자 바로도 최고의 학문과 능력을 가진 석학들인 그의 신하들도 세상의 주권자 하나님의 뜻을 이해할 수 없다. 우리는 이와 유사한 경우를 다니엘서에서 발견한다. 바벨론 왕 벨사살은 어떠한가? 그는 일천 명이 모인 큰 잔치를 열었다. 예루살렘 성전에서 가져온 잔으로 술을 마신다. 자신의 신을 찬양한다. 그 힘과 권력을 자랑한다. 그때 사람의 손가락이 벽에 나타나 글을 기록한다. 이 현상을 목격한 벨사살 왕은 어떻게 되었는가? 그는 얼굴 빛이 변했다. 마음이 번민했다. 넓적 다리 마디가 녹는 듯하고 그 무릎이 서로 부딪치는 공포를 느꼈다. 그래서 그는 바벨론의 술사와 점장이와 박사들에게 해석을 요청한다. 그러나 다니엘서 5장 8절은 이렇게 기록한다: 「왕의 박사가 다 들어 왔으나 능히 그 글자를 읽지 못하며 그 해석을 왕께 알게 하지 못하는지라」

세상의 지혜, 그것은 아무리 탁월하고 숙련된 지식의 총화라 할지라도 세상의 주관자 하나님의 뜻 앞에서 무능하고 무지할 수 밖에 없다. 사람들은 인간의 이성이 만들어 낸 최첨단의 과학이 미래를 예측할 수 있다고 생각한다. 그러나 전도서 11장 5절은 이렇게 말한다: 「바람의 길이 어떠함과 아이 밴 자의 태에서 뼈가 어떻게 자라는 것을 네가 알지 못함 같이 만사를 성취하시는 하나님의 일을 네가 알지 못하느니라」. 사람은 세계를 호령하는 힘과 최고의 지식

---

77) B.K. waltke, *Genesis*, 531; 강규성, 「야곱의 톨레돗 구조속에 나타난 요셉과 유다의 역할」, 170.

을 지녔다 해도 세상의 주관자 하나님 앞에 무지하고 무능할 수 밖에 없다.

이렇게 무지하고 무능한 인간을 위해 세상의 주관자 하나님은 어떻게 하는 가? 하나님은 충실한 청지기를 통해 그의 뜻을 전달한다. 바로가 꿈을 해석하지 못해 번민에 잠겨 있을 때 술 맡은 관원장은 요셉을 소개한다.[78] 요셉 그는 누구인가? 그는 상황에 매이지 않고 일하는 하나님의 충실한 청지기이다. 그가 바로 앞에 섰을 때 바로는 이렇게 말한다: 「내가 한 꿈을 꾸었으나 그것을 해석하는 자가 없더니 들은즉 너는 꿈을 들으면 능히 푼다더라」. 자신의 한계와 무능을 인정하며 동시에 요셉에 기대한다. 그때 요셉은 이렇게 답한다.

> 이는 내게 있는 것이 아니라. 하나님이 바로에게 평안한 대답을 하실 것입니다.

요셉은 자신을 이집트의 술객과 박사들처럼 꿈을 풀이하는 해몽가로 인식하는 바로의 생각을 정면으로 부정한다. 또한 요셉은 이 모든 문제 해결은 이집트 신이 아닌 바로 하나님임을 선언한다. 요셉은 지금 이집트의 바로에게 하나님의 주권을 선포하고 있다. 요셉이 선포한 바로의 꿈에 대한 하나님의 대답은 무엇인가? 그것은 세상에 칠 년의 풍년과 칠 년의 흉년이 있을 것이고 이 땅은 기근으로 인해 멸망할 것이라는 것이다. 특별히 요셉은 이 일은 하나님께서 하실 일을 바로에게 보인 것이며 또한 바로가 두번 겹쳐 꾼 것은 하나님이 정했기 때문에 이 일을 속히 행할 것이라는 것이다. 요셉은 바로의 꿈에

---

78) 강규성, 171; 폰라드는 요셉이야기가 왕정 초기 교육적 이상의 선포로서 지혜문학의 저술과 깊은 관련이 있다고 본다. 그러나 브로디는 "요셉의 출현은 유명한 지혜학교가 아니라 그 구덩이에서 왔다"고 제시하며 폰라드의 입장을 부정한다. 반면에 그렌쇼는 폰라드가 이상한 모델을 제시한 것이고 폭스는 지혜학교에 대한 증거가 없다고 비판한다.

담긴 하나님의 뜻만을 선포하지 않는다. 그는 하나님의 충실한 청지기로서 그 대안을 제시한다. 그는 바로에게 이렇게 제안한다:

> 이제 바로는 명철하고 지혜 있는 사람을 택하여 애굽 땅을 치리하게 하고…
> 풍년에 애굽 땅의 오분의 일을 거두되…그 곡물을 이 땅에 저장하여…
> 일곱 해의 흉년을 예비하면…멸망치 아니하리이다.

우리는 여기서 요셉의 지혜가 세상의 지혜 즉 이집트의 마술사와 지혜자들의 지혜를 능가하고 있음을 알 수 있다. 당대를 호령했던 이집트의 지혜가 구덩이에 던져진 자 요셉, 감옥에서 죄수들의 수종을 들던 자 요셉의 지혜 앞에 부끄러움을 당한다. 죽음과 멸망이 다가오는데도, 하나님이 그 멸망에 대해 꿈으로 보였는데도 이집트의 지혜자들은 알 수 없었다. 그러나 요셉은 그 사건을 바르게 분별하고 전달했을 뿐 아니라 죽지 않고 멸망치 않는 길을 제시하는 놀라운 지혜를 보였다. 이 지혜는 어디서 온 것일까? 그것은 하나님께로 온 것이다. 하나님이 요셉을 지혜롭게 함으로 이집트의 지혜를 부끄럽게 하고 자신이 세상의 주권자이심을 드러내신 것이다. 바울은 이렇게 선포한다.

> 하나님께서 세상의 미련한 것들을 택하사 지혜 있는 자를 부끄럽게 하려 하시고 세상의 약한 것들을 택하사 강한 것들을 부끄럽게 하려 하시며 하나님께서 세상의 천한 것들 멸시 받는 것들과 없는 것들을 택하사 있는 것을 폐하려 하시나니 이는 아무 육체라도 하나님 앞에서 자랑하지 못하게 하심이라(고전 1:29).

뿐만 아니라 바울은 세상에 대한 하나님의 지혜로운 주권적 통치에 대해 이렇게 고백한다. 「깊도다 하나님의 지혜와 지식의 부요함이여 그의 판단은 측량치 못할 것이며 그의 길은 찾지 못할 것이로다(롬11:33)」. 그는 더 나아가 그 하나님의 지혜의 총화가 바로 예수 그리스도이시다 라고 선언한다. 그는 말하기를 「그리스도는 하나님의 능력이요 하나님의 지혜니라(고전 1:24)」. 하나님은 요셉의 지혜를 통해서 세상에 자신의 주권을 선포했다. 그 하나님은 하늘에 있는 자들과 땅에 있는 자들과 땅 아래 있는 자들로 모든 무릎을 예수의 이름에 꿇게 하고 모든 입으로 예수 그리스도를 주라 시인하여 하나님 아버지께 영광을 돌리게 했다. 이것이 바로 세상을 주관하는 하나님의 능력이다.

이 놀라운 하나님의 주권적 결정 앞에 우리가 취할 태도는 무엇인가? 그것은 바로 하나님의 뜻에 복종하고 그의 뜻을 따르는 것이다. 이집트의 바로, 그는 이 놀라운 하나님의 계획과 요셉의 제안을 거부하지 않았다. 그는 세상의 주관자 하나님의 뜻과 요셉의 대안을 수용한다. 바로는 이렇게 말한다

> 이와 같이 하나님의 신이 감동한 사람을 우리가 어찌 얻을 수 있으리요… 하나님이 이 모든 것을 네게 보이셨으니 너와 같이 명철하고 지혜 있는 자가 없도다. 너는 내 집을 치리하라.…내가 너로 애굽 온 땅을 관리하게 하노라.

바로는 하나님의 지혜자 요셉을 애굽 땅의 관리자로 삼았다. 우리는 이 사건에서 하나님의 놀라운 계획을 발견한다. 요셉, 그는 가나안 땅에서 형제들을 돌보는 자였다. 요셉, 그는 보디발의 집에서 그의 모든 소유를 돌보는 자였다. 요셉, 그는 감옥에서 죄수를 돌보는 자였다. 그런데 이제 하나님은 요셉에

게 이집트 땅을 관리하도록 하고 있다. 이 땅의 생명을 구원하기 위하여 하나님은 충실한 청지기 요셉에게 또 다른 역할을 위임하고 있다. 이제 그의 놀라운 역할이 기대되지 않는가?

세상 역사는 우연의 법칙을 따라 움직이지 않는다. 세상의 주관자 하나님의 주권적 의지를 따라 움직인다. 하나님은 세상에 대한 그의 일을 정하고 행한다. 하나님은 그가 선택한 자들을 지혜롭게 하고 그들로 하여금 그의 일을 행하도록 한다. 이 세대의 기독자 우리는 누구인가? 우리는 하나님이 생명을 구원하기 위해 선택한 하나님의 지혜로운 청지기이다. 하나님의 지혜, 예수 그리스도가 우리를 다스린다. 우리가 이 세대를 위한 하나님의 지혜로운 청지기로 그 역할을 잘 감당해야 한다.

제6장
위기의 때에 찾아온 두려움(창 42:1~38[79])

우리는 원치 않지만 위기는 우리에게 다가온다. 그 위기가 어떤 종류이든 간에 위기 자체가 우리를 매우 고통스럽게 한다. 그러나 더 고통스러운 것은 그 위기 속에 찾아온 두려움이다. 이 두려움이 우리의 심신을 매우 힘들게 한

---

79) 창세기 42:1~38은 창세기 42:1~47:26 의 맥락에서 다루어져야 한다. 창세기 42:1~47:26은 양식의 공급자 요셉이 준비된 양식으로 야곱 가족과 이집트 사람들을 살리는 이야기로, 그 가운데 야곱 가족의 이집트 정착을 다룬다. 특별히 창세기 42:1~38은 죽지 않고 사는 길로 야곱이 자식들을 양식을 위해 이집트로 보내는데 창세기 47:13~26은 일종의 코다로서 이집트 백성들이 '당신이 우리를 살렸다' 고 노래한다.

다. 이런 상황 속에서 우리는 무엇을 어떻게 할 수 있는가?

위기가 다가왔을 때 우리는 현실을 직시하고 최선의 방책을 찾아야 한다. 우리가 구원받은 하나님의 백성이라고 해서 환난과 위기가 피해가지 않는다. 삶의 위기와 환난은 우리가 이 땅에 사는 한 찾아 온다. 언약의 자손, 야곱 또한 온 세상에 찾아온 심한 기근을 피할 수 없었다. 창세기 41장 56절과 57절은 「온 지면에 기근이 있었다」, 「기근이 온 땅에 심했다」고 기록한다. 이것은 기근이 이집트만이 아니라 전 세계적이었음을 말하고, 그 기근의 강도가 매우 강했음을 드러낸다. 특별히 이 기근은 잠깐이 아니라 칠 년의 기근이라는 점을 고려할 때 그 상황은 매우 처참한 현실임을 말해준다. 또한 「각국 백성도 양식을 사려고 애굽으로 들어왔다」는 표현은 온 세계가 양식을 얻기 위한 최선의 방책을 찾고 있음을 보여준다.

이때 언약의 자손 야곱 가족은 어떻게 반응하는가? 본문은 「야곱이 애굽 땅에 양식이 있음을 보았다」고 말한다. 이것은 야곱이 기근의 문제를 해결하기 위한 방책을 찾고 있었음을 보여준다. 특별히 야곱이 아들들에게 한 말 「왜 너희는 보고만 있느냐」라는 말을 통해 볼 때 상황이 매우 긴급하고 절박했음을 알 수 있다. 그래서 야곱은 아들들에게 명령한다:

> 보라, 내가 이집트에 양식이 있다는 것을 들었다. 너희는 그곳으로 내려 가라. 그곳에서 우리를 위해 양식을 사라. 그러면 우리가 살고 죽지 않을 것이다.

이 명령은 야곱 가족이 삶과 죽음의 매우 절박한 상황에 처했음을 보여준다. 이런 상황에서 야곱은 최선의 방책으로 이집트에서 양식을 사오도록 결정한다. 우리 또한 삶과 죽음의 위기가 다가 올 수 있다. 이때 어떤 신앙인들은 스스로 그 삶의 위기를 극복하려 않고 마치 이스라엘에게 만나와 메추라기를 내린 하나님의 이적만을 기대한다. 또한 그릿 시냇가에 숨은 엘리야 선지자에게 떡과 고기를 준 하나님을 기억하며 자신에게도 이 같은 기적을 베풀어 달라고 기도만 하는 사람들이 있다. 그러나 우리는 하나님을 신뢰하고 위기의 장벽을 넘을 수 있는 방법을 찾고 찾아야 한다. 야곱이 죽지 않고 살기 위해 이집트에 양식을 사도록 그의 아들들을 보내는 것처럼 최선의 방책을 연구하고 찾아야 한다. 우리가 삶과 죽음의 위기를 극복하기 위해 노력할 때, 항상 낙관적인 상황만 우리에게 다가오지 않는다. 때로 우리의 노력이 아무런 대가를 얻지 못하고 더 힘들고 어려운 상황에 빠질 수도 있다. 그때 우리는 좌절하거나 낙심하지 말아야 한다. 왜냐하면 하나님은 그 환경을 통해 우리를 진실된 하나님의 백성으로 만들기 때문이다. 그 위기가 우리를 바르게 하고 또한 하나님의 사람으로 우뚝 서게 하는 토대가 되기 때문이다.

야곱의 아들들이 이집트 땅에 양식을 사기 위해 내려갔을 때, 뜻하지 않은 상황이 발생했다. 그것은 요셉과의 만남이다. 좀더 주목할 것은 요셉과 형제들의 대화이다. 그 대화는 세 부분으로 형성되어 있다. 첫째는 간단한 질문과 대답으로 야곱의 아들들의 이집트 여행 목적을 충실하게 전달한다. 요셉은 「너희가 어디서 왔느냐」라고 묻는다. 그러자 그들은 「우리는 가나안 땅에서 곡물을 사려고 왔습니다」라고 대답한다. 그렇다. 요셉의 형제들은 죽지 않고 살기 위해 양식을 사려고 이집트에 내려왔다.

그런데 두 번째 대화는 갑작스런 상황 변화를 일으켜 요셉의 형제들을 위기로 몰아넣는다. 그것은 요셉이 꾼 꿈을 생각하고 형제들을 스파이로 취급하는 것이다. 요셉이 말한다: 「너희는 스파이다」. 형제들은 애써 그것을 부인한다:

「아닙니다. 당신의 종들은 양식을 사기 위해 왔습니다. 우리는 모두 한 사람의 아들입니다. 우리는 정직한 사람입니다. 우리들 당신의 종은 스파이가 아닙니다」. 그러자 요셉이 말한다.「아니다. 너희는 이 땅의 틈을 엿보기 위해 왔다」형제들은 더욱 힘써 상황을 모면하려 한다.「당신의 종 우리는 열두 형제로 가나안 땅 한 사람의 아들들입니다. 말째 아들은 오늘 아버지와 함께 있고 또 하나는 없어졌습니다」라고 고백한다. 이에 요셉은「내가 너희에게 스파이라고 말한 것이 이 때문이다」라고 몰아 세운다. 그러면서 요셉은 형제들에게 진실함을 증명하라고 요청한다. 그 증거로 모두 여기에 남고 한 사람만 가서 베냐민을 데리고 오라고 명령하고 그들을 감옥에 가두었다. 삼일 후 요셉은 너희가 만일 한 사람의 형제들이라면 한 사람만 옥에 갇히고 말째 아우를 데리고 와서 말의 진실함을 보이면 너희가 죽지 않을 것이다라고 명령한다. 결론적으로 두 번째 대화의 핵심은 진실을 증명하라는 것이다.

세 번째 부분은 요셉의 형제들의 진실한 반성과 고백이다. 요셉의 형제들은 두번째 대화에서 양식이 문제가 아니라 형제 모두 생명의 위기에 처하게 되었다. 그들은 이런 갑작스런 위기 상황에서 그들의 과거 악행에 대한 고백과 반성을 한다. 그들은 이렇게 고백한다.「우리가 우리 아우에 대하여 범죄하였도다. 그가 우리에게 애걸할 때에 그 마음의 괴로움을 보고도 듣지 아니하였도다. 그래서 그 괴로움이 우리에게 임했도다」. 이 소리를 듣고 르우벤은 형제들을 책망한다:「내가 너희에게 그 아이에게 죄를 짓지 말라고 하지 아니 하였느냐. 그래도 너희가 듣지 아니하였도다. 그러므로 그의 피 값을 내게 되었도다」.

창세기 37장에서 요셉의 형제들은 어떤 사람들이었는가? 그들은 요셉을 미디안 상인에게 팔고도 부친에게 요셉이 악한 짐승에게 찢겨 죽었다고 거짓을 말했던 자들이다. 심지어 요셉의 옷을 염소 피에 담근 후 부친에게 옷이 요셉의 옷이 맞는가를 확인하라고 잔인하게 요청했던 자들이다. 그런데 이제 그들의 입술에서 거짓이 제거되고 진실을 말한다. 그들의 악행을 고백한다. 거짓을 말하던 자들이 이제 진실을 말하고 있고 과거 자신의 행동이 죄악임을 고백한다.

우리는 여기서 하나님의 놀라운 섭리를 발견한다. 그것은 하나님이 자신이 선택한 언약의 백성을 삶과 죽음의 위기에 몰아 넣으시고 그들을 진실된 사람으로 바꾸고 있는 것이다. 하나님은 그들이 죄를 고백하고 진실을 말하게 하고 있다. 우리는 삶의 위기가 다가올 때 그 현상에 집착한다. 우리는 일단 그 상황에서 벗어나기 위해 수단과 방법을 가리지 않으려는 유혹을 받는다. 바로 그때 우리는 잠시 가만히 머물러 과거와 삶의 습관을 점검할 필요가 있다. 지금도 살아계셔서 우리의 마음의 생각과 사상을 아시는 하나님을 기억해야 한다. 그리고 지금까지의 우리 삶에 대한 철저한 점검이 필요하고 반성과 회개가 필요하다.

그렇지만 우리는 여전히 현실의 삶의 위기에 두려워 할 수 있다. 그 두려움이 우리를 더욱 힘들게 한다. 창세기 42장에서 기록된 양식을 위한 야곱 가족의 이집트 여행 이야기에는 야곱과 아들들의 두려움이 역력하게 드러난다. 우선 창세기 42장 1절에서 부터 5절에서 야곱은 재난이 베냐민에게 미칠까봐 두려워 한다. 그래서 양식을 사기 위한 이집트 여행에 베냐민을 보내지 않는다. 그러나 그 두려움은 현실로 돌아왔다. 그것은 요셉이 형제들에게 베냐민을 데리고 오라고 요청했기 때문이다. 형제들이 이 사실을 야곱에게 알렸을 때 그는 이렇게 탄식하며 고백한다: 「너희가 나로 나의 자식들을 잃게 하도다. 요셉도 없어졌고 시므온도 없어졌거늘 베냐민을 또 빼앗아 가고자 하니 이는 다 나를 해롭게 하는 것이다」. 지금 야곱은 참담한 현실을 직면하고 있다. 그런데 더 그들을 두려움으로 몰아 넣은 것은 그들이 가져온 곡식 자루에 담긴 돈이다. 성경은 형제들이 그 돈을 보고 「혼이 나서 떨며 서로 돌아보며 말하기를 하나님이 어찌하여 우리에게 이 일을 행하셨는가」라고 말했다고 기록한다. 더 나아가 야곱 또한 그 돈 뭉치를 보고 「두려워했다」고 기록한다.

왜 야곱 가족이 이렇게 큰 두려움 가운데 있게 되었는가」. 그것은 이 사건의 주관자가 누구인지 모르기 때문이다. 현 상황에 대한 무지와 미래에 대한 불확실성이 우리를 두렵게 한다. 만약 야곱 가족이 이 사건의 배후가 요셉이라는 사실과 더 나아가 하나님이라는 사실을 알았다면 그들은 두려워하지 않았을 것이다. 그렇다. 우리는 삶의 위기와 두려움에서 사건을 섭리하고 주관하는 하나님을 기억해야 한다. 우리가 모든 사건의 주권자 하나님을 인식한다면 합력하여 선을 이루는 하나님을 신뢰하고 굳건히 설 수 있다.

우리는 하나님의 백성이다. 그렇다고 삶과 죽음의 위기가 우리를 피해 가지 않는다. 우리는 위기의 때 삶을 위한 최선의 방책을 찾아야 한다. 설령 환경이 더욱 악화되어 큰 위기로 빠져들어간다 할지라도 우리는 진실함을 잃지 말아야 한다. 오히려 우리는 그것을 기회로 과거를 점검하고 회개하며 새 삶을 위한 전환점으로 삼아야 한다. 또한 그 모든 사건에서 두려워하지 말고 사건과 환경을 주관하는 하나님을 신뢰해야 한다. 하나님의 섭리가 구체적으로 드러나는 날 우리는 놀라운 기쁨을 누리게 될 것이다.

제7장
요셉과 유다의 이중주(창 43~45장, 46:28~47:12)

이중주, 이 말은 두 사람 혹은 두 개의 악기가 서로 조화를 이루며 연주하는 형태를 말한다. 두 개의 악기가 서로 다른 소리를 내며 다투는 듯 하지만 하모니를 이루어 아름다운 선율을 드러낸다. 요셉과 유다, 그들은 마치 두 개의 다른 악기처럼 너무 다른 소리를 낸다. 그러나 자세히 본문을 읽으면 요셉과 유다는 서로 조화를 이루어 하나님의 놀라운 섭리를 노래한다. 그 섭리는 언약의 자손, 즉 야곱 가족이 이집트 땅에 정착하는 것이다. 하나님은 놀라운 이 사역을 위해 요셉과 유다를 선택한 것이다.

그렇다면 요셉은 어떤 역할을 했는가? 하나님은 요셉의 독특한 재능을 활용했다. 요셉은 충실한 청지기로 사람들과 사물들을 잘 돌보았다. 그는 약속의 땅 가나안에서 아버지와 형제들 사이를 왕래하며 형제들의 필요를 채우는 목자였다. 뿐만 아니라, 그는 보디발 집의 모든 소유를 돌보아 번성케 하는 충실한 청지기였다. 또한 그는 감옥에서 죄수들을 돌보았고, 바로의 술관원장과 떡 관원장의 꿈을 해석함으로 그들을 돌보았다. 이런 충실한 청지기 요셉이 이집트 땅을 돌보는 관리자가 되었다. 그가 이집트 땅을 돌보는 관리자가 되어 한 일이 무엇인가? 그것은 바로 칠 년의 기근을 대비하여 양식을 준비한 것이다. 창세기 41장 49절은 요셉이 저장한 곡식이 바다의 모래 같이 심히 많아 세기를 그쳤다고 했다. 흉년이 시작되어 온 땅이 주렸을 때 요셉에게는 양식이 있었다.

요셉은 이 때를 이용하여 많은 재물을 토대로 부를 축적하고 약자들 위에 군림 하지 않았다. 그는 충실한 하나님의 청지기로서 그의 시대적 사명을 분명히 인식하고 있었다. 어떻게 알 수 있는가? 그것은 요셉이 형제들에게 신분을 밝히며 한 고백에서 분명히 드러난다. 창세기 45장 7절에서 8절은 이렇게 기록한다.

> 하나님이 큰 구원으로 당신들의 생명을 보존하고 당신들의 후손을 세상에 두시려고 나를 당신들 앞서 보냈습니다. 나를 이곳으로 보낸 자는 당신들이 아니라 하나님입니다. 하나님이 나로 바로의 아비를 삼고 그 온 집의 주를 삼으며 이집트 온 땅의 관리자로 삼았습니다(사역).

요셉 그는 하나님의 계획을 분명히 인식하고 있다. 그는 삶과 죽음의 위기를 겪고 있는 역사적 실존에서 자신이 무엇을 해야 하는지 분명히 인식하고 있다. 그 역사적 사명이 무엇인가? 그것은 언약의 백성, 야곱 가족의 생명을 보존하는 것이다. 장차 큰 민족을 이루어 창조주 하나님의 뜻을 성취할 공동체를 보존하는 것이다. 따라서 요셉은 이 역사적 사명을 어떻게 수행하는가? 그는 두 가지로 그 사명을 수행한다. 첫째, 그가 준비한 양식을 언약 백성에게 공급한다. 요셉이 형제들을 스파이로 취급하는 이상한 행동에서도 그리고 양식을 얻기 위한 형제들의 두번째 여행에서도 요셉의 일관된 행동이 있다. 그것은 바로 형제들에 대한 양식 공급이다. 창세기 42장 19절과 25절은 이렇게 기록한다.

> 너희는 곡식을 가지고 가서 너희 집들의 주림을 구하고…그가 명하여 곡물을…채우고 각인의 돈은 그 자루에 도로 넣게 하고 또 길 양식을 그들에게 주게 하니 그대로 행하였더라.

형제들이 자루에 든 돈 때문에 두려움에 쌓여 두번째 이집트를 방문했을 때 요셉의 청지기는 이렇게 말한다. 「안심하라. 두려워 말라. 너희 하나님 너희 아버지의 하나님이 재물을 너희 자루에 넣어 너희에게 주신 것이라」. 요셉은 양식을 위해 다시 방문한 형제들에게 어떻게 하는가? 그는 형제들에게 점심을 준비하여 음식을 제공한다. 더 나아가 형제들을 부친에게 돌려 보내며 「길 양식」과 아버지를 공궤할 곡식과 떡과 양식을 보낸다. 요셉은 양식을 준비하여 기근의 때에 형제들과 그의 가족을 돌보는 목자였다.

둘째, 요셉은 고센 땅을 준비한다. 요셉은 자신의 신분을 밝히고 형제들에게 이렇게 말한다.

> 당신들은 속히 아버지께 올라가서 고하기를…요셉의 말에…내게로 지
> 체 말고 내려오사…고센 땅에 있어서 나와 가깝게 하소서.…내가 거기서
> 아버지를 봉양 하리이다.

요셉의 역사적 사명은 위기에 처한 언약 자손을 보존하는 것이다. 그는 이 사명을 인식했다. 그는 양식을 준비해 공급한다. 그는 언약 자손의 생존을 위한 땅을 준비했다.

그렇다면 과연 우리의 현 시대의 역사적 사명은 무엇일까? 우리 사회는 양극화로 몸살을 앓고 있다. 이런 상황 속에 우리가 기독자로서 가져야 할 역사 의식은 무엇인가? 왜 하나님께서 우리에게 사회적 지위와 재물과 능력을 주신 것일까? 우리는 이 모든 것을 통해 지금 무엇을 하고 있는가? 요셉, 그는 역사 의식이 분명했고 그 역사 속에 그의 사명을 알고 실천하는 하나님의 청지기였다. 우리 또한 요셉과 같은 역사 의식을 가지고 그 사명을 실천하는 자들이 되

어야 하지 않겠는가?

요셉이 언약 자손을 위한 양식을 준비하고 고센 땅을 준비했다면, 그 준비된 땅으로 언약 자손을 이끌어 인도한 사람은 누구인가? 그는 바로 유다이다. 유다는 야곱 가족을 이끄는 탁월한 리더였다. 리더로서 탁월한 그의 능력은 두 사건에서 발견된다. 첫째는 유다가 부친 야곱을 설득하는 장면이다. 이 장면에서 유다는 장자 르우벤과 비교된다. 베냐민을 반드시 이집트로 데려가야 하는 상황에서 르우벤은 이렇게 말한다. 「내가 베냐민을 아버지께로 데리고 오지 아니하거든 나의 두 아들을 죽이소서. 그를 내 손에 맡기소서. 내가 그를 아버지께로 데리고 돌아 오리이다」. 이 말을 통해 볼 때, 르우벤은 참으로 어리석다. 그러나 유다는 그렇지 않다. 그는 현명한 사람이고 책임있는 자였다. 그는 「우리 아우」, 「우리와 함께」, 「우리가」, 「우리는」, 「우리에게」라는 표현을 통해서 아버지와 형제들 사이의 강한 결속을 강조한다. 뿐만 아니라 그는 이렇게 말한다.

> 저 아이를 나와 함께 보내시면 우리가 곧 가리니 그러면 우리와 아버지
> 와 우리 어린 것들이 다 살고 죽지 아니하리이다…만일 내가 그를 아버
> 지께 데려다가 아버지 앞에 두지 아니하면 내가 영원히 죄를 지리이다

야곱은 이런 책임 있는 주장에 베냐민의 동행을 허락한다.

둘째, 유다의 탁월한 리더십은 위기에 처한 베냐민을 구하기 위한 행동에서 드러난다. 창세기 44장 1절에서 13절은 베냐민의 자루 속에 들어 있는 은잔 사건 때문에 그들이 가나안으로 가다 다시 이집트로 돌아온 사건이 언급된다. 베냐민이 위기에 처했다. 이 때 창세기 44장 14절은 「유다와 그의 형제들이 요셉

의 집으로 돌아왔다」고 기록함으로 유다의 역할에 대한 기대를 드러낸다. 또한 창세기 44장 18절에서 34절은 요셉에 대한 유다의 간청을 기록한다. 우리가 주목할 곳은 유다의 간청의 마지막 장면이다. 그는 요셉에게 이렇게 간청한다.

> 아비의 생명과 아이의 생명이 서로 결탁되어 있습니다…아이가 우리와 함께 하지 아니하면 아비가…죽으리니, 청컨대 주의 종으로 아이를 대신 하여 있어서 주의 종이 되게 하시고 아이는 형제와 함께 올려 보내소서.

유다는 지금 자신을 희생의 담보로 내세우고 있다. 그는 아이의 생명과 부친의 생명을 살리기 위해 자신의 생명을 내어 놓고 있다. 결과는 무엇인가? 그 결과 요셉은 자신의 신분을 숨기지 못하고 자신이 요셉이라고 밝히며 하나님의 놀라운 계획에 대해 선포한다.

유다, 그는 희생적 행동으로 그의 가족을 이끄는 탁월한 리더였다. 하나님은 이런 희생적 리더십을 소유한 유다를 통해서 요셉을 통해 준비한 고센 땅으로 야곱 가족을 인도하게 했다. 창세기 46장 28절은 「야곱이 유다를 요셉에게 미리 보내어 자기를 고센으로 인도하게 하고 다 고센 땅에 이르렀다」고 말한다. 요셉은 이렇게 말한다. 「당신들은 고센 땅에 거하게 될 것입니다」. 우리는 이 장면에서 유다와 요셉의 역할이 서로 조화를 이루어 하나님의 약속을 성취하고 있음을 본다. 창세기 15장에서 하나님은 아브라함에게 「너는 정녕히 알라. 네 자손이 이방에서 객이 될 것이다」고 약속했다. 지금 이 약속이 요셉과 유다의 행동을 통해서 이루어 진 것이다.

요셉과 유다, 그들은 때로 대립되고 갈등하며 서로 다른 소리를 내는 것 같이 보였다. 그러나 하나님은 요셉과 유다의 삶을 조화롭게 하심으로 그의 뜻을 이루었다. 하나님의 탁월한 청지기 요셉을 통해 양식과 땅을 준비하게 하고, 탁월한 리더십을 소유한 유다를 통해 요셉이 준비한 땅으로 언약 자손을 인도하게 했다. 우리는 서로 다르다. 교회 공동체 안에서, 가정 공동체 안에서 우리는 서로 다른 삶을 산다. 우리는 서로 다른 취향과 성격을 가지고 있다. 그러나 우리는 한 가지를 분명히 인식해야 한다. 그것은 하나님이 서로 다른 우리를 조화롭게 하심으로 자신의 뜻을 이루어 가신다는 것이다. 우리들의 삶 자체는 하나님의 오케스트라가 되어 그의 놀라운 계획의 성취를 찬양하는 도구가 되어야 한다.

제8장
삶의 여정에 담긴 하나님의 뜻 (창 46:1~27)

우리는 아무 의미 없이 세상에 던져진 존재가 아니다. 우리 삶은 흐르는 강물에 힘없이 떠내려가는 낙엽이 아니다. 우리 삶을 움직이는 힘은 우연이 아니라 하나님의 섭리이다. 따라서 우리 삶의 여정은 하나님의 뜻과 목적을 담고 있다. 삶과 죽음의 위기를 가져온 극한 기근 때문에 야곱 가족은 약속의 땅을 떠난다. 이스라엘이 모든 소유를 이끌고 이집트로 내려간다. 과연 이 여행이 아무 의미 없는 자연 현상에 불과 한 것일까? 아니다. 야곱 가족이 이집트로 내려가는 것은 우연이 아닌 하나님의 확고 부동한 계획이다. 그 계획은 무엇인가?

그것은 이집트로 내려가는 도중 하나님이 이상 중에 나타나 하신 말씀에서 분명하게 드러난다. 이스라엘은 모든 소유를 이끌고 이집트로 가다가 브엘세바에 도착한다. 그는 그곳에서 하나님께 희생제사를 드린다. 왜 야곱은 브엘세바에서 희생제사를 드렸을까? 어떤 사람들은 브엘세바가 약속의 땅 최남단에 위치했고 그곳을 지나면 광야이기 때문이라고 말한다. 그러나 브엘세바는 지리적 특성 그 이상의 의미를 갖는 장소이다. 아브라함은 브엘세바에서 영생하는 하나님 여호와의 이름을 불렀다. 또한 흉년의 때 하나님은 브엘세바에서 이삭에게 나타났다. 그는 이렇게 말씀한다: 「나는 네 아비 아브라함의 하나님이니 두려워 말라. 내 종 아브라함을 위하여 내가 너와 함께 있어 네게 복을 주어 네 자손으로 번성케 하리라」. 이삭은 그곳에 단을 쌓고 여호와의 이름을 불렀다. 브엘세바 그곳은 단순한 장소가 하나님께서 자신의 계획을 말씀한 자리이다.

지금 바로 그 자리에서 이스라엘은 하나님께 단을 쌓고 희생제사를 드린다. 놀랍게도 그 밤, 그 장소에서 하나님이 찾아오셔서 야곱을 부른다: 「야곱아, 야곱아」. 이에 야곱이 대답한다: 「내가 여기 있습니다」. 이때 브엘세바에서 이삭에게 자신의 계획을 말씀하신 하나님은, 이제 다시 이곳에서 야곱에게 그의 계획을 말씀한다: 「나는 하나님이라 네 아비의 하나님이니 애굽으로 내려가기를 두려워 말라. 내가 거기서 너로 큰 민족을 이루게 하리라」. 하나님의 계획은 「거기서」 바로 이집트에서 야곱 가족을 큰 민족으로 만드는 것이다. 이것은 아브라함에게 너로 큰 민족을 이루게 하리라고 약속하신 것을 야곱을 통해 이루겠다는 선언이다.

우리는 여기서 매우 중요한 사실을 발견한다. 야곱 가족은 기근을 피하기 위해 요셉의 초청으로 이집트로 가지만 그 길은 우연한 길이 아니요 하나님이 계획한 길이라는 것이다. 이집트 그곳은 단지 기근을 위한 피난처가 아니요 큰 민족 즉 하나님의 백성을 형성하기 위해 선택된 장소이다. 따라서 야곱 가족이 가는 길에 하나님의 계획이 담겨있다. 때로 우리가 가는 길이 우연한 것 같지만 그 길에 하나님의 계획이 있다. 바울과 실라는 빌립보에서 복음을 전하다 감옥에 갇혔다. 그러나 그곳에 하나님이 예비한 간수가 있었다. 간수는 놀라운 사건을 경험하며 물었다: 「선생들아 내가 어떻게 하여야 구원을 얻습니까」. 그때 그들이 대답한다: 「주 예수를 믿으라 그리하면 너와 네 집이 구원을 얻으리라」. 성경은 「저와 온 집이 하나님을 믿었으므로 크게 기뻐하였다」고 기록한다. 바울과 실라가 복음을 전하다 우연히 갇히게 된 감옥은 하나님께서 간수와 그 가족을 위한 구원이 계획된 곳이었다. 현재 우리는 어떤 자리에 있는가? 우리는 반드시 이런 질문을 하나님께 해야 한다. 「나를 현재 상황에 있도록 한 하나님의 계획은 무엇인가」. 다윗이 사울을 피해 도망 중에 있을 때 모압 왕에게 가서 자신의 부모를 부탁하며 이렇게 말한다. 「하나님이 나를 위하여 어떻게 하실 것을 내가 알기까지 나의 부모로 나와서 당신들과 함께 하기를 청하나이다」. 「하나님이 나를 위하여 어떻게 하실 것을 내가 알기까지」. 이것이 바로 우리 현존에 대한 우리의 질문이어야 한다. 그것은 우리의 인생에 하나님의 계획이 담겼기 때문이다.

우리가 현실적으로 어렵고 힘든 길에 들어섰다 할지라도 하나님은 우리에게 두려워말라고 요청한다. 따라서 우리는 두려워하지 말고 담대하게 현실과 맞서 싸우며 나아가야 한다. 그 이유는 우리를 구속하신 하나님이 우리의 현실에 동행하기 때문이다. 이집트로 내려가는 야곱에게 하나님은 찾아오셔서 이렇게 말씀한다. 「내가 진정으로 너와 함께 이집트로 내려갈 것이다. 또한 내가 진정으로 너를 인도하여 올라오게 할 것이다」. 지금 일을 계획하고 성취하는 하나님이 야곱과 동행을 약속한다. 그는 홀로 이집트로 가는 것이 아니라 하나님이 그와 함께 내려간다. 그 길은 하나님과 동행하는 기쁨의 길이다.

하나님은 어떤 분인가? 그는 약속하고 성취하는 분이다. 야곱은 이미 하나님의 약속의 성취를 경험한 사람이다. 그가 에서를 피해 밧단 아람으로 갈 때 하나님은 어두운 밤, 이름 모를 장소에서 야곱에게 나타나 이렇게 말씀한다.

> 내가 너와 함께 있어 네가 어디로 가든지 너를 지키며 너를 이끌어 이 땅으로 돌아오게 할지라. 내가 네게 허락한 것을 다 이루기까지 너를 떠나지 아니하리라.

이렇게 약속한 하나님은 밧단 아람에서 야곱을 번성케 하여 그 약속대로 벧엘로 돌아오게 했다. 야곱을 밧단 아람으로 가게 하여 이스라엘 초석이 될 열두 아들을 얻게 하신 하나님이 이제 또 다시 창세기 28장에서처럼 동일한 약속 즉 동행을 약속한다. 하나님은 우리가 가는 길에 그의 계획을 두었을 뿐 아니라 우리와 동행한다. 하나님의 동행, 그것은 현실의 염려와 불안에 사는 인간에게 베푼 하나님의 놀라운 위로와 격려이다. 하나님의 동행, 그것은 현실의 장벽에 갇혀 두려워하는 사람에게 그 장벽을 뛰어 넘도록 하는 놀라운 힘이다.

야곱, 그는 「내가 너로 거기서 큰 민족을 이루게 하리라」는 약속과 「내가 너와 함께…내려 가겠고…다시 올라 올 것이며」라는 약속을 듣고 어떻게 행동하는가? 그는 하나님의 계획이 담긴 그의 발걸음을 힘차게 내디뎠다. 그래서 창세기 46장 5절에서 7절은 「야곱이 브엘세바에서 발행 하여…야곱과 그 자손들이 다 애굽으로 갔더라.…이와 같이 야곱이…그 모든 자손을 데리고 애굽으로 갔더라」고 기록한다. 야곱이 하나님의 약속에 믿음으로 반응하여 애굽에 도착했음을 강조한다. 특별히 창세기 46장 8절에서 27절은 이집트에 도착한 야곱 가족의 이름과 그 가족 수를 제공하며 도합 70명이었다고 기록한다. 「70」이라는 수, 이 숫자는 무엇을 의미할까? 야곱 가족 「70」인은 하나님께서 이집트에서 이루 실 큰 민족을 위한 기초석이다. 출애굽기 1장 5절은 이집트로 내려간 「70」인이 생육, 중다, 번식, 창성하여 심히 강대하여 온 땅에 가득하게 되었다고 말한다. 또한 신명기 10장 22절은 이렇게 기록한다: 「이집트에 내려간 네 열조가 겨우 칠십 인이었으나 이제는 네 하나님 여호와께서 너를 하늘의 별 같이 많게 하셨느니라」. 「하늘의 별 같이 많게 하셨느니라」, 분명 이 문구는 아브라함에게 약속한 내용이다. 하나님은 그 계획을 이루기 위해 불임의 여인 사라에게 창조의 역사를 일으켜 이삭을 태어나게 하고, 그에게서 야곱을 준비했다. 그리고 그의 아들 열두 명과 그 자손 「70」을 기초석으로 삼아 큰 민족을 이룬 것이다. 우리는 여기서 하나님의 계획이 얼마나 치밀하고 철저한지를 발견한다. 그는 역사를 주관하며 그의 목적과 계획을 성취하는 분이다. 우리는 변화무쌍한 세계에서 상황과 환경을 따라 산다. 그러나 그 상황과 환경의 주관 자는 하나님이다. 따라서 우리가 가는 길은 우연이 아니라 하나님의 뜻과 계획이다. 야곱 가족 70명을 통해 큰 민족을 이루었듯이 하나님은 오늘날 우리를 통해 그의 계획을 이룬다.

제9장

무엇을 남길 것인가(창 47:27~48:22)

죽음이 우리 앞에 다가왔을 때, 과연 우리는 후손들에게 무엇을 남길 수 있는가? 이 질문을 받을 때, 혹시 허탈과 허망에 이르지는 않는가? 아니면 우리에게 있는 물질 때문에 스스로 위로하고 있지는 않는가? 남길 물질이 없어 허망한 세계, 하나님이 주신 물질로 스스로 위로하는 인간, 과연 이것이 우리를 구속한 하나님이 원하는 것일까? 사실 기독자들은 사회적 계층과 계급에 상관없이 아주 소중한 유산이 있다. 세상 사람들이 소유할 수 없는 아주 값진 유산이다. 우리는 그 유산을 야곱의 유언에서 찾으려고 한다.

본문은 죽을 기한이 가까움을 인식한 야곱이 요셉과 에브라임과 므낫세에게 유언하며 그들을 입양하는 내용이다. 그의 유언과 축복에서 우리는 무엇을 발견할 수 있는가? 그것은 믿음의 사람들은 후손들에게 하나님의 언약을 전달해야 할 책임이 있다는 것이다. 야곱은 임종이 가까웠을 때 요셉에게 말한다.

> 이전에 가나안 땅 루스에서 전능한 하나님이 내게 나타나 복을 허락하여 내게 이르시되 내가 너로 생육하게 하며 번성하게 하여 네게서 많은 백성이 나게 하고 내가 이 땅을 네 후손에게 주어 영원한 기업이 되게 하리라 하셨느니라.

이 내용은 하나님이 야곱에게만 한 독특한 내용이 아니다. 「너로 번성케 하여 많은 백성을 나게 하겠다」는 것과 「이 땅을 후손에게 주어 영원한 기업이 되게 하리라」는 내용은 하나님께서 아브라함에게 하신 약속이다. 뿐만 아니라 이 약속은 그의 아들 이삭에게 주어졌다. 그리고 또한 그의 아들 야곱에게 하나님은 다시 약속하셨다. 바로 그 동일한 약속을 야곱이 그의 아들 요셉에게 전달하고 있다. 아브라함 가문을 향한 하나님의 약속이 중단되지 않고 사대까지 전달되고 있다. 야곱은 죽음 앞에서 가장 소중한 유산을 전달하고 있는 것이다.

우리는 생애 마지막 순간에 무엇을 남겨야 하는가? 그것은 영원한 하나님의 약속이다. 평생 우리의 가슴을 지배하고 우리가 끊임없이 추구했던 변치 않는 하나님의 언약을 후손들에게 남겨야 하지 않을까? 아브라함과 이삭과 야곱은 하나님으로부터 그 약속을 직접 받았지만, 요셉은 부친이 남긴 그 약속을 신뢰하며 품고 살았다. 우리는 후손들에게 재산과 명예를 남기기 전에 생명의 말씀, 영원한 언약이 담긴 성경을 남겨야 하지 않을까? 우리는 성경을 손에 전달하는 것이 아니라 그 내용을 후손들의 심장에 새겨 그들의 생애를 지배하도록 해야 한다. 현실에 뿌리 내리고 사는 인간에게 현실과 상황을 초월하여 하나님의 나라를 추구할 수 있는 힘과 용기를 주는 성경, 그 영원한 하나님의 언약의 말씀을 후손들에게 남겨야 하지 않겠는가?

더 나아가 우리는 현실에서 경험한 하나님, 그 하나님이 어떤 분인지 후손에게 남겨야 한다. 특별히 야곱은 하나님이 요셉과 그의 아들들로 세상에서 번성케 하길 축복하며 하나님을 삼중적으로 표현한다. 그는 하나님을 「내 조부 아브라함과 아버지 이삭의 섬기던 하나님」, 「나의 남으로부터 지금까지 나를 기르신 하나님」, 「나를 모든 환난에서 건지신 사자」라고 표현한다. 「섬기던 하나님」의 히브리어 표현은 「스스로 동행한 하나님」이다. 즉 야곱은 요셉에게 하나님이 아브라함과 이삭과 스스로 동행했음을 상기시킨다. 또한 「나를 기르신 하나님」이란 「나를 돌보는 하나님」이란 뜻으로 마치 목자가 양을 돌보는 것처럼 지금까지 나를 돌보시고 계심을 상기시킨다. 그리고 「나를 모든 환난에서 건지신 사자」란 「모든 악에서 나를 구속하신 사자」란 뜻으로 하나님께서 야곱을 보호하기 위해 모든 대가를 치루심을 전달한다.

야곱은 「동행」, 「돌봄」, 「구속」의 하나님을 전달한다. 이것이 얼마나 요셉과 그 후손들에게 큰 힘과 용기가 되었겠는가? 우리가 평생에 경험한 하나님은 어떤 분인가? 우리가 후손들에게 평생 동행한 하나님, 우리 생애를 돌보신 하나님, 환난과 역경에서 구속한 하나님을 남길 수 있다면, 우리 후손들이 그 동일한 하나님을 부르며, 환난과 역경 속에서 구속의 하나님을 바라보지 않겠는가? 이것이 바로 우리가 남길 믿음의 유산이 아닐까?

믿음의 사람들은 후손들이 세상 질서에 대한 하나님의 주권을 인정할 것을 요청해야 한다. 야곱은 죽음이 임박했을 때, 요셉의 아들 에브라임과 므낫세를 아들로 입양한다. 이때 야곱은 그들을 축복하기 위하여 오른 손을 에브라임에게, 왼손을 므낫세에게 얹었다. 창세기 48장 14절은 「므낫세는 장자라도 팔을 어긋마쳐 얹었었더라」라고 기록한다. 이때, 요셉은 그것을 기뻐하지 않았다. 그래서 그는 아버지의 손을 들어 에브라임의 머리에서 므낫세의 머리로 옮기고자 하면서 이렇게 말한다. 「내 아버지여! 그것이 아닙니다. 이 사람이 장자입니다. 아버지의 오른 손을 그의 머리 위에 얹으소서」. 요셉은 야곱의 행동이 세상의 이치에 옳지않다는 것을 상기시킨다. 혹시 야곱이 눈이 어두워 보지 못하기 때문에 그의 행동이 실수라고 생각하여 그 행동을 수정하고자 한다. 그때 야곱은 요셉의 행동과 말에 거부감을 표현한다. 그리고 이렇게 말한다.

> 내가 안다. 내 아들아, 내가 안다. 또한 그는 한 백성이 될 것이고 그 또한 크게 될 것이다. 그러나 작은 자가 우리 중에 크게 될 것이다. 그의 씨가 많은 민족들이 될 것이다.

무엇을 말하고 있는가? 야곱은 자연적 혈통의 질서를 뛰어 넘어 행하는 하나님의 주권적 선택에 대해 말하고 있다. 자신이 눈이 어두워 보지 못하기 때문에 잘못 행동하는 것이 아니라 지금 내 행동이 바로 하나님의 주권 행동을 드러내는 것임을 확인시키고 있다.

이것이 우리에게 필요하지 않을까? 우리의 후손들이 타락한 이 땅의 논리와 관습에 집착하며 살도록 하는 것 보다 마땅히 하나님의 백성으로 하나님의 주권을 인정하고 그 원리를 따라 살도록 해야 한다. 우리 후손들이 세상의 관습과 원리에 예속되지 않고 초월하여 일하는 하나님의 주권을 신뢰하도록 해야 한다. 그들이 삶을 살아가는 동안 하나님의 주권을 인정하며 살도록 하는 것 그것이 생을 마감하기 전 우리가 할 일이 아니겠는가?

믿음의 사람들은 돌아갈 본향, 하나님 나라를 상기시켜야 한다. 야곱은 죽음이 다가왔을 때 요셉에게 이렇게 유언한다. 「내가 조상들과 함께 눕거든 너는 나를 애굽에서 매어다가 선영에 장사하라」. 야곱은 지금 이 땅에 있지만 그의 마음은 약속의 땅 가나안에 있다. 이것은 그 약속의 땅으로 돌아오게 하겠다는 하나님의 약속을 신뢰하고 있는 것이다. 야곱은 자신만 그 약속을 신뢰하는 것이 아니라, 그의 후손들에게도 약속의 땅을 기억하도록 하고 있다. 창세기 48장 21절에서 야곱은 요셉에게 다시 이렇게 유언한다. 「나는 죽으나 하나님이 너희와 함께 계시사 너희를 인도하여 너희 조상의 땅으로 돌아가게 하실 것이다」. 죽음 앞에 선 야곱은 후손들에게 임마누엘의 하나님을 상기시키며 그가 조상의 땅으로 돌아가게 하실 것이라는 사실을 확인시키고 있다. 이것은 이집트 땅이 이스라엘이 영원히 거주할 땅이 아니라, 단지 임시 처소라는 사실과 그들이 돌아갈 곳은 약속의 땅 가나안임을 마음 속에 남기고 있는 것이다.

이 땅이 우리가 영원히 거주할 곳이 아니라는 것을 남기는 것 그것이 죽음 앞에 선 기독자들이 후손들에게 남길 유산이 아니겠는가? 장차 우리가 돌아갈 하늘의 본향, 하나님 나라가 있음을 상기시키는 것, 그것이 우리가 하여야 할 일이다. 히브리서 기자는 이 땅에서 살면서 그리스도에 대한 믿음의 확신이 없고 흔들리는 자들에게 이렇게 권면하며 위로한다.

> 믿음으로 아브라함이 외방에 있는 것 같이 약속하신 땅에 우거하여 동일한 약속을 유업으로 함께 받은 이삭과 야곱으로 더불어 장막에 거하였으니 이는 하나님의 경영하시고 지으실 터가 있는 성을 바랐음이니라…이 사람들은 다 믿음을 따라 죽었으며…저희가 이제는 더 나은 본향을 사모하니 곧 하늘에 있는 것이라…하나님이…저희를 위하여 한 성을 예비하셨느니라(히11:9 16).

바울은 이 땅에 살면서 땅의 것에 집착하여 살고 있는 하나님의 백성들에게 「우리의 시민권은 하늘에 있다(빌 3:20)」고 외친다. 우리가 후손들에게 돌아갈 하나님 나라를 남기는 것은 매우 중요하다. 이것은 우리의 후손들이 이 땅에 사는 동안 썩어 없어질 세속적 가치에 집착하며 사는 것에서 벗어나게 할 뿐 아니라 이 땅에 사는 동안 더 나은 가치, 하나님 나라의 가치를 따라 살도록 하는 힘이다. 야곱은 영원한 하나님의 약속, 세상을 다스리시는 하나님의 주권, 그리고 약속의 땅을 후손들의 가슴에 남겼다. 그래서 이집트에 사는 동안 하나님의 약속과 그 성취를 바라보며 살도록 했다. 우리에게도 하나님의 영원한 언약, 성경이 있다. 내 삶을 변화시키고 값지게 했던 그 생명의 말씀이 있다. 주권적으로 내 삶을 이끄신 하나님의 놀라운 역사가 있다. 그리고 돌아갈 하늘 도성 하나님 나라가 있다. 이것이 바로 우리가 후손들에게 남길 믿음의 유산이 아니겠는가?

제10장
진정한 통치자(창 49:1~12)

이 땅에 사는 모든 사람들은 그가 속해 있는 공동체에서 어떻든지 간에 「진정한 통치자」에 대한 갈망이 있다. 어쩌면 「역사는」 진정한 통치자에 대한 「땅의 사람들의 소리」라고 할 수 있다. 특별히 창세기 49장 18절은 야곱의 탄원을 이렇게 기록한다. 「여호와여! 나는 당신의 구원을 기다립니다」. 이 구절에 대한 해석이 서로 이견이 있지만 이 문장 자체가 구원을 간절히 바라고 있다는 것은 부인할 수 없다. 과연 하나님은 누구를 이 땅에 진정한 통치자로 세워 그를 통해 구원을 이루겠는가? 창세기 49장 1절에서 12절은 르우벤과 시므온과 레위 그리고 유다의 미래[80]에 대한 야곱의 말이다. 우리는 이 말씀을 통해서 「진정한 통치자」에 대해 상고하려고 한다.

창세기 49장 3절에서 4절은 르우벤에 대한 야곱의 말이다. 야곱은 르우벤의 현 상태를 다음과 같이 표현한다: 「르우벤아 내 장자 너는 내 능력이요 내 힘의 시작이라. 위엄이 탁월하며 권능이 탁월하도다」. 이 표현은 르우벤에 대한 찬사이다. 르우벤은 「내 장자」「내 능력」「내 힘의 시작」이란 표현에서 알 수 있듯이 야곱의 장자로서 야곱 가족 공동체를 이끌어야 하는 책임 있는 자이다. 또한 그 공동체를 이끌 수 있는 탁월한 위엄과 힘을 가지고 있었다. 그러나 뒤따르는 문장은 우리의 기대를 뒤엎는다. 창세기 49장 4절은 「물의 끓음 같았은

---

80) 스불론과 잇사갈, 단과 갓, 아셀과 납달리, 요셉과 베냐민에 대해서는 필자의 학위논문 「야곱의 '톨레돗' 구조속에 나타난 요셉과 유다의 역할」121~124와 204~211을 참고하라.

즉 너는 탁월치 못할 것이다」고 선언한다. 본문은 르우벤을 「물의 끓음 같다」고 말한다. 이것은 통제되지 않는 물의 영상을 통해서 통제되지 않는 르우벤을 묘사한 것이다. 아무리 탁월한 위엄과 권능을 소유했다 할지라도 자신을 통제할 수 없다면 그는 탁월한 지도자가 될 수 없는 것이다. 더 나아가 본문은 르우벤이 통제할 수 없는 물로 표현 할 수 밖에 없었던 이유를 설명한다. 「네가 아비의 침상에 올랐도다. 그때 네가 내 침상을 더럽혔도다. 그가 내 침상에 올랐도다」. 르우벤이 탁월한 지도자로서 그 위엄을 상실한 이유는 바로 아버지의 침상을 더럽혔기 때문이다.

이것은 창세기 35장 22절의 사건을 상기시킨다. 르우벤은 라헬이 죽은 후 그의 서모 빌하를 범했다. 야곱은 이 사건을 들어서 르우벤을 「통제할 수 없는 물과 같은 자」로 규정한 것이다. 「통제할 수 없는 물과 같이」 자신을 다스릴 수 없고, 자신의 욕망에 사로 잡힌 자는 진정한 통치자가 될 수 없다. 그는 장자로서 탁월한 위엄과 권능을 가졌다 할지라도 야곱 공동체를 이끄는 진정한 리더가 될 수 없다. 야곱의 선언처럼, 르우벤 지파는 이스라엘 역사에서 중요한 역할을 수행치 못하는 지파로 남는다. 혹시 우리도 르우벤처럼, 우리에게 주어진 능력과 권위를 가지고 자신의 욕망대로 행하는 자는 아닌가? 우리가 스스로를 통제하고 절제하지 못해 공동체에 혼란과 고통으로 몰아 넣고 있지는 않는가? 진정한 통치자는 자신을 통제하며 다스릴 줄 하는 사람이다.

야곱 가족의 질서상 르우벤이 자신을 통제하지 못한 범죄로 장자로서 그 지도력을 상실했다면 그 다음은 시므온이다. 창세기 49장 5절에서 7절은 시므온과 레위의 미래에 대한 야곱의 선언을 기록한다. 「시므온과 레위는 형제요, 그들의 칼은 잔해하는 기계로다」. 본문은 시므온과 레위를 「형제」라는 말을 통해 한 파트너요 동맹관계임을 드러낸다. 「그들의 칼은 잔해하는 기계」라는 말을 통해 창세기 34장의 잔혹한 살해극을 상기시킨다. 시므온과 레위는 디나가 성폭행을 당한 사건에 대한 복수로 거룩한 언약의 표징인 할례를 이용하여 칼로 세겜 족속의 모든 남자들을 죽였다. 야곱은 이 사건을 「그 분노대로 사람을 죽이고 그 혈기대로 소의 발목 힘줄을 끊었음이로다」고 규정한다. 르우벤은 자신을 통제할 줄 모르는 자였다면, 시므온과 레위는 분노로 가득 차 언약의 표징, 할례조차도 자신의 분노를 해결하기 위한 도구로 사용하는 어리석은 자였다. 그 결과 야곱은 「내가 그들을 야곱 중에서 나누며 이스라엘 중에서 흩으리로다」라고 저주한다. 결국 이스라엘의 역사 속에서 시므온 지파는 그 독립성을 상실하고 유다의 영토에 통합되었고, 레위 지파는 자신의 영토를 받지 못하고 48개의 레위 성읍에 흩어져 살았다.

진정한 통치자는 분노와 혈기대로 행동하지 않는다. 그는 냉철한 이성으로 사리를 분별하며 바르게 행동한다. 진정한 통치자는 자신에게 주어진 영적 가치들에 대한 소중함을 알아 함부로 행동하지 않는다. 진정한 통치자는 분노의 복수로 삶을 일관하지 않고 용서와 용납으로 사람들을 이끄는 자이다. 그는 자신의 감정보다 진정한 공동체의 평화를 생각하는 자이다. 그는 보복의 논리로 살지 않고 용서와 사랑의 논리로 살아간다.

야곱은 르우벤과 시므온과 레위에 대해서 부정적인 입장을 취했다. 그렇다면 유다는 어떠한가? 창세기 49장 8절에서 12절은 무려 5절에 걸쳐서 유다의 미래에 대한 야곱의 말을 기록한다. 우선 8절에서 야곱은 「유다야 너는 네 형제들의 찬송이 될찌라 네 손이 네 원수의 목을 잡을 것이요 네 아비의 아들들이 네 앞에 절하리라」고 유다의 미래를 희망을 담아 선언한다. 유다는 승리한 전사의 이미지이다. 적들을 정복한 유다는 형제들의 찬송과 경배의 대상이 되는 통치자의 모습이다. 특별히 「네 아비의 아들들이 네 앞에 절하리라」는 표현은 창세기 27장 29절에서 이삭이 야곱에게 「네 어미의 아들들이 네게 절할 것이다」고 축복했던 내용과 유사하다. 이것은 야곱에게 주어진 언약적 축복이 유다에게 전달되고 있다.

특별히 9절은 승리한 전사, 유다의 이미지를 「젊은 사자」의 영상을 통해 그의 강력한 통치력을 전달한다. 유다는 강력한 리더십으로 형제들과 가족을 이끄는 리더였다. 그는 위기에 처한 베냐민과 가족을 구하기 위해 자신을 희생의 담보로 내어 놓았던 자이다. 그는 앞서서 야곱 가족을 고센으로 인도한 자이다. 유다, 그는 한 가족 공동체를 이끈 탁월한 통치자였다. 이 강력한 리더십에 근거해 야곱은 유다의 미래에 대한 하나님의 계획을 선포한다. 「홀이 유다를 떠나지 아니하며 치리자의 지팡이가 그 발 사이에서 떠나지 아니 하시기를 실로가 오시기까지 미치리니 그에게 모든 백성이 복종하리로다」. 본문은 두 가지를 강조한다. 하나는 유다를 통해 통치자들이 지속될 것이라는 점이다. 다른 하나는 이런 통치자들은 진정한 통치자 「실로」가 오기까지 미칠 것이라는 점이다. 진정한 통치자 「실로」가 오면 모든 백성이 그에게 복종하게 될 것이라는 점이다.

「실로」는 누구인가? 그는 전통적으로 메시야를 가리킨다. 즉 야곱은 유다의 가문에서 진정한 통치자 곧 메시야가 오시고 그에게 모든 백성이 복종할 것을 선언한다. 그 메시야는 바로 예수 그리스도이다. 예수는 성경에 약속된 메시야, 유다 가문 다윗의 후손으로 세상을 다스리는 왕이다. 그 왕 예수는 사람의 몸을 입고 오셔서 죽기까지 복종하시고 만민을 구원하기 위해 희생으로 사람들을 섬겼다. 그는 그의 백성을 위하여 생명을 내어 놓았다. 그가 바로 진정한 통치자이다. 따라서 바울은 예수의 이름 앞에 모든 사람이 무릎을 꿇고 입으로 예수 그리스도를 주라 시인하게 하셨다(빌 2:11)고 선언한다. 요한계시록은 죽임을 당하신 어린 양 예수, 진정한 통치자 예수에게 찬송과 존귀와 영광과 능력을 세세토록 돌리는 찬송을 들려준다. 지금 그 예수는 교회의 머리가 되셔서 교회를 통치하며 이 땅 역사의 주권자로서 우주를 통치하고 계신다. 창세기 49장 11절과 12절은 메시야의 통치가 가져올 세계를 설명한다.

> 그의 나귀를 포도나무에 매며 그 암나귀 새끼를 아름다운 포도나무에 맬 것이며
> 또 그 옷을 포도주에 빨며 그 복장을 포도즙에 빨리로다.
> 그 눈은 포도주로 붉겠고 그 이는 우유로 희리로다

포도나무는 풍요와 기쁨, 평화와 번영을 상징한다. 따라서 이것은 메시야의 승리와 그 승리의 결과로 다가올 번영과 축복의 세계에 대한 선언이다. 특별히 이사야는 장차 임할 통치자를 그 옷이 붉고 그 옷이 포도즙을 밟는 자의 모습으로 묘사한다. 더 나아가 요한계시록은 승리하신 예수 그리스도의 모습을 이렇게 소개한다.

> 백마 탄 자가 있으니…그가 피 뿌린 옷을 입었는데…
> 그가 만국을 치겠고…맹렬한 진노의 포도주 틀을 밟겠고
> 그 옷과 그 다리에 이름 쓴 것이 있으니 만왕의 왕이요 만주의 주라.

예수는 사단을 정복한 승리의 통치자이며 그의 통치는 풍요와 기쁨, 번영과 축복의 세계를 가져 올 것이다. 진정한 통치자는 누구인가? 그는 자신을 통제하지 못해 욕망에 사로잡힌 자가 아니다. 그는 자신의 목적을 이루기 위해 소중한 언약의 선물조차도 이용하는 무지한 자가 아니다. 그는 우리를 위해 자신의 목숨을 대속물로 주신 자이다. 그는 섬기는 리더십을 통해 진정한 승리

와 그의 백성에게 생명과 풍성한 삶을 주신 자이다. 그 진정한 통치자가 누구인가? 그는 바로 예수 그리스도이다.

제11장
죽음을 넘어 성취될 약속에 대한 확신 (창 50:1~26)

우리는 부모와 가족과 이웃들의 죽음과 장례를 경험한다. 우리는 그 죽음과 장례에 동참하면서 무엇을 생각하는가? 죽음과 장례만큼 우리에게 깊은 성찰과 생각을 하도록 하는 사건은 없을 것이다. 예수를 구주로 믿는 그리스도인들에게 죽음은 무엇이며 또한 그 장례는 무슨 의미를 가져다 줄까? 본문은 나그네로서 험악한 세월을 보낸 야곱의 죽음과 장례, 그리고 형제들에게 팔려 평생 이국 땅 이집트에서 삶을 보냈던 요셉의 죽음과 그 유언을 기록한다. 과연 창세기를 마감하는 이 이야기들은 우리에게 무엇을 생각하게 하며 무엇을 남기려는 것일까?

야곱의 장례 이야기는 하나님의 약속에 대한 믿음과 그 성취를 바라보도록 한다. 창세기 46장 3절과 4절에서 하나님은 야곱에게 말했다.

나는 하나님이라. 네 아비의 하나님이니 애굽으로 내려가기를 두려워 말라. 내가 거기서 너로 큰 민족을 이루게 하리라. 내가 너와 함께 애굽으로 내려가겠고 정녕 너를 인도하여 다시 올라올 것이며 요셉이 그 손으로 네 눈을 감기리라.

야곱은 하나님의 약속을 믿고 이집트로 갔다. 그러나 그는 불행하게도 약속의 땅이 아닌 이방인의 땅 이집트에서 죽음을 맞았다. 야곱의 죽음은 이집트 사람들에게 큰 슬픔이었다. 창세기 50장 3절은 애굽 사람들이 70일을 애곡했다고 기록한다.[81] 뿐만 아니라 야곱의 죽음은 요셉에게도 큰 슬픔이었다. 창세기 37장에서 요셉의 죽음 소식 때문에 야곱이 통곡하며 슬퍼했는데 이제는 야곱의 죽음 때문에 요셉이 통곡하며 슬퍼한다. 요셉은 야곱의 장례를 어떻게 진행하는가?

요셉은 바로에게 「나로 올라가서 아버지를 장사하게 하소서. 내가 다시 오리이다」라고 요청한다. 그리고 요셉은 바로의 재가를 얻어 야곱을 가나안 땅 마므레 앞 막벨라 밭 굴에 장사했다. 요셉이 왜 바로에게 가나안 땅에서 부친을 장사하겠다고 요청했으며 왜 가나안 땅 막벨라 밭 굴에 장사했는가? 그것은 바로 야곱의 유언 때문이다. 야곱은 하나님의 약속을 믿는 신실한 사람이었다. 야곱은 임종에 앞서 요셉에게 「내가 조상들과 함께 눕거든 너는 나를 애굽에서 메어다가 선영에 장사하라」고 요청했다. 그리고 그 선영이 가나안 땅 마므레 앞 막벨라 밭에 있는 굴이며 아브라함이 헷 사람 에브론에게서 사서 그 소유 매장지를 삼은 곳이라고 했다. 요셉은 야곱의 유언대로 가나안 땅에 올라가 그 부친을 약속한 곳에 장사를 지낸다.

우리는 여기서 「정녕 너를 인도하여 다시 올라올 것이다」라고 한 약속을 신뢰한 야곱과 그가 전한 그 약속을 믿고 행동하는 요셉을 본다. 이집트에서 가나안 땅으로 올라가는 장례 행렬은 과연 무엇을 보여주는가? 그것은 장차 이

---

81) B.K. Waltke, *Genesis*, 620. 이집트 왕을 위한 시간은 72일이었다. 야곱의 죽음때문에 70일을 애곡했다는것은 야곱의 죽음을 왕의 위치에서 처우하고 있음을 보여준다.

스라엘 백성이 하나님의 약속의 기한이 차 그 약속대로 가나안 땅으로 올라갈 것을 예비적으로 보여준다. 우리의 생애에서 만나는 죽음과 장례는 우리에게 무슨 메시지를 전달하는가? 그것은 모든 사람이 기한이 차면 그 약속된 장소로 올라간다는 것이다. 야곱이 죽어 하나님의 약속대로 가나안 땅에 올라가듯이 우리 또한 죽어 약속된 하나님의 나라에 이를 것이다. 우리는 거듭해서 만나는 죽음과 장례의 행렬을 통해 하나님이 우리를 위해 예비하신 곳에 이르게 할 것이라는 믿음의 확신과 신뢰를 가져야 한다.

뿐만 아니라, 우리는 죽음과 장례를 경험하면서 남은 생을 어떻게 보낼 것인가에 대한 진지한 고민을 해야 한다. 삶의 기한에 대한 막연함에서 점점 다가오는 죽음을 통해 삶의 한계를 인식해야 한다. 이런 인식을 통해 남은 생을 어떻게 만들어 갈 것인가를 깊이 성찰해야 한다. 남아 있는 생애 동안 우리가 힘써야 할 것은 바로 화평을 이루는 것이다. 우리 삶을 대립과 갈등으로 일관 할 것이 아니라 용서와 용납으로 화평을 이루어 기쁨을 공유해야 한다. 왜냐하면 하나님께서 그의 아들 예수 그리스도로 우리를 구속하신 목적이 바로 세상 속에서 화평을 이루는 책임을 부여하기 위해서이기 때문이다. 고린도후서 5장 17절에서, 바울은 그리스도 안에 있는 우리를 새로운 피조물로 규정하면서 우리에게 화목하게 하는 말씀을 부탁하셨다고 선언한다. 그렇다. 우리가 평생 동안 힘쓸 일이 있다면, 그것은 바로 서로 화목을 이루는 것이다.

뒤틀어진 인간관계, 미움과 증오로 가득찬 마음, 절대로 용서할 수 없다는 분노 때문에 괴로움과 고통에 사는 우리가 화평을 이룰 수 있는 방법은 무엇인가? 그것은 우리 삶에 개입하고 주관하는 하나님의 주권에 대한 인정이다. 요셉, 그는 형제들에게 팔려 이집트에서 억울한 삶을 살았다. 그런 요셉이 형제들을 위로하며 두려움을 씻어 줄 수 있었던 이유는 무엇인가? 그것은 바로 모든 상황을 만드시고 인도하신 하나님의 주권에 대한 신뢰 때문이었다. 그는 두려워 떠는 형제들에게 이렇게 말한다: 「당신들은 나를 해하려 했으나 하나님은 그것을 선으로 바꾸사 오늘과 같이 만민의 생명을 구원하게 하시려 하였나이다」. 우리가 씻을 수 없고, 잊을 수 없는 아픔의 고통이 있지만, 그 고통 가운데 일하신 하나님의 주권을 인정하면 우리가 화해의 문을 열수 있다. 뿐만 아니라 우리가 원수 된 우리를 위해 생명을 내어 놓으신 예수 그리스도를 생각하면 우리는 용서하지 않을 수 없다. 우리가 진정으로 상대방을 용서할 때 우리 안에 있는 아픔과 고통이 치유되며 진정한 자유와 평강을 누릴 수 있다.

창세기 50장 22절에서 26절은 요셉의 유언과 죽음을 기록한다. 요셉의 유언과 죽음은 하나님의 약속과 그 성취에 대한 확신을 갖게 한다. 그 하나님의 약속은 무엇인가? 그것은 하나님의 방문이다. 요셉은 이렇게 말한다: 「나는 죽으나 하나님이 너희를 권고하시고 너희를 이 땅에서 인도하여 내사 아브라함과 이삭과 야곱에게 맹세하신 땅에 이르게 하시리라」. 요셉은 다시 반복해서 강조한다. 「하나님이 정녕 너희를 권고하리니 너희는 여기서 내 해골을 메고 올라가겠다 하라」. 「하나님이 너희를 권고하신다」는 말은 「하나님이 너희를 방문하신다」는 말이다. 지금 요셉은 죽음을 넘어선 약속에 대한 확신을 보이고 있다. 그는 죽음이 눈 앞에 있으면서도 창조주께서 너희를 방문하실 것이라는 확실한 소망을 전달하고 있다. 하나님의 방문에 대한 약속은 요셉이 어디서 들은 것인가? 그것은 바로 야곱이 요셉에게 남긴 것이다. 야곱은 창세기 48장 21절에서 요셉에게 이렇게 말했다. 「나는 죽으나 하나님이 너희와 함께 계시사 너희를 인도하여 너희 조상에게 돌아가게 할 것이다」.

야곱과 요셉은 죽음을 넘어 성취될 하나님의 행동에 대한 확실한 믿음이 있었다. 하나님은 그 믿음을 헛되게 하지 않았다. 출애굽기 3장 7절과 8절에서 하나님은 모세를 부르고 이렇게 말씀한다. 「내가 애굽에 있는 백성의 고통을 정녕히 보고 그들이 그 간역자로 인하여 부르짖음을 듣고 그 우고를 알고 내가 내려와서 그들을 애굽인의 손에서 건져내고 그들을 그 땅에서 인도하여 아름답고 광대한 땅 젖과 꿀이 흐르는 땅에 이르게 하려 하노라」. 요셉은 이스라엘에게 「하나님이 너희를 방문하시고…인도하여 맹세한 땅에 이르게 하리라」고 선언했다. 그런데 지금 하나님은 「내가 내려가서…인도하여…이르게 하리라」고 선언한다. 더욱이 출애굽기 13장 19절에서 이스라엘이 하나님의 놀라운 구원을 경험하면서 출애굽 할 때, 모세가 요셉의 해골을 취하였다고 기록한다. 그러면서 그 이유를 이렇게 기록한다. 「이는 요셉이 이스라엘 자손으로 단단히 맹세케 하여 이르기를 하나님이 반드시 너희를 방문하리니 너희는 나의 해골을 가지고 나가라 하였음이었더라」.

우리는 여기서 요셉이 죽음을 넘어 성취될 하나님의 약속에 대한 신뢰가 헛된 믿음이 아니었다는 것을 알 수 있다. 우리가 잊지 말아야 할 한 가지 사실은 하나님께서 요셉이 이스라엘 자손에게 한 하나님의 방문 약속을 성취하신 것처럼 선지자들로 말씀한 약속을 성취하기 위해 인간의 몸을 입고 이 땅을 방문했다는 사실이다. 예수 그리스도, 그는 성경의 약속대로, 선지자들의 예언대로 이 땅을 방문한 하나님이다. 그는 이스라엘 백성을 구속한 것처럼, 그의 피로 우리를 구속하고, 이스라엘을 인도하여 약속에 땅에 이르게 하신 것처럼 우리를 성령으로 인도하여 약속하신 하나님 나라에 이르게 한다. 그러나 아직 우리에게 매우 중요한 하나님의 방문에 대한 약속이 남아 있다. 그것은 바로 예수 그리스도의 재림이다. 사도행전 1장 11절은 이렇게 외친다: 「갈릴리 사람들아 어찌하여 서서 하늘을 쳐다 보느냐 너희 가운데서 하늘로 올리 우신 이 예수는 하늘로 가심을 본 그대로 오시리라」. 요셉이 죽음을 넘어 성취될 약속을 바라본 것이 성취된 것처럼 이 약속은 반드시 성취될 것이다.

창세기의 마지막은 하나님의 방문에 대한 기대와 확신으로 마감한다. 그렇다면 신약의 마지막은 어떻게 마감하는가? 요한계시록 22장 20절은 이렇게 마감한다.「내가 진실로 속히 오리라 하시거늘 아멘 주 예수여 오시옵소서」. 성경의 마지막 역시 예수 그리스도의 다시 오심, 즉 다시 방문하실 것에 대한 약속과 기대로 마감한다. 믿음의 사람이란 누구인가? 그들은 죽음을 넘어 성취될 약속을 고대하며 기다리며 그 약속을 후손들에게 유산으로 남기는 자들이다.

에필로그

וֵאלֹהִים פָּקֹד יִפְקֹד אֶתְכֶם וְהֶעֱלָה אֶתְכֶם מִן־הָאָרֶץ הַזֹּאת
אֶל־הָאָרֶץ אֲשֶׁר נִשְׁבַּע לְאַבְרָהָם לְיִצְחָק וּלְיַעֲקֹב

창세기에 나타난 하나님과 인간

「창조자 하나님의 방문: 창세기에 대한 성경신학적 묵상」을 마감하면서 「창세기에 나타난 하나님과 인간」이라는 제목으로 창세기를 정리하려고 한다. 이 정리를 통해 우리가 섬기는 하나님은 누구이며 과연 우리는 누구인지 다시 생각하려고 한다.

하나님은 누구인가? 그는 하늘과 땅을 창조한 우주의 통치자이다. 그는 우주의 질서와 조화를 이룬 만물의 주권자이다. 그는 혼돈과 공허와 흑암 만이 가득한 세계에서 「빛이 있으라」는 명령으로 생명의 세계 곧 빛의 세계를 만들었다. 뿐만 아니라 6일 동안의 창조 명령은 혼돈과 공허의 세계를 질서와 조화의 세계 즉 하나님 보시기에 좋은 세계로 만들었다. 실로 하나님은 우주의 주인이며 만물의 통치자이다. 이렇게 창세기는 우주에 대한 하나님의 통치 선언으로 시작한다. 그리고 성경의 마지막 책 요한계시록은 「할렐루야 주 우리 하나님 곧 전능하신 이가 통치하시도다(계 19:6)」라고 찬송함으로 마감한다. 성경 전체가 우주 만물에 대한 하나님의 통치를 선언하고 있는 것이다. 따라서 역대상 16장 31절은 이렇게 기록한다:

> 하늘은 기뻐하고 땅은 즐거워하며 열방 중에서는 이르기를
> 여호와께서 통치하신다 할지로다

하늘이 주의 것이고 땅도 주의 것이다. 또한 그 안에 존재하는 모든 것 즉 우리 자신도 주의 것이다. 그러므로 우리에게 필요한 것은 창조주 하나님의 통

치를 수용하는 것이다. 우리가 하나님의 통치 아래 거할 때 우리 삶의 질서와 조화를 이룰 수 있다. 또한 우리는 놀라운 하나님의 성품과 사역을 찬송하며, 그의 이름을 칭송해야 한다. 하늘이 하나님의 영광을 선포하고 궁창이 그 손으로 하신 일을 드러내듯이 창조의 걸작품 우리는 우리 입술과 삶을 통해 그의 영광을 드러내야 한다. 바울은 「너희가 먹든지 마시든지 무엇을 하든지 다 하나님의 영광을 위하여 하라(고전 10:31)」고 말한다. 우리 삶 전체가 우주의 통치자 하나님의 영광을 드러내야 한다.

우리는 힘에 겨울 정도로 열심히 살고 있다. 열심히 살아온 우리의 삶은 과연 무엇을 드러내고 있는가? 이것은 열심히 살아서 무엇을 얻었는가에 대한 질문이 아니다. 우리의 삶이 무엇을 대변하고 있느냐는 질문이다. 우리의 삶을 돌아볼 때 우리 마음을 지배한 것은 무엇인가? 혹시 물질이 우리 삶의 주인이 되고 하나님은 그 물질을 채우는 조력자 정도로 인식되지는 않는가? 그래서 하나님은 우리 삶의 변두리에 위치하고 있지는 않는가? 하나님은 우리 삶을 다스리고 지배하는 통치자이다. 이제 하나님이 우리 마음과 생각과 삶을 다스리도록 해야 하지 않는가?

우리가 전적으로 하나님의 다스림을 받지 못하는 이유는 무엇인가? 우리가 욕망에 지배되어 홀로 독단적인 삶을 사는 이유는 무엇인가? 그것은 우리가 전적으로 타락하여 인간 본래의 모습을 잃어 버렸기 때문이다. 그렇다면 우리의 본래 모습은 무엇인가? 우리는 하나님의 형상이다. 하나님은 우리 안에 뜻과 목적과 계획을 담아 놓았다. 또한 하나님은 남자와 여자를 서로 돕는 배필, 즉 서로 마주보아 돕는 상호 협력적인 존재로 만들었다. 그래서 하나님은 우리가 모든 만물을 정복하고 다스려 하나님 보시기에 좋은 하나님 나라의 문화를 세우길 원했다. 따라서 하나님의 형상인 우리는 자신을 학대하지 않고 자신을 사랑할 수 있다. 또한 다른 사람들과의 관계에서 오는 기쁨과 즐거움을 누릴 수 있다. 뿐만 아니라 우리는 일을 통해 창조적 기쁨을 누릴 수 있다.

그런데 우리가 자신 때문에 괴로워하는 이유는 무엇인가? 또한 타인과의 관계에서 얻은 깊은 상처, 좌절과 패배감, 시기와 증오로 마음을 상하게 하는 이유는 무엇인가? 또한 물질에 지배되어 일의 창조성을 상실하고 일의 노예가 된 이유는 무엇인가? 그것은 인간이 우주의 통치자 하나님의 명령을 거부했기 때문이다. 하나님은 「동산 각종 나무의 실과는 네가 임의로 먹되 선악을 알게 하는 나무의 실과는 먹지 말라 네가 먹는 날에는 정녕 죽으리라」고 명령했다. 이에 대한 아담과 하와의 불순종은 우주의 통치자 하나님에 대한 반역이었다. 그 결과 인간은 두려움과 공포 속에 살게 되었다. 사랑과 돌봄으로 살던 사람들이 갈등과 지배 관계 속에 살게 되었다. 뿐만 아니라 인간의 타락은 자연세계에도 영향을 주어 일의 기쁨을 상실케 했다. 인간의 타락은 여기서 멈추지 않았다. 아담과 하와의 타락은 가인의 아벨 살해로 가족 공동체의 붕괴로 이어졌다. 동시에 세상은 라멕 시대에 힘의 논리가 지배되는 세계, 노아 시대에 인류 전체가 욕망과 폭력에 사로 잡힌 세계가 되었다. 더 나아가 전 인류는 모두 하나가 되어 자신의 이름을 내고 흩어짐을 면하기 위해 집단적으로 하나님을 대항했다. 이것이 바로 타락한 인류, 즉 우리의 모습이다.

우리는 사랑과 협력을 통해 좋은 문화를 세우고 아름다운 세상을 만들기 원한다. 그러나 우리는 시기와 질투가 사랑을 대치하고 지배 욕망이 협력의 정신을 몰아내는 것을 종종 발견한다. 공평과 정의로운 세계, 공존의 세계를 외치지만 이익의 문제에 봉착하면 그 외침은 사라지고 힘을 내세워서라도 자신의 욕망을 채우려고 한다. 일을 통해 기쁨을 누리기 원하지만 비교의식에서 오는 상대적 박탈감 때문에 상실한 마음으로 괴로워한다. 이 모든 것이 바로 타락한 인간의 죄성에서 온 것이다.

그렇다면 이 타락한 인간의 죄성을 극복할 길은 없는가? 아니다. 극복할 수 있는 길이 있다. 그것은 바로 타락한 인간을 불쌍히 여겨 베푸는 하나님의 은혜이다. 하나님은 범죄하여 두려움에 사로잡혀 있는 아담과 하와를 찾아오셨다. 그는 가죽 옷을 만들어 입힘으로 인간의 수치를 가리웠다. 인간의 수치를 가린 하나님은 아들 예수 그리스도를 이 땅에 보냈다. 또한 그를 십자가에 죽게 하고 부활하게 함으로 우리의 죄를 씻고 믿는 모든 자들에게 새 생명을 주셨다. 우리는 예수 그리스도 안에서 우리의 죄성을 극복하고 성령의 다스림을 통해서 하나님의 형상을 회복할 수 있다. 예수 그리스도만이 우리의 유일한 희망이다.

타락한 인간에게 은혜를 베푼 하나님은 누구인가? 그는 언약의 하나님이다. 그는 인간과 언약을 맺을 하등의 이유가 없지만 연약한 인간을 방문하여 언약을 맺었다. 하나님은 자신과 언약을 맺은 사람을 통해서 자신의 창조 계획을 실행한다. 하나님은 홍수로 세상을 심판한 후 노아와 언약을 세우고 생육하고 번성하여 땅에 충만할 것을 명령했다. 또한 무지개를 언약의 증표로 주어 노아가 그 언약 위에 굳건히 서도록 했다. 또한 하나님은 아브라함과 언약을 세웠다. 그는 아브라함과 그 후손을 통해 큰 민족을 이루게 할 것과 복의 근원이 될 것과 그를 통해 모든 민족이 복을 받을 것을 선언했다. 이 언약은 이삭과 야곱에게 전달되었고, 오늘날 예수 그리스도 안에 있는 우리에게까지 이르렀다. 하나님의 언약, 그것은 결코 흔들릴 수 없는 견고한 반석이다. 그것은 깰래야 깰 수 없는 확고부동한 약속이다. 특별히 우리는 예수 그리스도께서 자신의 피로 세운 언약의 자손이다. 하나님은 이 언약을 통해 우리가 하나님의 보호와 인도 속에 살도록 했다.

그럼에도 불구하고 우리는 어떠한가? 우리는 연약하여 언약의 약속보다 세상의 관습과 규례를 따라 우리 삶을 지탱하려고 한다. 아브라함은 자손에 대한 약속을 신뢰하지 못하고 당대의 관습을 따라 해결하려고 했다. 하나님께서 언약을 체결하고 이름을 바꾸고 할례를 증표로 제시했지만 그는 여전히 관습에 지배되어 행동했다. 야곱은 어떠한가? 그 또한 언약의 상속자이지만, 자신의 꾀와 책략으로 축복을 쟁취하려고 했다. 아브라함과 야곱의 인간적 행동이 만들어 낸 결과는 가족 공동체 안의 대립과 갈등이었다. 우리는 어떠한가? 혹시 우리가 관습과 욕심에 지배되어 행한 행동이 공동체에 어떤 영향을 주었는가? 과연 우리는 언약의 말씀을 따라 살고 있는가? 혹시 현실을 운운하면서 믿음의 길에서 벗어나 타락한 이 세대에 편승하지는 않는가?

　우리는 연약하여 곁길로 가지만 하나님께서는 언약에 성실하시다. 그래서 그는 연약한 우리를 바르게 세운다. 하나님은 아브라함이 환경에 지배되어 연약해 질 때마다 찾아 오셔서 약속을 확인시키고 또 확인시켰다. 뿐만 아니라 하나님은 야곱이 합당한 언약의 상속자가 되도록 하기 위해 그를 훈련하여 변화시켰다. 또한 야곱에게 거듭 언약을 확인시켰다.

　창조자 하나님, 그는 우주의 통치자이다. 그런데 그가 타락한 인간을 방문하여 언약을 맺어 그의 백성이 되게 했다. 그는 타락한 우리와 언약을 맺어야 할 하등의 이유가 없다. 그러나 그는 우리를 찾아와 우리를 언약의 상속자로 삼고 우리를 통해 자신의 계획을 이루신다.

참고문헌

Aalders, G. Charles. *Genesis.* Grand Rapids: Zondervan, 1981.

Alter, Robert. *The Art of Biblical Narrative.* New York: Basic Books, 1981.

_____. *Genesis: Translation and Commentary.* New York: Norton, 1996.

_____. *The Five books of Moses.* New York: W.W. Norton, 2004.

Bandstra Barry, *Genesis 1~11: A Handbook on the Hebrew Text.* Waco: Baylor Uni, 2008.

Berlin, Adele. *Poetic and Interpretation of Biblical Narrative.* Winona Lake: Eisenbrauns, 1983.

Brodie, Thomas L. *Genesis as Dialogue: A Literary, Historical & Theological Commentary.* New York: Oxford Uni. Press, 2001.

Brueggemann, Walter. *Genesis.* Atlanta: John Knox Press, 1982.

Cassuto, Umberto. *Commentary on the Book of Genesis.* Trans. Israel Abrahams. Jerusalem: Magnes, 1961.

Calvin, John. *Commentary on the First Book of Moses Called Genesis.* Trans. John King. Grand Rapids: Wm. B. Eerdmans Publishing Co., 1948.

Collins, C. John. *Genesis 1~4: A Linguistic, Literary and Theological Commentary.* New Jersey: P&R, 2006.

Cotter, David W. *Genesis.* Berit Olam. Collegeville: Liturgical Press, 2003.

Fokkelman, Jan. *Reading Biblical Narrative: An Introduction Guide.* Louisville: Westminster John Knox Press, 1999.

_____. *Narrative Art in Genesis.* Assen: Van Gorcum, 1975.

Fung, Yiu Wing. *Victim and Victimizer: Joseph's Interpretation of His Destiny.* JSOT Supp. 308, 2000.

Futato, Mark. "Because It Had Rained: A Study of Gen. 2:5~7 with Implications for Gen. 2:4~25 and Gen. 1:1~2:3." *Westminster Theological Journal* 60(1998): 1~21.

Garrett, Duane. *Rethinking Genesis: The Sources and Authorship of the First Book of the Pentateuch.* Grand Rapids: Baker, 1991.

Hamiltom, Victor P. *Genesis 1~17.* New International Commentary on the Old Testament. Grand Rapids: Eerdmans, 1990.

_____. *Handbook on the Pentateuch.* Grand Rapids: Baker Book House, 1982.

Hartley, John. *Genesis.* New International Commantery. Peabody: Hendrickson, 2000.

House, Paul. *Old Testament Theology.* Downer Grove, Ill.: InterVarsity, 1998.

Kass, Leon. *The Beginning of Wisdom: Reading Genesis.* New York: Free Press, 2003.

Kessler M. & Deurloo K. *A Commentary on Genesis: The Book of Beginnings.* New York: Paulist Press, 2004.

Kline, Meredith G. "Because It Had Not Rained." *Westminster Theological Journal* 20(1958): 146~57.

Long, V. Philips. *The Art of Biblical History.* Grand Rapids: Zodervan, 1994.

Longman III T. *How to read Genesis.* Dowers Grove: InterVarsity Press, 2005.

McKeown, James. *Genesis.* The Two Horizons Old Testament Commentary. Grand Rapids: Wm. B. Eerdmans Publishing Co., 2008.

Miller, S.J. W. T. *The Book of Genesis: Question by Question.* New York: Paulist Press, 2006.

Sailhamer, John. *Genesis.* Expositor's Bible Commentary. Grand Rapids: Zondervan, 1990.

_____. *Pentateuch As Narrative.* Grand Rapids: Zondervan, 1992.

Sternberg, Meir. *The Poetic of Biblical Narrative: Ideological Literature and the Drama of Reading.* Bloominton: Indiana University Press, 1985.

Turner, Laurence A. *Genesis.* England: Sheffield Academic Press, 2000.

Pirson, Ron. *The Lord of the Dreams.* JSOT Supp. 355, 2002.

Pratt, Jr. R. L. *He gave us stories: The Bible Student's Guide to Interpreting Old Testament Narrative.* New Jersey: P&R, 1990.

Ross, Allen P. *Creation & Blessing: A Gudie to the Study and Exposition of Genesis.* Grand Rapids: Baker Books, 1998.

Walsh, Jerome T. "Genesis 2:4b~3:24: A Synchronic Approach." *Journal of Biblical Literature* 96, no. 2(1977): 161~77.

Waltke, Bruce K. "The Creation Account in Genesis 1:1~3: Part I, Introduction to Biblical Cosmogony." *Bibliotheca Sacra* 32(1975): 25~36.

_____. "The Creation Account in Genesis 1:1~3: Part II, The Restitution Theory." *Bibliotheca Sacra* 32(1975): 136~44.

_____. "The Creation Account in Genesis 1:1~3: Part III, The Initial Chaos Theory and the Precreation Chaos Theory." *Bibliotheca Sacra* 32(1975):216~28.

_____. "The Creation Account in Genesis 1:1~3: Part IV, The Theology of Genesis 1." *Bibliotheca Sacra* 32(1975): 327~42.

_____. *Genesis: A Commentary*. Grand Rapids: Zondervan, 2001

Wenham, Gordon J. *Genesis 1~15*. Word Biblical Commentary. Waco: Word, 1987.

_____. *Exploring the Old Testament: The Pentateuch. Vol. 1*. London: SPCK, 2003.

Westermann, Claus. *Genesis 1~11*. Minneapolis: Augsburg, 1984.

_____. *Genesis 12~36*. Minneapolis: Augsburg, 1984

_____. *Genesis 37~50*. Minneapolis: Augsburg, 1986.

Wilson, Lindsay. *Joseph Wise and Otherwise: The Intersection of Wisdom and Covenant in Genesis 37~50*. Waynesboro: Paternoster, 2004.

Young, E. J. "The Relation of the First Verse of Genesis One to Verses Two and Three." *Westminster Theological Journal* 21. No. 2(1959): 133~46.

Baldwin, J. G. 「창세기」, 강성열. 김영호 옮김. 서울: 두란노, 1986.

Dumbrell, W. J. 「언약과 창조: 구약 언약의 신학」, 최우성 역. 서울: 크리스챤 서적, 1984.

Hoekema, A. A. 「개혁주의 인간론」, 류호준 역. 서울: 기독교문서선교회, 2004.

Mann, Thomas W. 「구역오경 이야기」, 김은규 역. 서울: 맑은울림, 2004.

Robertson, O. Palmer. 「계약신학과 그리스도」, 김의원 역. 서울: CLC, 1983.

_____. 「성의 시작」, 강규성 역. 서울: CLC, 2006.

Westermann, C. 「창세기 주석」, 강성열 옮김. 서울: 한들, 1986.

강규성, 「야곱의 '톨레돗' 구조 속에 나타난 요셉과 유다의 역할」, 총신대학교대학원. 박
　　　사학위논문, 2003.

_____. "자손의 문제 : 유다자손의 위기와 극복 : 문예적 구조분석을 통해 본 창세기 38
　　　장의 위치," 「구약논집」 제1집(2005). 11~53.

_____. "로에 요셉: 「개혁논총」 「제4집(2006), 159~190

_____. "고대 근동의 문맥에서 바라 본 인간 창조 기사의 의미에 관한 연구 창세기 1:26~
　　　28, 2:7, 2:18~25의 신학적 기능," 「구약논집」 제3집(2007): 231~277.

_____. "야곱이 돌아 왔다," 「성서마당」 신창간 제13호(2007): 39~50.

_____. "창세기 1장에 대한 에드워드 J. 영(Young)의 해석과 신학에 대한 고찰," 「교회와
　　　문화」 제23호(2009): 51~76.

_____. "야곱 가족의 불화, 용서, 화해: 창세기 37:2b~35; 45:4~8; 50:15~21의 주해와
　　　적용" 「그 말씀」 (2009/09): 34~45.

_____. "교회의 지향점: 하나님의 공의 정의 창세기 18:16~20:18에 대한 칼빈의 성경 해
　　　석 방법의 적용" 「성경과 신학」 제51권(2009), 71~110.

_____. "솔로몬의 성전 건축," 「역대하 어떻게 설교 할 것인가」, (서울: 두란노아카데미,
　　　2009), 123~137.

김의원, 「하늘과 땅, 그리고 족장들의 톨레돗」, 서울: 총신대학교출판부, 2004.

목회와신학편집부, 「창세기 어떻게 설교할 것인가」, 서울: 두란노아카데미, 2009

박철현, 「야곱: 우리와 성정이 같은 사람」, 서울: 킹덤북스, 2010.

왕대일, 「아브라함의 믿음, 아브라함의 실수」, 서울 : 종로서적, 1995.

윤상문, 「약속과 축복의 전주곡」, 서울: 기독신문사, 2004.

유재원, 「우주는 하나님의 창조의 미학」, 서울: ELC media, 2007.

손석태, 「창세기 강의」, 서울: 성경읽기사, 1993.

신득일, "소돔의 죄: 동성애적인가? 약자에 대한 냉대인가?" 「성경과 신학」 제48호
(2008), 7~36.

장미자, "아브라함 언약 성취를 위한 모판: 창세기 23~25장 주해와 적용," 「창세기 어떻
게 설교할 것인가」, 315~328.

장세훈, 「내게로 돌아오라: 스가랴서 주해와 현대적 적용」, 서울: SFC, 2007.

전정진, "변하지 않는 하나님의 약속," 「창세기 어떻게 설교 할 것인가」, 251~264.